U0142039

清 史 論 集

(八)

莊吉發著

文史哲學集成
文史哲出版社印行

國家圖書館出版品預行編目資料

清史論集 / 莊吉發著. -- 初版. -- 臺北市：
 文史哲，民 86 -
   冊 ；公分. -- (文史哲學集成；388-)
 含參考書目
   ISBN 957-549-110-6(第一冊：平裝) .-- ISBN
 957-549-111-4(第二冊：平裝) . --ISBN957-549
 -166-1(第三冊：平裝) . -- ISBN957-549-271-4
 (第四冊：平裝) -- ISBN957-549-272-2(第五冊
 ：平裝) ISBN957-549-325-7(第六冊：平裝) .--
 ISBN957-549-326-5(第七冊：平裝) ISBN957-
 549-331-1(第八冊：平裝)

 1. 中國-歷史-清（1644-1912）-論文，講詞等
 627.007   86015915

文史哲學集成 ㊱

清 史 論 集（八）

著　　者：莊　　　吉　　　發
出 版 者：文 史 哲 出 版 社
登記證字號：行政院新聞局版臺業字五三三七號
發 行 人：彭　　　正　　　雄
發 行 所：文 史 哲 出 版 社
印 刷 者：文 史 哲 出 版 社
　　　　臺北市羅斯福路一段七十二巷四號
　　　　郵 政 劃 撥 帳 號：一六一八○一七五
　　　　電話 886-2-23511028 · 傳眞 886-2-23965656

實價新臺幣四五○元

中 華 民 國 八 十 九 年 十 一 月 初 版

清史論集

(八)

目　次

清史論集

出版說明

　　我國歷代以來，就是一個多民族的國家，各民族的社會、經濟及文化等方面，雖然存在著多樣性及差異性的特徵，但各兄弟民族對我國歷史文化的締造，都有直接或間接的貢獻。滿族以邊疆部族入主中原，建立清朝，一方面接受儒家傳統的政治理念，一方面又具有滿族特有的統治方式，在多民族統一國家發展過程中有其重要地位。在清朝長期的統治下，邊疆與內地逐漸打成一片，文治武功之盛，不僅堪與漢唐相比，同時在我國傳統社會、政治、經濟、文化的發展過程中亦處於承先啓後的發展階段。蕭一山先生著《清代通史》敘例中已指出原書所述，爲清代社會的變遷，而非愛新一朝的興亡。換言之，所述爲清國史，亦即清代的中國史，而非清室史。同書導言分析清朝享國長久的原因時，歸納爲二方面：一方面是君主多賢明；一方面是政策獲成功。《清史稿》十二朝本紀論贊，尤多溢美之辭。清朝政權被推翻以後，政治上的禁忌，雖然已經解除，但是反滿的情緒，仍然十分高昂，應否爲清人修史，成爲爭論的焦點。清朝政府的功過及是非論斷，人言嘖嘖。然而一朝掌故，文獻足徵，可爲後世殷鑒，筆則筆，削則削，不可從闕，亦即孔子作《春秋》之意。孟森先生著《清代史》指出，「近日淺學之士，承革命時期之態度，對清或作仇敵之詞，既認爲仇敵，即無代爲修史之任務。若已認爲應代修史，即認爲現代所繼承之前代。尊重現代，必並不厭薄於所繼承之前

代，而後覺承統之有自。清一代武功文治、幅員人材，皆有可觀。明初代元，以胡俗爲厭，天下既定，即表章元世祖之治，惜其子孫不能遵守。後代於前代，評量政治之得失以爲法戒，乃所以爲史學。革命時之鼓煽種族以作敵愾之氣，乃軍旅之事，非學問之事也。故史學上之清史，自當占中國累朝史中較盛之一朝，不應故爲貶抑，自失學者態度。」錢穆先生著《國史大綱》亦稱，我國爲世界上歷史體裁最完備的國家，悠久、無間斷、詳密，就是我國歷史的三大特點。我國歷史所包地域最廣大，所含民族分子最複雜。因此，益形成其繁富。有清一代，能統一國土，能治理人民，能行使政權，能綿歷年歲，其文治武功，幅員人材，既有可觀，清代歷史確實有其地位，貶抑清代史，無異自形縮短中國歷史。《清史稿》的既修而復禁，反映清代史是非論定的紛歧。

歷史學並非單純史料的堆砌，也不僅是史事的整理。史學研究者和檔案工作者，都應當儘可能重視理論研究，但不能以論代史，無視原始檔案資料的存在，不尊重客觀的歷史事實。治古史之難，難於在會通，主要原因就是由於文獻不足；治清史之難，難於在審辨，主要原因就是由於史料氾濫。有清一代，史料浩如烟海，私家收藏，固不待論，即官方歷史檔案，可謂汗牛充棟。近人討論纂修清代史，曾鑒於清史範圍既廣，其材料尤夥，若用紀、志、表、傳舊體裁，則卷帙必多，重見牴牾之病，勢必難免，而事蹟反不能備載，於是主張採用通史體裁，以期達到文省事增之目的。但是一方面由於海峽兩岸現藏清代滿漢文檔案資料，數量龐大，整理公佈，尚需時日；一方面由於清史專題研究，在質量上仍不夠深入。因此，纂修大型清代通史的條件，還不十分具備。近年以來，因出席國際學術研討會，所發表的論文，多涉及清代的歷史人物、文獻檔案、滿洲語文、宗教信仰、族群關係、

人口流動、地方吏治等範圍，俱屬專題研究，題爲《清史論集》。雖然只是清史的片羽鱗爪，缺乏系統，不能成一家之言。然而每篇都充分利用原始資料，尊重客觀的歷史事實，認眞撰寫，不作空論。所愧的是學養不足，研究仍不夠深入，錯謬疏漏，在所難免，尚祈讀者不吝教正。

二〇〇〇年十月　莊吉發

從得勝圖銅版畫的繪製
看清初中西文化的交流

一、前　言

　　明清之際，中西海道大通，西洋人絡繹東來，其中雖然有不少是覓取財富的冒險家，但也有許多是爲傳播福音，具有宗教熱忱，富於殉道精神的天主教傳教士，專意行教，不求利祿，其學問道德，均足以爲人表率。爲博取中國朝野的同情與合作，早期來華的耶穌會士，一方面極力順從中國禮俗，調合中西思想，習漢語，衣華服；一方面以學術爲傳道的媒介，輸入西學不遺餘力，以便利傳教工作的進行。據統計，截至康熙四十年（1701）止，在華耶穌會士共五十九人；方濟各會士二十九人，顯修司鐸十五人，多明我會士八人，奧斯定會士六人①。清初來華的傳教士中除了精通天文、曆法、輿地、醫學外，也有不少的美術家。據現存硃批奏摺記載，康熙四十九年（1710）五月二十八日，兩廣總督趙弘燦奉旨將會技巧的西洋人山遙瞻（Bonjour, Guilaume Babre）、德里格（Pedrini）、馬國賢（Matteo Ripa）三人安插於廣州府天主堂，令其學習漢語，以便進京効力，其中馬國賢善於畫山水、人物，趙弘燦將馬國賢所臨摹廣州孔廟陪祀理學名臣陳獻章遺像進呈御覽②。意大利畫家郎世寧（Giuseppe Castiglione）於康熙五十三年（1714）三月二十一日與外科夫夫羅懷忠由歐洲搭船來華，康熙五十四年（1715）七月十九日抵達

澳門③。十一月二十二日抵達北京，由馬國賢引見，進謁康熙皇帝，在內廷供職。乾隆三年（1738），法國耶穌會修士王致誠（J. Denis Attiret）來華，入直內廷。乾隆九年（1744），波希米亞人艾啓蒙（Ignatius Sichelbart）進京，翌年六月，奉旨在造辦處畫院行走。乾隆二十七年（1762）五月十七日，意大利奧斯定會傳教士安德義（Joannes Damascenus Salusti）奉旨在如意館行走。郎世寧供職內廷期間，跟隨他學畫者多達十餘人，後來頗著名者有班達里沙、王玠及王幼學、王儒學父子等人，多在如意館作畫。由於西洋畫家的絡繹來華，中西繪畫技巧互相融和，逐漸形成一種新技法、新畫風。

　　乾隆年間（1736～1795），武功赫赫稱著，乾隆皇帝在位六十年間，二平準噶爾，一定回部，再掃金川，一靖台灣，降緬甸、安南各一次，兩次受廓爾喀之降，合爲十全武功，繪製戰圖遂成爲當時宮廷畫家的主要繪畫題材。其中平定準噶爾及回部戰圖，就是所謂得勝圖，共十六幅，由郎世寧、王致誠、艾啓蒙、安德義等人起稿，然後送往法國，製作銅版畫，得勝圖銅版畫不僅是西洋藝術家的集體創作，同時也是中西繪畫的融和，亦即中西文化交流的產物，台北國立故宮博物院現藏《宮中檔》、《軍機處檔》內含有粵海關承辦得勝圖銅版畫的奏摺，咨文及西洋人信函等資料，拙著《清高宗十全武功研究》一書附錄〈清代乾隆年間的銅版得勝圖〉一文及北平圖書館藏得勝圖銅版畫圖版十六幅④。但因資料不夠完整，故宮現藏圖版順序錯亂，圖文不合，亟須改正，本文附錄圖版，是據法國出版得勝圖銅版畫順序改寫更正，藉以探討中西文化的交流。

二、清軍平定準噶爾和回部的經過

　　清代新疆，原屬古代西域，以天山爲界限，分成南北二路，北路爲準噶爾所據，南路爲回部所據。成吉思汗曾將伊里河流域分封給次子察哈台，元朝覆亡後，伊里河流域爲綽羅斯、杜爾伯特、和碩特、土爾扈特四個強大的厄魯特蒙古部族所佔據，習稱四衛拉特，以準噶爾爲四部聯盟的總稱。其後綽羅斯勢力獨盛，世代爲聯盟首領，承襲準噶爾汗位。因綽羅斯恃強凌弱，土爾扈特被迫率眾遠徙伏爾迦河口，而以土爾扈特所屬輝特別爲一部，仍稱四衛拉特。

　　準噶爾汗直轄部屬稱爲鄂拓克，新舊二十四鄂拓克，每鄂拓克自一千戶至五千戶不等，置宰桑一人至四人，以管理各鄂拓克事務，其下置得木齊，管理一百戶至二百戶事務，並設楞額以佐理得木齊。汗之下爲台吉，是各部部長，其下爲圖什墨爾，掌職務，參決政事。各台吉直屬人眾稱爲昂吉，意即分支，共二十一昂吉，另有專掌喇嘛一切事務的集賽，計九集賽，合計約二十餘萬戶，六十餘萬口。境內大小事務，宰桑稟告圖什墨爾，由圖什墨爾轉告台吉⑤，每年五月十五日，準噶爾汗在伊里城西面的哈爾齊喇地方召集各部台吉等舉行大會，協商事務⑥，鄂拓克就是準噶爾社會基本的行政、經濟、軍事單位，是三者合一的社會基層組織⑦。

　　明末清初，崛起於東北一隅的滿族勢力，以銳不可當之勢長驅進關，入主中原。同一時期，西北地區的民族關係也正在急劇地產生變化，崛起於天山北路的準噶爾游牧民族，不僅使其近鄰維吾爾、哈薩克等民族受到威脅，而且其勢力擴展到甘肅、青海與西藏，使西北地區的民族關係進入了一個新的歷史階段⑧。

　　清朝與準噶爾的重大糾紛，主要爲商務與界務。游牧民族固然藉戰爭以掠奪生活資源，平時朝貢互市也是取得財物的一種和

平方式。滿族入關後，準噶爾屢次遣使入貢，藉朝貢貿易，以取得生活物資。每次朝貢，除正副使外，隨行商人多達數百人或千餘人，取道喀爾喀，任意牧放牲畜，蒙古人不堪其擾。康熙二十三年（1684）八月，準噶爾貢使古爾理拜率領三千人入貢，沿途搶掠蒙古馬匹牲口，進邊以後，搶劫平民財物。經理藩院議定貢使人數不得過二百人，但準部不遵約束。康熙三十三年（1694）五月，貢使納木喀喇克巴木札木巴喇嘛率二千餘人進貢，遠逾定額。乾隆初年，川陝總督尹繼善已具摺指出準噶爾人攜帶貨物，遠來貿易，是以無用之出產，易中國之貨財，商民苦累，官員賠墊，帑項虧折⑨。甘肅巡撫黃廷桂具摺時亦稱，「交易一事，原係皇恩寬大，撫恤遠夷，非利其所有。無如夷性狡詐，貪得無厭，前貨未銷，後貨復至，陳陳相繼，歲益加增。查每次交易各貨，除陝省分變七分，甘省分變三分。惟緣地處邊徼，土瘠民貧，服飾樸陋，其禦寒所衣者，粗褐毡片及老羊皮張而已，而輕裘細暖，即一二有力之家，亦多吝而不購。至於葡萄、鹹砂、羚羊角尤非所需，此民間之難於銷變者也。沿邊一帶，素產皮張，毛深溫厚，價值頗廉，足供商販貿易流通之用，若夷使所攜皮張既多平常，作價又昂，商人每虞虧折，不肯認買。」⑩準噶爾所需內地貨物，主要為緞綾紬線觔茶封、絨等物，其中，絨絲線等項，可於陝甘二省就近置辦，其餘各項皆須遠至山西、江南、湖廣等省購備，運送需時。至於交易茶封，準噶爾不收庫貯黃茶，只購黑茶，以至甘肅五司庫陳茶堆積過多，其年分久遠陳茶只得減價銷變。尹繼善檢討貿易積弊後具摺奏稱：

> 查準夷之性，詭而無恥，貪而無厭，見小圖利，是其慣習。自交易以來，貨物日見遞增，從而皮張不過一、二萬，至今增至六、七萬矣；從前之牲畜不過數萬，而今增至十六、

七萬矣；從前之人不許過一百，而今增至二百，竟又來三百矣。彼處皮張不費資本，牛馬駝羊孳生繁衍，遍地皆是，且將纏頭牲畜沿路包攬趕逐隨行，故近年交易有日增無已之勢，若聽其任意而來，不至於數十萬不止，如果可以將就辦理，原不必與之較量錙銖，乃從前商辦之時，諸事令夷人便宜，所定價值，未免太貴，而換來之貨，內地昔銷，又須減價售賣。王鍾承辦數次，皆謂大有賠累。臣先猶未深信，及今歲官辦，臣悉心講究，通盤核算，其中底裡，方得悉知。在官辦運送貨物，俱用驛站車輛，可以節省腳價，並裁減一切雜費，或可不至虧賠，若商人承辦，無不損折。原本肅州交易，係隔一年一次，前貨未售，後貨又來，若每次有數十萬之夷貨，即每次需數十萬本銀，即有富商大賈，力亦難以爲繼，此所以聞風畏阻無人敢於承辦也。況夷貨既多，必須分銷變賣，奈陝甘邊地窮寒，量各項皮張，全賴四路商販，每年所銷不過二、三萬張，羊隻不能遠販，只可在安西、甘肅一帶發銷，每次最多亦不過三、四萬。王鍾從前之貨陳陳相因，至今皮張堆積未售者尚有數萬，羊隻雖給販戶分領，而至今羊價拖欠不清。若此後貨物日漸增多，內地愈難銷售，派累追呼，商民均受其累。在夷人以無用之物，耗內地之財，所關係者猶小，而以百姓有限之脂膏，供外夷無窮貪壑，致令縱肆無度，玩視中華，此有關國體者甚大⑪。

　　準噶爾傾銷過剩物產，陝甘等省歲竭脂膏，仍難填其貪壑。除貿易不平衡、商務利害衝突外，界務糾紛亦極嚴重。阿爾泰山原爲喀爾喀蒙古與準噶爾厄魯特的天然界山，但準噶爾卻越界侵犯喀爾喀，得寸進尺，又窺伺青海，派兵入藏。康熙三十五年（

1696），準噶爾汗噶爾丹入侵喀爾喀，掠奪蒙古牲畜，康熙皇帝為保衛喀爾喀，並維護黃教，於是親征朔漠，翌年三月十三日，噶爾丹兵敗病歿。

噶爾丹兵敗身故後，準噶爾的勢力仍盛，雍正初年，清軍平定青海，準噶爾竟收容叛臣羅卜藏丹津。而且因為界務交涉，準噶爾與清廷的關係，亟待改善。雍正三年（1725）四月，雍正皇帝派遣內閣學士衆佛保等前往伊里議界，提議自紅郭壘至阿爾泰哈道里嶺千里以內巴斯庫斯索羅斯等處為準噶爾疆界，自哈道里及克木博木起為清朝疆界。準噶爾汗策妄阿喇布坦堅持以索爾畢嶺至唐努山陰的哈喇巴爾克魯山為界，雙方意見距離遙遠，界務糾紛並未解決。雍正七年（1729），雍正皇帝命將統師，從西北二路進剿準噶爾。因清廷低估其實力，而有和通泊之敗，清軍損失慘重。從此以後，清廷對準噶爾但守著來毋縱、去毋追的原則，不願輕啓兵端。

乾隆初年以來，準噶爾連年內亂，篡奪相尋。乾隆十年（1745）九月，準噶爾汗噶爾丹策零病歿，遺有三子，嫡子策妄多爾濟納木札爾坐床承襲汗位時，年僅十二歲，但殘暴嗜殺，於乾隆十五年（1750）被弒，各宰桑改立噶爾丹策零的庶子喇嘛達爾札。喇嘛達爾札坐床後，報復過於殘酷，引起內部不安，宰桑薩喇爾等率衆到內地投誠。乾隆十七年（1752）十一月，大策零郭多布之孫達瓦齊領兵進攻伊里，喇嘛達爾札兵敗被殺，達瓦齊自立為準噶爾汗。但因達瓦齊殘酷暴虐，人心離散，輝特台吉阿睦爾撒納，精明幹練，亦為達瓦齊所忌。乾隆十九年（1754）春夏之間，阿睦爾撒納聚集各地士兵約六千人進攻達瓦齊，結果為達瓦齊所敗[12]。阿睦爾撒納為蓄積力量，利用清廷兵力，消滅其政敵達瓦齊[13]。乾隆十九年（1754）七月，阿睦爾撒

納領兵五千餘名及部眾二萬五千餘人內附，其餘厄魯特人及纏頭回民亦紛紛入邊避亂。乾隆皇帝認為天時人事，機緣福輳，於是乾綱獨斷，決心大張撻伐。乾隆皇帝頒諭指出清廷用兵於準噶爾的本意，其諭旨略謂：

> 準噶爾之為西北邊患，自有明迄今，垂四百餘年，我皇祖、皇考，當噶爾丹、噶爾丹策零等，藩籬完固，兵力強盛之時，尚且屢申撻伐，以為邊陲久安之計，朕仰承鴻緒，上荷天庥，適值該夷部落攜離，人心渙散之候，既已機有可乘，而乃安坐失之，豈不貽笑於天下後世，亦何以上對皇祖、皇考在天之靈耶？此所以熟籌審計，實有萬不得已之苦心，非一時之好大喜功，開邊釁而勤遠略也⑭。

乾隆皇帝為邊陲久安之計，解除西北邊患，於是乘準噶爾內訌，決心用兵於準噶爾，以繼述祖宗未竟之志。乾隆皇帝以班第為定北將軍，阿睦爾撒納為定邊左副將軍；以永常為定西將軍，薩喇爾為定邊右副將軍。乾隆二十年（1755）二月，清軍兩路並進，以降將為前驅，因糧於敵，長驅深入，渡過伊里河。達瓦齊率領萬人移駐尚圖斯，後負格登鄂拉。是年五月十四日夜間，阿睦爾撒納遣降人巴圖魯阿玉錫等帶領二十二人突襲達瓦齊大營，往來衝擊，放鎗吶喊，達瓦齊全營驚潰，達瓦齊率殘兵百餘名逃往回部。六月初八日，達瓦齊在喀什噶爾被擒獲，解送軍營，蕩平準噶爾全境。乾隆皇帝下令改伊里為伊犁，以寓犁庭掃穴功成神速之意。

　阿睦爾撒納擊敗政敵，返回伊犁後，志得意滿，降而復叛，將軍班第被困自刎而死。乾隆皇帝為了止戈靖邊，不得已再勞師旅，改授達爾黨阿為定西將軍，兆惠為定邊右副將軍，仍分兩路夾攻阿睦爾撒納。乾隆二十一年（1756）十一月二十六日，兆

惠領兵至鄂壘扎拉圖地方，準噶爾厄魯特大隊來追，官兵半係步行，清軍只得堅拒固守。厄魯特人見清軍馬力平常，而疏於防範。十二月初三日，兆惠命索倫委署營總伊靈阿等帶領精兵於夜間五更潛行出營，乘敵不備，奮力衝擊，厄魯特兵潰退。兆惠又派侍衛齊努渾領兵百餘名，將藏匿林藪內的厄魯特兵丁千餘人，盡行剿殺。乾隆二十二年（1757）六月，阿睦爾撒納兵敗竄俄羅斯境內，患痘身故。清軍平定準噶爾後，乾隆皇帝命左都御史何國宗帶同北京東堂天主教士天文學者傅作霖（Felix da Rocha）、欽天監監正高愼思（Joseph d'Espinha）等前往伊犁等地測量北極高度、東西偏度及山川道里，載入皇輿全圖。其星辰分野，日月出入，晝夜節氣時刻，載入時憲書，頒賜正朔，準噶爾遂正式收入中國版圖。

　　清代初年，回部始終在準噶爾勢力控制之下，喀什噶爾部長阿布都實特，被拘禁於伊里。當噶爾丹敗亡後，阿部都實特乘機返回故土，其子瑪罕木特欲據葉爾羌自立。準噶爾汗策妄阿拉布坦擒執瑪罕木特，幽禁於伊里，並令其二子布拉呢敦及霍集占督察回民墾地耕種。乾隆二十年（1755），當時清軍進入伊里時，瑪罕木特已死，乾隆皇帝諭令將布拉呢敦遣返舊地，以安撫回衆。阿睦爾撒納降而復叛後，霍集占附和阿睦爾撒納，清軍第二次平定準噶爾後，霍集占返回葉爾羌，與布拉呢敦共謀據回部獨立。清廷派遣副都統阿敏道前往天山南路安撫回衆，卻爲霍集占所戕害，同時被誘殺的隨從兵丁多達百名。乾隆皇帝認爲霍集占兄弟負恩反噬，於是毅然興師問罪。乾隆二十三年（1758）八月，庫車城主將阿布都克勒木棄城而遁，烏什及布魯特相繼迎降。十月，將軍兆惠領兵至通古斯魯克、黑水營，經久困後告捷。十二月，清軍至巴爾楚克。乾隆二十四年（1759）正月，清軍抵呼

爾璊，閏六月初二日，霍集占棄葉爾羌城，與布拉呢敦相約逃往巴達克山。清軍乘勝追擊，閏六月二十八日，追至霍斯庫魯克嶺，以寡擊衆，力戰敗敵。七月初十日，清軍抵布隆庫爾，向伊西洱庫爾淖爾進兵。九月初九日，巴達克山部長素爾坦沙呈獻霍集占首級，平定回部，十月初二日，清軍凱旋。

在乾隆皇帝自我標榜的「十全武功」中，最有意義的還是乾隆二十年（1755）至乾隆二十四年（1759）進行的平定準噶爾及回部叛亂兩次戰爭。通過這兩次戰爭，使得清廷直接控制的版圖大大擴展，進一步加強了西北邊防和鞏固了國家的統一⑮。清廷統一天山南北廣大區域後，爲開發大西北，促進統一的多民族國家的發展，奠定了必不可少的堅實基礎⑯。爲加強統治，清廷在新疆地區建立起統一的各級地方行政、軍事管理機構。並根據全疆不同地區、不同民族的具體情況實行了幾種不同的制度⑰。乾隆二十七年（1762），設置了總統伊犁等處將軍，作爲天山南北地區的最高軍政長官。在管理制度方面，因地制宜，採取不同措施。在維吾爾族聚居的回部地區，雖然廢除了世襲，但仍然沿用當地原有的伯克制。在厄魯特、哈薩克、哈密、吐魯番等地，實行扎薩克制，封王錫爵，統轄各個部落。在漢族聚居的巴里坤、烏魯木齊等地，實行和內地相同的州縣保甲制度⑱。在南疆也規定每年輸納貢賦的數量，並將回部錢文銷毀重鑄，一面鑄乾隆通寶漢字，一面鑄滿文及回字。自伊犁至葉爾羌，屯田駐兵，分屯勸墾，而使新疆內地化，「向日之邊陲，又成內地」，新疆與內地逐漸打成一片，「於國計邊防，兩得經久之道」。近代世界各國公認的關於領土主權的基本內容，主要包括：有效的行政區劃及行政管理；有效的賦稅制度；邊防設置等三項，清軍平定西陲後，關於領土主權的基本內容，俱已完備，使邊疆地區與內地各

省成爲打成一片的完整領土⑲。

三、得勝圖銅版畫的繪製與鐫刻

　　我國歷代以來，就是一個多民族的國家，由於乾隆皇帝的積極整理邊疆，使各屬邦賓服，降服少數民族，解決邊人內犯及邊境擾攘等問題。同時推行多項措施，使邊疆地區逐漸漢化或內地化，使中國成爲一個多民族統一而不可分的國家，十全武功的貢獻，的確具有時代意義。平定準噶爾及回部兩次戰爭，在十全武功中既具有重大的意義，探討得勝圖的繪製雕刻，遂成爲不可忽視的問題。

　　我國隋唐時期，已有版畫藝術的創作，此後隨著印刷技術的發展，版畫藝術也不斷進步，它所用的材料多爲木質。銅版畫是歐洲的一種版畫，已經有六百年的歷史，它所用的金屬材料，是以銅爲主。它在材料的要求、刻製的方法及印刷技術等方面都比木刻版畫更爲複雜，難度更大。歐洲早期銅版畫主要的製作方法，是在光滑平整的銅版上先塗抹一層防止腐蝕的蠟，然後用刀或針刻劃出畫面的形象，再用酸性的腐蝕液腐蝕，經過刻劃的地方，形成凹線，在凹線內填入油墨，經過壓印機將油墨印在紙上，其成品就是銅版畫。銅版畫作品以其細密變化的線條組成畫面，具有獨特的風格⑳。

　　由於銅版畫材料的稀少及其價格的昂貴，銅版畫傳到中國以後，只在宮廷內部採用，在民間並未普遍推廣。康熙年間（1662～1722），西方傳教士將歐洲的銅版畫藝術帶來了中國，隨著傳教士在宮廷供職，銅版畫藝術形式也爲內府所採用。康熙五十八年（1719），清廷頒發《皇輿全覽圖》，這是我國地理學史上第一部標有經緯線的全國地圖，由意大利傳教士馬國賢攜

往歐洲，製成銅版，共四十一幅。由此可知康熙年間歐洲銅版畫傳入清宮後，首先是用來製作地圖的，到了乾隆年間（1736～1795），始以銅版畫藝術形式表現歷史事件，製作了一系列描繪征戰的組畫，得勝圖就是其中一組描繪平定準噶爾及回部的銅版畫。

清宮春園水法房大殿三間，即諧奇趣正殿，為西洋式建築，始建於乾隆十二年（1747），迄乾隆十五年（1750）基本完成，從是年六月起開始繪製室內壁畫。次年六月二十九日，太監胡世杰傳旨命郎世寧仿西洋銅版畫手卷二卷款式，為諧奇趣正殿三間、東西梢間四間、游廊十八間、東西亭子二間、頂棚連牆，起通景畫稿㉑。郎世寧參考歐洲銅版畫，於十一月三十日起得通景畫稿小樣四張，由王致誠照稿放大。

在得勝圖正式繪製以前，西洋畫家已奉命繪畫準噶爾降將的肖像。乾隆十八年（1753）十月二十一日，杜爾伯特台吉策凌等率領部眾，由額爾多斯河起程款關內附。乾隆十九年（1754）五月十二日，乾隆皇帝在承德避暑山莊接見，冊封策凌等降將。為記錄這件重大的政治活動，王致誠奉命前赴避暑山莊為策凌等畫油畫肖像，在五十天中，共畫了油畫十二幅㉒。乾隆十九年（1754）七月，輝特台吉阿睦爾撒納等降將先後投誠。郎世寧、王致誠、艾啓蒙等奉命前往熱河行宮，次年二月初六日畫得阿睦爾撒納等降將油畫臉像十一幅。乾隆二十年（1755）五月十四日夜斫達瓦齊大營奏功，七月二十八日，郎世寧奉命畫阿玉錫油畫臉像一幅。七月二十九日，郎世寧又奉命畫〈愛玉史得勝營盤圖〉大畫一幅，愛玉史即阿玉錫的同音異譯。其後又將阿玉錫臉像畫跑馬扎槍式宣紙手卷一卷，此即〈阿玉錫持矛蕩寇圖〉，原圖現藏台北國立故宮博物院。這是一幅肖像式的作品，郎世寧以

他擅長的寫真技法，精細、眞實地刻畫了一個蒙古族巴圖魯即勇士的形象。堅毅勇敢的阿玉錫全身戎裝，持矛躍馬向前衝殺。郎世寧捨去了作品全部背景，一方面富於我國傳統繪畫的特色，另一方面又能突顯阿玉錫如入無人之境的生動畫面㉓。達瓦齊被俘後，由將軍班第派兵押解入京，乾隆二十年（1755）十月十七日，解送至京，行獻浮禮。乾隆皇帝以達瓦齊雖係有罪之人，究屬一部台吉，特加優容，降旨免交刑部，加恩封爲親王，賜第京師，帶領其子及舊屬居住。乾隆二十一年（1756）四月初一日，乾隆皇帝命郎世寧畫達瓦齊油畫臉像。據《養心殿造辦處各作成做活計清檔》記載，乾隆二十二年（1757）正月初六日傳旨瀛台聽鴻樓下西牆用郎世寧絹畫〈得勝圖〉一張，其高寬不足，著王方岳用絹接補，找匠速辦。乾隆二十四年（1759）六月十七日，太監胡世杰傳旨瑪常小臉像手卷著郎世寧放長再畫一卷。乾隆二十五年（1760）三月十七日傳旨現畫瑪常得勝圖著在紫光閣貼㉔。台北國立故宮博物院現藏郎世寧作品〈瑪常斫陣圖〉，描繪瑪常在呼爾璊戰役中一箭中敵要害的英姿，此圖似即貼在紫光閣的〈瑪常得勝圖〉。

　　乾隆十八年（1753）以來，西洋畫家所繪準噶爾降將油畫肖像及〈阿玉錫持矛蕩寇圖〉、〈瑪常斫陣圖〉等，雖然未經製成銅版畫，但因其間多次使用〈得勝圖〉字樣，而對後來平定準噶爾、回部戰圖的命名，起了很大的作用。乾隆二十四年（1759），清軍剿滅霍集占等大小和卓木的叛亂勢力，天山南北路收入清朝版圖，取得徹底的勝利後，又爲宮廷畫院的創作帶來了新課題。西陲軍事告蕆後，乾隆皇帝即敕撰方略，又命內廷西洋畫家繪製戰圖，稱爲《平定伊犁回部得勝圖》，簡稱得勝圖，《石渠寶笈續編》題爲《平定伊犁回部戰圖》。

　　根據《養心殿造辦處各作成做活計清檔》的記載，大致可以得知得勝圖繪製稿樣的經過。乾隆二十五年（1750）四月二十一日傳旨：著郎世寧起稿畫伊犁人民投降、追取霍集占首級、黑水河打仗、阿爾楚爾打仗、獻俘、郊勞、豐澤園筵宴，共畫七張，用絹畫。乾隆二十七年（1762）六月十七日傳旨：將郎世寧起得勝圖小稿十六張，著姚文瀚仿畫手卷四卷。乾隆二十九年（1764）十月二十五日，太監胡世杰傳旨：平定伊犁等處得勝圖十六張，著郎世寧起稿，得時呈覽。陸續交粵海關監督轉交法國，著好手人照稿刻做銅版。由此可知這套得勝圖銅版畫草稿。主要是由郎世寧負責的㉕。

　　得勝圖十六幅的名稱，據《石渠寶笈續編》的記載如下：一平定伊犁受降；二格登鄂拉斫營；三鄂壘扎拉圖之戰；四和落霍澌之捷；五庫隴癸之戰；六烏什酋長獻城降；七黑水圍解；八呼爾滿大捷；九通古思魯克之戰；十霍斯庫魯克之戰；十一阿爾楚爾之戰；十二伊西洱庫爾淖爾之戰；十三拔達山汗納款；十四平定回部獻俘；十五郊勞成功將士；十六凱宴成功將士㉖。康熙年間既以銅版畫製作地圖，乾隆皇帝又曾經看到過一套德國畫家呂根達斯所作銅版畫戰爭圖，覺得很有特色，於是也想把平定準噶爾、回部叛亂的戰役圖，以銅版畫的方式表現出來。乾隆三十年（1765）五月十九日，太監胡世杰傳旨：西洋人郎世寧等四人起得勝圖稿十六張，著丁觀鵬等五人用宣紙依照原稿著色畫十六張。郎世寧等四人又奉命繪製一幅正式圖稿，乾隆皇帝審閱了已經完成的四幅圖稿，計有郎世寧的〈愛玉史詐營稿〉、王致誠的〈阿爾楚爾之戰〉、艾啓蒙的〈伊犁人民投降〉、安得義的〈庫爾滿〉。五月二十六日奉旨：

　　平定準噶爾、回部等處得勝圖十六幅，著郎世寧等繪畫底

稿，發往西洋，揀選能藝，依稿刻做極細銅版。其銅板不
可輳做，所用工料，任其開報，如數給發。今將郎世寧畫
得〈愛玉史詐營稿〉一張，王致誠畫得〈阿爾楚爾稿〉，
艾啓蒙畫得〈伊犂人民投降稿〉一張，安德義畫得〈庫爾
璊稿〉一張，先行發去，作速刻做，得時每板用整紙，先
刷印一百張，隨銅板一同交來。其餘十二張陸續三次發去，
欽此㉑。

引文中〈愛玉史詐營〉即〈格登鄂拉斫營〉，清代奏摺及《清高
宗實錄》俱作〈愛玉史詐營〉；〈伊犂人民投降〉即〈平定伊犂
受降〉；〈阿爾楚爾〉即〈阿爾楚爾之戰〉；〈庫爾璊〉即〈呼
爾滿大捷〉，愛玉史即阿玉錫，庫爾璊即呼爾滿，俱爲同音異譯。
乾隆三十年（1765）六月十六日奉旨將漢字旨意帖一件、西洋
字帖四件，連同四張得勝圖稿令王常貴交由軍機處發往粤海關監
督方體浴遵照辦理，據稱兩廣總督李侍堯擬將得勝圖稿樣寄到英
國，因當時耶穌會駐華會長費伯爾（P.J.Louis Le Febvre）寓居
廣州，力言法國藝術冠絕歐洲，乃決定將圖樣寄往法國，由廣東
十三行與法國印度公司接洽承辦，雙方訂立契約，其全文如下：

廣東洋行潘同文等公約哳嘯哂國大班吁哄哩、吁咖唧等，
緣奉督關憲二位大人鈞諭：奉旨傳辦平定準噶爾回部等處
得勝圖四張，刊刻銅板等由。計發郎世寧畫愛玉史詐營稿
一張、王致誠畫阿爾楚爾稿一張、艾啓蒙畫伊犂人民投降
稿一張、安德義畫庫爾璊稿一張，併發依大理亞國番字二
紙，西洋各國通行番字二紙到行，轉飭辦理。今將原圖四
張，番字四紙，一併交與大班吁呦哩、哄咖唧，由咱唧船
帶回貴國，煩交公班嗶，轉託貴國閣老照依圖及番字寫明
刻法，敬謹照式刊刻銅板四塊，刻成之後，每塊用堅實好

紙印刷二百張，共計八百張，連銅板分配二船帶來，計每
船帶銅板二塊，印紙每樣一百張，共四百張，並將原發圖
樣四張，番字紙四張，準約三十三年內一併帶到廣東，以
便呈繳。今先付花邊銀五千兩作定，如工價不敷，俟銅板
帶到之日，照數找足。倘風水不虞，其工價水腳，俱係我
行坐賬。立此約字一樣二紙：一交大班吁㕭哩帶回本國照
辦，一交坐省大班哦咖啷收執存據，兩無貽誤。此係傳辦
要件，務須雕刻工夫精緻，如式辦就，依期帶到，越速越
好。此約。大班吁㕭哩、哦咖啷二位收照。乾隆三十年月
日，潘同文、顏泰和、陳廣順、邱義豐、蔡聚豐、陳源泉、
蔡逢源、張裕源、陳遠來、葉廣源㉘。

前引契約原文存於法國巴黎國家圖書館。契約中所開四張圖稿名
稱，與五月二十六日所奉旨意相符。七月初十日，粵海關將原圖
樣發交大班送往法國巴黎刊刻銅版。乾隆三十一年（1766），
粵海關又先後奉文三次，續發圖樣十二張，四次發到圖樣共十六
張，陸續發交洋行商人轉付法國商人帶往法國承辦，照樣刊刻，
並將第一次圖樣四張定限於乾隆三十四年（1769）刻印銅版畫
帶回粵海關，其餘十二張，分別於三十五、六、七等年分限呈繳。
當得勝圖的圖樣送達法國後，受到法國藝術界的重視，法蘭西皇
家藝術院院長侯爵馬利尼（Marigny）命柯升（C.N. Cochin）
主其事。柯升先後挑選雕版名手勒巴（J.P. Le Bas）、聖多米（
A. de Saint-Aubin）、布勒弗（B.L. Prevost）、蕭法（P. P.
Choffard）、郎納（N. de Launay）、德尼（F. D. Nee）等人
分別開雕㉙，都是一時之選。乾隆三十四年（1769），陸續到廣
東的法國船共三隻，粵海關監督內務府郎中德魁即嚴催洋商轉飭
法國商人將領辦得勝圖銅版原限乾隆三十四年（1769年）分帶

到四幅，請速即呈繳。據洋行商人稟覆後，德魁即於是年十一月
初一日咨呈軍機處，其咨呈原文略謂：

> 據該國夷商稟稱，從前乾隆叁拾年間領辦得勝圖銅板肆幅，
> 原限叁拾肆年帶到呈繳，業已鐫刻工竣，本應帶來，因該
> 國王見其工夫粗率，且係天朝傳辦之物，理合敬謹辦理，
> 不敢遽爲帶繳。隨嚴飭承辦各夷加意用工，再刻精緻，是
> 以不及帶到，務於明年來船一準將此項銅板肆幅一併帶繳，
> 不敢遲誤等情。據此查前項銅板原限本年辦繳肆幅，今該
> 夷商因工夫粗率，再加修刻，以致不能如期帶繳，除嚴飭
> 洋行商人轉飭該夷商尊照將第壹次領辦銅板肆幅，第二次
> 領辦銅板肆幅一併準于明年來船帶繳㉚。

　　法國正式開始分批呈繳得勝圖銅板畫是在乾隆三十五年（
1770），是年秋，法國商船到達廣東，將印成銅版畫二百三十
二張呈繳。兩廣總督李侍堯、粵海關監督德魁於是年九月初五日，
會銜具奏，略謂：

> 本年咈囒哂夷船來廣，止據將印成圖紙貳百叁拾貳張呈繳
> 前來，當經飭令行商潘振承等詢據該國往省大班嚀蒙等稟
> 稱，叁拾年間領辦第壹次得勝圖銅板原應承叁拾肆年帶來，
> 後又領辦拾貳幅，應承參拾伍、陸、柒等年帶來。上年第
> 壹次圖板未經帶到，接得公班衙來信說做起銅板工夫不細，
> 尚須加刻精緻，俟叁拾伍年有捌塊寄來。今船隻到廣，又
> 接公班衙來信說，銅板工夫細巧，只有肆伍人會做，略有
> 不到，又須別刻，刷印不精，亦難呈繳。因第壹次圖叁幅
> 內止揀得刷好的貳百叁拾貳張，故此帶來。其第肆張圖稿
> 銅板印看不妥，還要加改，本年船隻趁風來廣，不能久待，
> 是以違限。至於續領圖稿拾貳幅，俱已刊刻銅板，尚未完

工。所有第壹次原稿兩張先行繳回，其第貳張原稿尚須存留比對刷印。但思天朝紙墨油水未必合用，若將銅板帶來，恐工匠不得印法。今有寄欽天監畫圖人書壹封，問明應否備帶紙墨材料，抑須每幅刷印多少張方可足用，專等回信，以便將銅板連印好圖紙帶來等語，連該夷商寄京書信壹封呈繳等情前來。據此查此項銅板逾限兩載，誠恐該夷商趕辦不力，當經本部堂監督再三查詰，委因刊刻銅板匠工精細，其所印墨色深淺，亦有區別，是否內地紙墨不合應用，難于刷印，應否令其印就連板呈繳之處，現將該夷商寄京書信呈送軍機處查辦，除將緣由併帶到印成第壹次〈愛玉史詐營圖〉貳百張、〈阿爾楚爾圖〉肆張、〈伊犁人民投降圖〉貳拾捌張、原發圖稿兩張具奏㉛。

乾隆三十五年（1770）十月二十八日，內務府檔案記載收到得勝圖數目如下：

庫掌四德、五德將粵海關送到第一次愛玉史詐營圖二百張；阿爾楚爾圖四張；伊犁人民投降圖二十八張，隨原發圖稿二張，其阿爾楚爾圖原稿留洋刷印未交來，特進交太監胡世杰呈覽，奉旨：仍用原夾板木箱裝好，交啓祥宮收貯。欽此㉜。

由引文可知內務府檔案與兩廣總督李侍堯等咨文的記載是相合的，銅板畫送京後交啓祥宮收貯。德魁等以此項銅版畫逾限兩年尚未如約呈繳，恐係法國商人趕辦不力，曾再三查問行商，據法商表示委實因刊刻銅版，匠工精細，其所印墨色深淺，亦有區別。國立故宮博物院現藏《軍機處檔月摺包》內含有〈總督寄洋客原諭〉、〈洋客覆總督原稟〉等文件，據洋客稟文稱：

洋客同班給官與廣東總督的回書，是西洋七月二十六日，

一千七百七十年遞與大人通事給了大人的文書，爲皇上要的銅板，大人問的那些緣故，這個回書内我們都要告訴，乾隆三十年，我們應了四年裡頭能殼得四張得勝圖的銅板，那個時候我們想能得，後來我們總管事的給我們信，這個銅板刻的粗，他們的意思要從新細細的刻，許上來年十六塊銅板能得八塊，如今洋船帶來我們總管事的書子，裡面有刻銅板的頭兒寫的書告訴這樣爲難的緣故，銅板難刻的緣故，刻了的銅板，刻剩下的銅板，爲什麼不送來的緣故，頭一個銅板刷了二百張，第二個銅板刷了四張，第三個銅板刷了二十八張，不能比這個多刷的緣故。因爲洋船起身快不送銅板，因爲京成住的西洋先生們裡頭雖有畫畫兒的，恐怕不會刻銅板。我們佛郎濟亞國會刻銅板的四百人之内，不過有四、五個很好的，若不是頭等會刻的，一定刷的時候壞了銅板，後來皇上如要比二百幾張多不能得，刻銅板的頭兒的意思，是要都在拂郎濟國刷，刷完了連銅板都送來。因爲中國的紙油墨等類，與這樣很細的銅板不對，他給我們的書子内說這些緣故，是不是奏明皇上。至先頭裡沒有告訴總督這樣的話，因爲不懂的刻銅板的事情，及爲難的緣故，我們總管事的告訴了我們纔得知道，故此求總督寬恕我們㉝。

銅板雕刻，其工極細，紙張油墨，亦需講究，確非鐫版工匠故意違限。從〈洋客寄蔣友仁信〉中可知截至乾隆三十五年（1770）止，法國所承辦得勝圖，「有已刻完者，有已刻三分之二者，有已刻三分之一者，皆趲工緊辦。其刻完之板已印有二百張者，只有第十六張尚未動手。因此圖尚欠規模，必要改正些須方可命工刊刻。」㉞法國能刻銅板者雖多，但手藝高超者，僅四、五人而

已。其承辦銅版的鐫工首領柯升，在〈寄京書信〉指出其銅版製作過程。乾隆三十六年（1771）七月，法國商船抵達廣東，帶到銅板畫五百四十三張，連同上年帶繳印過樣式，共計五樣，及原稿三張呈繳，粵海關監督德魁即將這批銅版畫及原圖稿附搭粵海關年燈貢品進京，移送內務府造辦處轉爲奏繳㉟。乾隆三十六年（1771）十一月十九日，內務府檔案記載第二次送到數目如下：

> 庫掌四德、五德將粵海關送到印成銅板圖五百四十三張，隨原稿三張，連上年帶繳印過樣式共計五樣，内伊犁人民投降圖一百二十張，隨原樣一張；鄂羅扎拉之戰圖一百三十一張；其餘圖一樣，計二十九張，原稿上無帖簽子隨著，艾起蒙認看得係阿爾楚爾之戰圖，並上次送到愛玉史詐營圖二百張、阿爾楚爾圖四張、伊犁人民投降圖二十八張，俱持進交太監胡世杰呈覽。奉旨：圖樣俱交啓祥宮收貯。再成造銅版圖十六樣，今已五六年有餘，才得圖六樣。尚有十樣未得，著問德魁因何如此遲滯，並令催辦。所印圖每樣只印二百張，不必多印，其進到圖六樣，内除愛玉史詐營圖已足二百張之數外，其餘五張不敷二百張之數者，俱著按所短之數補印送來㊱。

由前引內容可知得勝圖十六幅，每幅銅版刷印二百張，圖稿呈繳後，即交啓祥宮收貯。另據內務府檔案記載，乾隆三十六年（1771）十一月十九日送到各圖數量包括：阿爾楚爾圖一百三十一張；伊犁人民投降圖一百二十張；鄂羅札拉之戰圖一百三十一張；凱宴回部圖一百三十二張；又二十九張未貼簽子，係阿爾楚爾之戰圖，合計五百四十三張，與粵海關所報數目相符。是年十一月，續到法國商船，帶來印成銅版畫共二百七十二張，原稿一

張。十二月初九日，據內務府庫掌四德等所進銅版畫包括：阿爾
楚爾圖十五張；伊犁人民投降圖五十八張；鄂羅扎拉之戰圖六十
七張；凱宴回部圖六十六張；呼爾璊圖六十六張，隨原稿一張。
十二月二十二日，庫掌四德等所進銅版畫包括：阿爾楚爾圖七十
七張；黑水解圍圖一百張；平定回部獻俘圖九十八張；原稿一張，
阿爾楚爾銅版一塊；鄂羅扎拉圖之戰圖銅版一塊；黑水解圍圖銅
版一塊。乾隆三十七年（1772）七月二十八日，法國商船來華，
帶到銅版畫共二百七十五張，原稿二張，銅版三塊。同年八月十
九日，續到法國商船帶到刷印銅版畫一百八十五張，銅版四塊，
總計先後共帶到刷印銅版畫一千五百零七張，銅版七塊，原稿八
張㊲。乾隆三十八年（1773）十二月十九日，庫掌四德等所進得
勝圖銅版畫包括：平定回部獻俘圖一百三十四張，原稿一張，銅
版一塊；拔達山汗納款圖二百二十七張，原稿一張，銅版一塊；
郊勞圖二百二十九張，原稿一張，銅版一塊；伊西洱庫爾之戰圖
五十八張，原稿一張，由太監胡世杰呈覽。奉旨將圖交啓祥宮收
貯，其銅版輿與圖房收貯㊳。乾隆三十九年（1774），法國商船
二次來華，自乾隆三十五年（1770）十月至乾隆三十九年（
1774）七月以前，統計法國商船六次帶來銅版畫共二千一百五
十一張。乾隆三十九年（1774）八月內，法國商船抵達廣東，
帶來刷印銅版畫二百二十九張，銅版一塊，原稿一張，另外圖樣
四張㊴。至此年八月止，其繳過刷印銅版畫二千三百八十張，銅
版十一塊，其餘銅版畫八百二十張，及銅版等，是在乾隆三十九
年（1774）十月以後陸續呈繳的。

　　乾隆年間雕刻的得勝圖銅版畫，其工價是由粵海關洋商與法
國大班議定的，銅版十六塊，每塊工價銀二百兩，計銀三千二百
兩。刷印銅版畫一千六百張，每張工價銀五錢，計銀八百兩。嗣

因每圖各令刷印二百張，計添印一千六百張，需銀八百兩，以上
銅版十六塊，共刷印三千二百張，總計工價四千八百兩⑩，並不
算昂貴。銅版畫繳齊後，乾隆皇帝陸續頒賞皇子及文武大員。據
台北國立故宮博物院現藏軍機處檔案的記載，乾隆年間先後五次
頒賞得勝圖冊及得勝圖卷共計一百零一分，得勝圖銅版畫的確受
到清代君臣的重視。

四、得勝圖銅版畫的構圖與中西文化交流

銅版畫主要是以線條來表現原畫的層次、立體感和深遠感。
乾隆年間，法國會雕刻銅版的工匠，雖然不下四百人，但能刻得
勝圖銅版的名手不過六、七人。現存得勝圖銅版畫，多注明鐫刻
人名及年分，其中布勒弗（B. L. Prevost）刻的是〈平定伊犁受
降〉（1769）、〈霍斯庫魯克之戰〉（1774）；聖多米（Saint-
Aubin）刻的是〈呼爾滿大捷〉（1770）、通古思魯克之戰（
1773）；郎納（De Launey）刻的是〈伊西洱庫爾淖爾之戰〉（
1772）；勒巴（La Bas）刻的是〈格登鄂拉斫營〉（1769）、
〈鄂壘扎拉圖之戰〉（1770）、〈凱宴成功諸將士〉（1770）、
《黑水解圍》（1771）、〈和落霍澌之捷〉（1774）；蕭法（
Choffard）刻的是〈拔達山汗納款〉（1772）、〈烏什酋長獻城
降〉（1774）；阿里默（J. Aliament）刻的是〈庫隴癸之戰〉
〈阿爾楚爾之戰〉；馬斯克立業（L.J. Masquelier）刻的是〈平
定回部獻俘〉；德尼（F. D. Nee）刻的是〈郊勞回部成功諸將
士〉（1772），現存圖中因部分字跡模糊缺漏，以致雕刻年分
不詳。

聶崇正先生在〈乾隆平定準部回部戰圖和清代的銅版畫〉一
文中已指出從清朝宮廷銅版畫看，都是採用刀或針刻劃後以酸性

溶液腐蝕的方法。線條細勁、柔和，畫面中物體的明暗均用變化
多端、粗細複雜的線條來表現。粗而準確的線條描繪物象的輪廓
和亮部，細密規則的平行線、網狀線表現物象的暗部，中間色調
則用細點或虛線來表現⑪。銅版畫風格細膩，無論鐫刻或印刷，
都較艱難，承辦得勝圖銅版畫的鐫工首領柯升（C.N. Cochin）
於寄京書信中，對銅版的鐫刻及印刷曾作說明，其書信漢譯略謂：

> 據柯升寫來之字言，此版工夫細緻，刷印最難，若竟帶至
> 中國，倘其不諳作法，不惟刷仰模糊，且恐損傷銅版，反
> 難仰答欽命，不得不將各樣緣故，逐細陳明：其一，中國
> 紙張易於起毛，以之刷印圖像，難得光潔，且一經潤濕，
> 每每粘貼板上，起時不免破碎，即或取用洋紙，浸潤尤須
> 得法，太濕則淫溢模糊，太乾則摹印不真。至於調色之油，
> 最難熬製，倘不如法，萬難浸入，銅板細紋，必致模糊。
> 所用顏色，並非黑墨，惟取一種葡萄酒渣，如法鍊成，方
> 可使用。若用別項黑色，不惟摹印不真，且易壞板；再者，
> 板上敷摸油色，既用柔軟細布擦過，全在以手掌細細揉擦，
> 務相其輕重均勻，陰陽配合，方稱如式，此等技藝，不惟
> 生手難以猝辦，即在洋數百匠人演習多年內中亦不過四、
> 五人有此伎倆。況此板鏤刻精細，若遇巧匠，每板或可刷
> 印千餘張，其板尚能修理，一經生手，摹印既難完好，且
> 易於壞板，倘將細紋磨平，或將通板擦傷痕跡，其板反成
> 廢棄。種種緣故，非敢故為鋪張，實因欽命事件，誠恐少
> 有疏虞，致干罪戾，莫若先在西洋將每板刷印一千張，連
> 板齎送，並將一切作法，詳悉註明，以屬保重等語⑫。

從柯升寄京書信中，可以大概瞭解銅版畫製作過程，其銅板不僅
鏤刻精細，所用紙張，也是西洋紙，浸潤得法，所用顏色，並非

普通黑墨，而是採用一種葡萄酒渣提鍊的特殊顏料，熬製艱難，否則不但摹印失眞，且易塤壞銅板。

　　自乾隆三十年（1765）內務府造辦處傳辦刊刻得勝圖銅版畫，至乾隆三十九年（1774）銅版鑴刻竣工刷印銅版畫連同圖稿運達北京，前後歷時十年之久。乾隆四十九年（1784），乾隆皇帝諭令將得勝圖銅版畫冊，分送全國各地行宮及寺院等處保存並陳設。其餘畫冊，後來陸細散出清宮。據法國吉美博物館（Masee Guimet）的介紹，目前歐洲尚存完整的得勝圖銅版畫共四套，殘缺者一套，另外零散者分藏於私人手中，此外，日本東洋文庫也收藏完整得勝圖銅版畫一套。乾隆三十年（1765）六月十九日傳旨郎世寧等四人所起得勝圖稿十六張，著丁觀鵬等五人用宣紙依照原樣著色畫十六張，原冊現存北京故宮博物院㊸。北京故宮博物院也藏有完整的得勝圖銅版畫。台北國立故宮博物院現藏得勝圖銅版畫，原爲北平圖書館舊藏。國立中央圖書館善本書目列有《平定回疆圖》二套，其中完整一套三十幅，另一套殘本存十三頁，注明係乾隆年間銅版紙本墨印，縱五六公分，橫八九‧五公分。此《平定回疆圖》內的十六幅圖，就是所謂得勝圖銅版畫，除圖畫十六幅外，還有御題詠詩等十八張，但因圖文不合，順序錯亂，使用不便。在十六幅圖畫前一幅爲乾隆皇帝御筆序行書，序文開端指出「西師定功於己卯，越七年丙戌戰圖始成，因詳詢軍營征戰形勢，以及結構丹青有需時日也。」干支己卯，相當於乾隆二十四年（1759），是年清軍平定回部，西陲軍事告藏。丙戌即乾隆三十一年（1766），所謂「戰圖始成」，是指內廷西洋畫家所繪成的十六幅得勝圖稿樣，自乾隆三十年（1765）第一次頒發圖樣四幅，次年先後三次續頒圖樣十二幅，四次共頒發圖樣十六幅，陸續寄往法國巴黎鑴刻銅版。在乾隆皇

帝宸翰後為戰圖及御題詠詩各十六幅，末幅為大學士傅恆等諸大臣跋。跋文內指出「右圖十有六幀，始於伊犁受降，訖於回部獻俘。」又謂「幀端各系以御製詩，成於奏凱錄功即事紀實者十，追敘時地補詠者六，既裝潢成冊，親製序文，冠於冊首，並命臣等恭識其後。」又云「繪平定伊犁回部之圖，所以昭旂常垂史牒者，為奕乎其詳且備矣。茲冊復因事綴圖，或採之奏牘所陳，或徵諸諮詢所述，凡夫行間之奮敵愾冒矢石著勞勣者，悉寫其山川，列其事蹟，傳其狀貌，繼自今恭撫斯圖，皆得按帙而指數之。」從冊首御製序文、幀端御製詩及冊末跋文的記述，可以瞭解得勝圖銅版畫原委及其時代意義。

　　平定準部回部得勝圖銅版畫是屬於冊頁的形式，同時將各重要戰役採用全景式的構圖，在一個畫面上充分表現出一個戰役的規模與全貌，得勝圖銅版畫不僅具有史料價值，同時也富於藝術價值。圖一〈平定伊犁受降〉，所繪內容為乾隆二十年（1755）二月清軍乘準噶爾內訌長驅深入，翻山越嶺，大敗達瓦齊，於五月師至伊犁，沿途厄魯特及纏頭回民望風納款，牽羊攜酒，迎叩馬前。清軍騎兵隊由山谷進入中央空地，厄魯特及回民在兩旁跪迎。畫面近景繪降人牽牛羊駱駝侍立，前一排降人跪地高舉火鎗，另一邊跪迎降人或雙手捧降表，或雙手捧哈達獻財物，並繪樂隊吹奏琴鼓喇叭等樂器。畫面遠景繪厄魯特降眾或牽拉馬匹駱駝步行來歸，或船載羊隻貨物渡河而來，畫面遠近明暗，表現了立體感。御製詩中「乘時命將定條枝，天佑人歸捷報馳；無戰有征安絕域，壺漿簞食迎王師。」所描述的文字，與畫面是相合的。

　　圖二〈格登鄂拉斫營〉，所繪內容為清軍深入伊犁後，達瓦齊率領萬餘人移駐伊犁西南的尙圖斯，後負格登鄂拉，前臨泥淖，箚營堅守。乾隆二十年（1755）六月十四日夜清軍派遣降人翼

領喀喇巴圖魯阿玉錫等帶領士兵二十二人往探達瓦齊大營。阿玉
錫奮勇突入，往來衝殺，放鎗吶喊，達瓦齊全營驚潰。自相蹂躪。
畫面右部繪阿玉錫等人由山口向敵營衝擊情形，遠景繪清軍大隊
繞山策應包圍情形，近景繪放鎗射箭施砲厮殺場面。御製詩中有
「大聲策馬入敵壘，厥角披靡相躪奔，降者六千五百騎，阿玉錫
手大蠹搴；達瓦齊攜近千騎，駞走喙息嗟難存」等句，可知戰況
的激烈，阿玉錫的神勇絕倫。畫面描繪勇士阿玉錫在山間行進，
衝殺敵人等情景，筆法細膩，同時把接應的清軍主力也組織在同
一個畫面上，突破了時空的限制。

　　圖三〈鄂壘扎拉圖之戰〉，所繪內容爲乾隆二十一年（
1756）十一月二十六日，清軍至鄂壘扎拉圖地方，準噶爾大隊
來追，清軍就地堅守。十二月初三日，定邊將軍兆惠派出索倫等
精兵於夜間五更潛行出營，乘敵不備，奮力衝擊，準噶爾兵潰退，
畫面左側繪列隊整齊的清軍，騎兵弓箭手在前，火鎗隊在後，駱
駝馱砲在火鎗隊之後。畫面右方爲敵軍，潰散不成隊形，有騎馬
反撲及中箭墜馬者㊹，御製詩中有「竟得全師逢接騎，整軍復入
大功成」等語，與畫面相合。

　　圖四〈和落霍澌之捷〉，所繪內容爲乾隆二十三年（1758）
三月清軍在和落霍澌擊敗敵軍及尾追潰敵情形。畫面中央爲一片
空曠平地，雙方騎兵迎面衝殺，清軍手持弓箭，敵軍則持火鎗，
敵軍敗退，有中箭落馬者。畫面遠景繪大隊在山谷間尾追敵軍，
乘勝掩殺。御製詩文作於戊寅秋月，即乾隆二十三年（1758）
秋天，詩中有「今春我師勦逆夷，首戰實和落霍斯」等語，圖文
相合。

　　圖五〈庫隴癸之戰〉，所繪內容爲乾隆二十三年（1758）
三月十五日夜晚，清軍大敗敵軍於庫隴癸一役。畫面近景繪敵軍

從倒塌的帳篷中逃出，有赤裸不及穿衣者，遠景繪清軍佔領敵軍營帳。御製詩中有「五更直襲屯營寨，兩騎先收牧馬羊；以少勝多張撻伐，將軍誠勇著旂常」等語，描述五更襲營即所謂拂曉攻擊得勝的場面，圖畫與文字彼此相合。畫面光線從左側照來，人物、景色亮部與暗部分明，富於立體感。

　　圖六〈烏什酋長獻城降〉，所繪內容爲乾隆二十三年（1758）八月二十日，和闐城伯克霍集斯迎降，畫面中央爲一個圓形營壘，滿佈營帳，兆惠端坐居中大帳內，霍集斯率頭人攜帶牛羊財帛在大帳前行禮，畫面遠景左方有一座城池，城牆繞山而築。圓形營壘上佈滿旌旗，營壘外圍，衛士侍立，戒備森嚴。

　　圖七〈黑水圍解〉，所繪內容爲乾隆二十三年（1758）十月，兆惠領兵三千在蔥嶺南河喀喇烏蘇爲陣，即所謂黑水營，回衆大隊圍攻，或決水灌營，或掘溝潛伏，兆惠堅守不懈，被圍三閱月，至次年正月二十四日在援軍夾擊後，回兵始退，兆惠解圍而出。畫面近景爲一山嶺，清軍將領居高臨下，指揮戰鬥，畫面中間爲一條河，即黑水，河岸回兵持火鎗射擊兆惠守軍。遠景山谷間晨霧迷濛，回兵敗逃山中，清軍馬隊從後追擊，御製詩中有「正值大霧彌雰雰」等語。畫面將近、中、遠三景組合在一起，採用全景式的構圖，而把敵我雙方的陣勢同時表現出來，帶給人們一個完整的印象。

　　圖八〈呼爾滿大捷〉，所繪內容爲副將軍富德領兵援助兆惠，乾隆二十四年（1759）正月初六日，富德行至葉爾羌附近呼爾滿地方，回部大和卓木布拉呢敦率騎兵四面進攻，參贊大臣阿里衮解馬匹來援，計五日四夜攻戰，清軍獲勝，殲敵千餘人，布拉呢敦脅間中鎗受傷。畫面繪清軍滿山遍野廝殺，短兵相接，騎兵在前，砲兵爲後援，近景繪清軍牽回陣前跑散的回人馬匹駱駝。

御製詩中有「鏖戰五日夜，斬將搴旗幟」等語，可見戰沿十分激烈。

　　圖九〈通古思魯克之戰〉，所繪內容為乾隆二十三年（1758）十月十三日，清軍在通古斯克為回部馬步兵二萬餘人阻截，官兵千餘人渡河者僅五百餘名，只得堅守。畫面近景為山嶺，清軍將領指揮砲兵向山下回眾猛烈轟擊。遠景左方繪被圍清軍架設木橋渡河突圍。御製詩中有「渡河率騎五百耳，背郭賊將二萬餘，守壘竟同援兵返」等語，此役在援兵抵達後守軍即衝出包圍，圖文相合。

　　圖十〈霍斯庫魯克之戰〉，回部首領布拉呢敦等兵敗後欲逃往巴達克山，乾隆二十四年（1759）閏六月二十八日，參贊大臣明瑞領兵一千三百餘名追至霍斯庫魯克嶺，回兵六千餘人在嶺上排列，清軍九百，爭據高阜，回眾向下施放鎗砲，猛攻清軍左翼前隊。清軍以鎗矢迎擊，衝至嶺下，向山爭進，鏖戰三時，以寡擊眾，力戰敗敵，殲敵五百餘人。畫面近景偏右為河流，清軍在右岸砲轟鎗擊回眾，回兵以火鎗射擊，清軍別隊由左側爭據高阜，仰攻回眾，戰況激烈。御製詩中有「賊兵六千橫據嶺，兵纔九百仰攻峰」等語，與畫面相合。

　　圖十一〈阿爾楚爾之戰〉，乾隆二十四年（1759）七月初八日，富德探知大小和卓木蹤跡後，率領官兵星夜急行，初九日抵阿爾楚爾，追及回眾後隊，回眾以馱載先行，預伏回兵於兩山之間，列陣谷口，以誘清軍。富德分兵三隊，左翼以鎗砲奪左山，右翼攻奪右山，中軍發大神砲，自辰至午，回兵不支，清軍追逐數十里，勦殺回兵千餘名。畫面近景為清軍右翼，奪佔右山，中間左方為清軍主力，弓箭手在前，鎗砲隨後，遠景為清軍左翼，攻奪左山，三路獲勝，敵軍敗退。

　　圖十二〈伊西洱庫爾淖爾之戰〉，乾隆二十四年（1759）
七月初十日，富德領兵追擊回眾至布隆庫爾，向伊西洱庫淖爾進
兵，回眾已先據山麓，在諾貝爾路口施放鎗砲。清軍整隊齊進，
連發大神、威遠巨砲，回眾仍死拒。富德於健銳等營內挑選鳥鎗
精利者四十餘人，並派前鋒參領喀木齊布等率領步兵自山北而上。
七月十二日黎明，嶺上回眾潛逃，是役回眾降者一萬二千餘人，
駝騾牛羊萬餘隻。畫面多山石林木，回兵手持火鎗，利用地勢頑
抗，清軍分由各山口出擊，回兵墜馬死傷。近景繪清軍將領率親
兵衛隊，揮鞭督戰。御製詩中有「一線沿溪進魚貫，千尋列嶂突
矗叢」等語，即描述清軍追擊回眾，在山嶺間進攻敵軍情形。

　　圖十三〈拔達山汗納款〉，回部首領大小和卓木布拉呢敦、
霍集占兄弟兵敗遁往巴達克山，乾隆二十四年（1759）七月二
十六日，清軍抵達巴達克山。是年九月，巴達克山汗素爾坦沙呈
獻霍集占首級，回部軍事遂告一段落。畫面中央為一圓形營壘，
設有營帳，清軍主將端坐於中央大帳，巴達克山首領呈獻霍集占
首級。營壘四周，旌旗鮮明，戒備森嚴。營壘內繪士兵練習騎馬
射箭，營壘外繪放牧民族牧馬匹駱駝羊隻，三五成群，站立交談，
氣氛並不緊張。

　　圖十四〈平定回部獻俘〉，乾隆二十五年（1760）正月初
十日，巴達克山使臣額穆爾伯克等入覲，定邊將軍函送霍集占首
級。正月十一日，乾隆皇帝御午門樓，行獻俘禮。畫面右方為紫
禁城午門，乾隆皇帝端坐在門樓上。午門前廣場，侍衛持刀護衛，
文武大員分班站立，樂隊吹奏笙簫磬鼓等樂器，遠征將士帶領巴
達克山使臣觀見，呈獻霍集占首級，行獻俘禮，場面肅穆，御製
詩中有「西海永清武保定，午門三御典昭詳；從今更願無斯事，
休養吾民共樂康」等語，以示止戈靖邊以後，偃武修文休養生息

之意。

　　圖十五〈郊勞成功將士〉，乾隆二十五年（1760）二月二十七日，清軍平定回部，西陲軍事告藏，定邊將軍兆惠等凱旋，乾隆皇帝諭令在良鄉築壇郊勞凱旋將士。畫面繪圓壇，壇上樹立麒麟纛七面，乾隆皇帝由鹵簿大駕為前導，樂隊奏樂，登壇拜天，兆惠、富德、明瑞等出征將領全身甲冑與滿漢大臣一同行禮，場面肅穆莊嚴。御製詩中有「京縣郊南親勞軍，圓壇陳纛謝成勳」等句，描述乾隆皇帝在京師以南的良鄉築壇勞軍的情形。

　　圖十六〈凱宴成功將士〉，乾隆二十六年（1761）正月，紫光閣落成，清軍西征功臣五十分畫像置於紫光閣內，乾隆皇帝在此賜宴慶功，文武大臣、蒙古王公台吉、出征將士等百餘人出席慶功宴。畫面居中繪一圓形帳篷，其後即紫光閣，乾隆皇帝穿著龍袍掛珠，乘坐十六人抬肩輿，緩緩進入會場，文武官員及蒙古王公等分列兩旁跪迎，遠景右上角金鰲玉棟橋後可以遙見白塔，乾隆皇帝詠詩八章以誌八事。畫面人物表情嚴肅，氣氛莊嚴，儀式顯得更隆重。從白塔和金鰲玉棟橋的連接與組合，巧妙地點出了宴會場所的方位。

　　乾隆年間，採用銅版畫製作了一系列描繪征戰的組畫，以此表現歷史事件，並獲得了成功，其中最為精緻的就是得勝圖銅版畫十六幅，是屬於冊頁的形式，製作細膩。這套組畫是西方藝術家的集體創作，得勝圖由供職內廷的西洋畫家起稿，銅版的鐫刻和印刷都在法國，所以雖然描繪的內容是中國的歷史事件，但在風格上，西洋畫的味道十分濃厚，得勝圖銅版畫的出現遂被視為二百年前中國與歐洲文化交流的產物㊺。

　　聶崇正先生撰〈乾隆平定準部回部戰圖和清代的銅版畫〉一文已指出得勝圖銅版畫的組畫在藝術上的特色之一就是中西相結

合的畫法，整個作品強調光線的明暗、投影。人物造型上則比例
恰當，注重解剖、結構，明顯地反映了西洋畫的風格。郎世寧、
王致誠、艾啓蒙、安德義等人在畫面上又恰當地運用了中國傳統
繪畫的一些表現方法，將並非發生於同一時刻的情節組織在一起，
突破了時間與空間的限制，而取得了很良好的藝術效果。至於採
用全景式的構圖，也是得勝圖銅版畫的重要特色。平定準噶爾及
回部都是在一個地域相當廣闊的空間內進行的大規模戰爭，因此，
郎世寧等人就採用了全景式構圖的方法，力求表現戰爭的規模和
全貌。使人對各場戰爭都有一個明晰和完整的印象㊻。得勝圖銅
版畫採用了中西繪畫的特色，又由於油色的特殊處理，輕重均勻，
陰陽配合，山石、林木、人物、建築等亮部與暗部分明，頗富立
體感，得勝圖銅版畫就是東西繪畫風格的融和，反映了清初以來
中西文化交流的中體西用。

五、結　語

　　風格是藝術史研究的主題，不同的時代和環境，可以產生不
同風格的藝術。歐洲文藝復興時期，有一部分畫家嘗試在平面的
畫幅上更眞實地表現出自然界立體的藝術效果，於是將光學、物
理學、測繪學、幾何學等自然科學運用在繪畫創作上，繪畫藝術
與自然科學的結合，於是產生了與中國傳統繪畫技巧迥異的焦點
透視法㊼。明末清初，隨著耶穌會傳教士的來華，西方透視學也
傳入了清朝內廷。郎世寧等西洋畫家採用焦點透視法作畫，景物
深遠，立體感強，引起清代朝野的注意㊽。郎世寧等人是在歐洲
受的美術教育，熟練掌握了以油畫爲主的西洋畫法。他們初入清
朝內廷後，面臨著一個陌生的新環境，他們首先必須認眞學習中
國傳統的繪畫技巧及掌握中式筆墨紙張的特性，應用中國筆墨、

顏色、紙絹等工具材料作畫，彩線兼施，既富於立體感，又突出了線的作用，取得了中國工筆畫的效果，於是創造出融中西畫法於一體的新型繪畫藝術，被稱爲清朝內廷畫院的繪畫新體，既適應盛清諸帝的審美要求，也符合中國傳統的美學觀點，經過王致誠、艾啓蒙等人的發揚，新體繪畫遂成爲乾隆朝內廷畫院的主要畫派之一。

　　天山南北二路，在經濟、文化上自古以來即與中原建立極密切的關係，在地理上與中原更是一體不可分。其地東捍長城，北蔽蒙古，南通衛藏，西倚蔥嶺，勢若高屋建瓴，足以屏衛關隴，鞏固藩籬。惟自清初以來，準噶爾勢力崛起，屢次侵犯喀爾喀、哈密、窺伺青海，潛兵入藏，西北邊患，日益嚴重，康熙、雍正兩朝，屢興達伐，未既厥緒，爲邊陲久安之計，遂乘機進兵伊犁。當清廷用兵於準噶爾期間，回部乘機獨立，稱兵抗拒清軍，乾隆皇帝爲永靖邊圉，不得已再勞師旅，毅然興師問罪，因此，乾隆皇帝用兵西陲，就是繼述祖宗未竟之志，五年之間，清軍轉戰南北，歷經無數次艱苦戰役，舉凡伊犁之役、格登鄂拉斫營、鄂壘扎拉圖之戰、和落霍澌之捷、庫隴癸之戰、黑水解圍、呼爾滿大捷、通古思魯克之戰、霍斯庫魯克之戰、阿爾楚爾之戰、伊西洱庫爾淖爾之戰等役，清軍攻堅斫銳，斬將搴旗，終於掃平天山南北二路，二萬餘里咸歸版圖，收自古以來未收之地，臣自古以來未臣之民，對於有清一代式廓疆宇，消弭邊患，貢獻至鉅，對國家民族的擴大與凝固，具有積極的意義。

　　西陲軍事告藏後，乾隆皇帝念出征將士百死一生爲國宣力，不能使其泯滅無聞，於是詳詢軍營征戰形勢，令供職內廷的西洋畫家郎世寧、王致誠、艾啓蒙、安德義等人，結構丹青，描繪戰圖稿樣十六幅，交由粵海關送往法國，以銅版畫的方式表現出來。

銅版鏤刻，工夫細緻，刷印尤須得法，中國紙張易於起毛，以之刷印圖像，難得光潔，必須取用洋紙。所用顏色，並非黑墨，而是從葡萄酒渣鍊成的顏料。版上敷摸油色，全在以手掌細細揉擦，必須輕重均勻，陰陽配合，銅版畫製作的精巧不難想見。自乾隆三十年（1765）內務府造辦處傳辦刊刻得勝圖銅版畫，至乾隆三十九年（1774）銅版鏤刻全部完工刷印銅版畫陸續運達北京，前後歷時十年之久，平定準噶爾、回部得勝圖銅版畫從戰圖起稿至銅版鏤刻印刷，都是西洋藝術家的集體創作，西洋風味極為濃厚，採用西洋畫的技巧，強調透視、明暗、人物及馬匹的比例適中，注意結構和解剖⑭，亮部與暗部分明，頗富於立體感，在整個構圖上又能吸收中國傳統繪畫的表現方法，使人對每幅戰圖都有一個相當明析與完整的印象，得勝圖銅版畫的繪製及鏤刻，的確是中西文化交流史上的一段佳話，同時也是東西繪畫風格的融合。內廷西洋畫家後來又奉命製作《平定兩金川圖》、《台灣戰圖》、《廓爾喀戰圖》、《安南戰圖》，都是內務府造辦處奉旨在中國自製的戰圖銅版畫。

　　由於得勝圖銅版畫表現歷史事件的成功，銅版畫開始受到中國畫家的重視，對盛清宮廷繪畫產生了相當大的影響。王耀庭先生著《盛清宮廷繪畫初探》已指出十七世紀的中國山水畫裡雖然看不到完全摹仿西方的作品，但是西歐技法影響的痕跡，卻或多或少地在部分作品中顯現出來。某些畫中的山谷、岩石、土坡的描寫，漸從鮮明的線條、色調，變成客觀地表現遠景，以龔賢的〈千巖萬壑〉及當時流入中國的西洋版畫〈萬國城市圖〉來比較，兩張畫的構圖是那麼地相同，尤其是左角的山石累積，如出一轍，整幅畫是充塞式的，與一般的山水畫留下大部分的空白截然不同。〈千巖萬壑圖〉畫面上顯現出了強烈明暗的效果及濃墨潤筆而成

的沉鬱感，比起傳統的米家山，米家山就顯得輕快多了。濃厚的墨氣跟西方銅版畫的油墨味道所表現的冷寂及夢幻般地感覺也是那麼地相似。龔賢的短筆觸，皴法上用筆用墨的層層堆疊與雕版畫的細針密縷也眞相似⑤。總之，乾隆年間得勝圖銅版畫的製作有其時代意義，也是中西文化交流的產物，對盛清宮廷繪畫也產生了一定的影響。

【註　釋】

① 　《故宮博物院院刊》，一九八八年，第二期（北京，紫禁城出版社，1988.5），頁33。

② 　《宮中檔康熙朝奏摺》，第二輯（台北，國立故宮博物院，民國六十五年六月），頁655，康熙四十九年閏七月十四日，兩廣總督趙弘燮奏摺。

③ 　《康熙朝漢文硃批奏摺彙編》，第六冊（北京，檔案出版社，1985.5），頁439。康熙五十四年八月十六日，廣東巡撫楊琳奏摺。

④ 　莊吉發，《清高宗十全武功研究》（台北，國立故宮博物院，民國七十一年六月），頁518至594。

⑤ 　《大清一統志》（台北，商務印書館，嘉慶年間），卷五一七，《新疆統部》，頁31。

⑥ 　《宮中檔乾隆朝奏摺》，第六輯（台北，國立故宮博物院，民國七十一年十月），頁114。乾隆十八年八月初九日，永常奏摺。

⑦ 　馮錫時，《準噶爾各鄂托克、昂吉、集賽牧地考》，《衛拉特史論文集》（內蒙古，內蒙古師範大學，1990），第三期，頁147。

⑧ 　馬汝珩等，《厄魯特蒙古史論集》（青海，人民出版社，1984.1），頁1。

⑨ 　《史料旬刊》（台北，國風出版社，民國五十二年六月），第二〇

期，頁386，乾隆七年三月，尹繼善奏摺。

⑩ 《史料旬刊》，第二十四期，頁456。

⑪ 《軍機處檔・月摺包》（台北，國立故宮博物院），第2740箱，41包，5742號，乾隆十五年五月十三日，尹繼善奏摺錄副。

⑫ 《清代全史》（瀋陽，遼寧人民出版社，1991.10），第四卷，頁253。

⑬ 馬汝珩等，《厄魯特蒙古史論集》，頁111。

⑭ 《清高宗純皇帝實錄》，（台北，華聯出版社，民國五十三年十月），卷五二七，頁21。

⑮ 白新良，《乾隆傳》（瀋陽，遼教育出版社，1990.7），頁184。

⑯ 周遠廉，《乾隆皇帝大傳》（河南，河南人民出版社，1990.4），頁495。

⑰ 《準噶爾史略》（北京，人民出版社，1985.12），頁210。

⑱ 《清代全史》，第四卷，頁269。

⑲ 莊吉發，《清高宗十全武功研究》，頁496。

⑳ 聶崇正，〈乾隆平定準部回部戰圖和清代的銅版畫〉，《文物》（北京，文物出版社，1980.4），一九八〇年，第四期，頁61。

㉑ 〈清宮廷畫家郎世寧年譜——兼在華耶穌會士史事稽年〉，《故宮博物院院刊》（北京，故宮博物院，1988.5），一九八八年，第二期，頁60。

㉒ 楊伯達，〈郎世寧在清內廷的創作活動及其藝術成就〉，《故宮博物院院刊》，一九八八年，第二期，頁16。

㉓ 聶崇正，〈郎世寧和他的歷史畫、油畫作品〉，《文物》（北京，文物出版社，1979.8），一九七九年，第三期，頁41。

㉔ 《故宮博物院院刊》，一九八八年，第二期，頁19。

㉕ 聶崇正，〈中西藝術交流中的郎世寧〉，《故宮博物院院刊》（北

京，故宮博物院，1988.5），一九八八年，第二期，頁76。

㉖　《石渠寶笈續編》（台北，國立故宮博物院，民國六十年十月），第二冊，頁806。

㉗　《宮中檔乾隆朝奏摺》，第二十五輯（台北，國立故宮博物院，民國七十三年五月），頁626。

㉘　方豪，《中西交通史》（台北，中華大典編印會，民國五十七年七月），第五冊，頁43。

㉙　石田幹之助，〈關於巴黎開雕乾隆年間平定準回兩部得勝圖〉，《東洋學報》（東京，1919），第九卷，第三號，頁402。

㉚　《軍機處檔・月摺包》（台北，國立故宮博物院），第2771箱，72包，11165號，乾隆三十四年十一月初一日，德魁咨呈。

㉛　《軍機處檔・月摺包》，第2771箱，80包，13146號，乾隆三十五年九月初五日，李侍堯等咨呈。

㉜　聶崇正，〈清朝宮廷銅版畫《乾隆平定準部回部戰圖》〉，《故宮博物院院刊》，一九八九年，第四期，頁61。

㉝　《軍機處檔・月摺包》，第2771箱，80包，13156號，〈洋客覆總督原稟〉。

㉞　《軍機處檔・月摺包》，第2771箱，80包，13157號，〈洋客寄蔣友仁書〉。

㉟　《軍機處檔・月摺包》，第2771箱，84包，14737號，乾隆三十六年七月初三日，德魁等咨呈。

㊱　《故宮博物院院刊》，一九八九年，第四期，頁61。

㊲　《軍機處檔・月摺包》，第2765箱，92包，17997號，乾隆三十七年九月初一日，德魁咨呈。

㊳　《故宮博物院院刊》，一九八九年，第四期，頁64。

㊴　《宮中檔乾隆朝奏摺》，第三十六輯（民國七十四年四月），頁

495，乾隆三十九年九月初一日，李侍堯奏摺。

⑩ 《故宮博物院院刊》，一九八九年，第四期，頁63。

⑪ 聶崇正，〈乾隆平定準部回部戰圖和清代的銅版畫〉，《文物》，一九八〇年，第四期，頁61。

⑫ 《軍機處檔‧月摺包》，第2771箱，80包，13155號，〈銅版柯升寄京書信〉。

⑬ 《故宮博物院院刊》，一九八九年，第二期，頁21。

⑭ 聶崇正，〈清朝宮廷銅版畫乾隆平定準部回部戰圖〉，《故宮博物院院刊》，一九八〇年，第四期，文中圖文順序，與"Giuseppe Castiglione: A Jesuit Painter at the Court of the Chinese Emperors"（Switzerland, Imprimerise Reunies S. A., Lausanne, 1972.6）一書所載相合，與日本東洋文庫所藏得勝圖頗有出入。

⑮ 《故宮博物院院刊》，一九八九年，第四期，頁64。

⑯ 《文物》，一九八〇年，第四期，頁61。

圖版 壹　平定伊犁受降圖

平定伊犁受降

乘時命將定條枝

天佑人歸捷報馳無有

征安絕域壺漿簞食迎王

師　據副將軍阿睦爾撒納等奏
得大兵至伊犁部眾持羊酒
迎搞者絡繹戴道婦孺歡呼以
出水火自出師以來無血刃洗
鏃之勞敖遠掃
穴寶古所未有

兩朝締構散云縂百世寧

綏有所里好兩優雲土宇

拓敕心那為慰心移

乙亥仲夏月中澣作

湔筆

Estampe n° 1. « ON REÇOIT LA SOUMISSION DE L'ILI »
(0,899 × 0,521. — M.G. 17011)

圖版　叁　鄂壘扎拉圖之戰圖

鄂壘扎拉圖之戰

以誠馭詐效相輕　阿達薩窠

克勢將就得乃以譎計後

師將軍達爾堂備不審虛

實挨兵待敕逞失事食而

厄魯特軍柔之徑征者民

心輕將帥阿為哈薩繞迴

因須同謀宴氣亂哈薩繞迴

時兆惠若副將軍駐兵鎮

爾哈朗阿攜不退俾師巳

守伊犁等處而巳祥值

賊金集因以少擊衆全軍

讌宴生戊巳駐營攜少卒

出而蟄蟒與犀隄前程直何

晨曲中宵出一可當千衆

賊驚亮得金師逢接騎整

軍復入大功成

丙戌孟春月上澣補詠

御筆　[印]

Estampe n° 3. « LE COMBAT D'OROÏ-JALATU »
(0,892 × 0,510. — M.G. 17009)

圖版 肆　和落霍斯之捷圖

和落霍斯之捷

今春我師勤道夷首我賓和落霍
漸斬將寨撲早報捷酬勞須賣已
有差即令生解俘因至曰派揣特
寧紮伊散秩大臣曾授職乃敢倡
亂如鴟鴞面詢彼所致敗故咋舌
惟數天奪其徒衆稍有千餘騎覘
知我寨設計奇韜重遠行誘我逐
層一伏賊探險峨官軍四百始馳
盂少騎示弱山之陸我進彼乃瀼
湧集銃破如兩循環施我軍曾無
一傷者百霍護信有之銜鋒突入
矢斉箕賊乃衰膽紛誰披底隴
種名逃命大縣張軍咸敝彼
屍僵近四百負傷通者教無尌是誠
天助領手慶奮要唐資人爲問
卑軍者其人誰起勇王家聲
將軍寨布登扎布先起勇親王額駙之子其
兄成紮扎布襲封親王宗布以奮勇著偕
賜弼弟王亦

戊寅孟秋月作澍筆

Estampe nº 4. «LA VICTOIRE DE KHORGOS»
(0,889 × 0,517. — M.G. 17008)

圖版　伍　庫隴癸之戰圖

庫隴癸之戰

咸孤有事射天狼三

穴窮追郡許藏險陰

賊人雖鼠竄擣壘士

氣正鷹揚五更直驤

屯營寨兩騎先收牧

馬羊　兆惠作者險攻賊時
　　　令達傳衛扎延保技

誠乃魯特達什車捍二人
　收其牧犀以故賊不能脫

少睬多張捷伐將軍　以

誠勇著旂常

丙戌孟壺月補詠

淞筆

Estampe n° 5. « LE COMBAT DE KHURUNGUI »
(0,892 × 0,519. — M.G. 17007)

圖版　陸　烏什酋長獻城降圖

烏什酋長獻城降

執渠早是被恩榮　畏逼邊隨
先是達瓦齊自柏登窮竄雲集斯伯克來軍撤設計縛獻經功竟雲集斯伯克與小和卓木均

尚近情　識順料伊將倒戈
雲集斯伯克與書四日特筒兩和卓木均和蒲霉遘遠卒眾披親率眾在可宵畫軍情曾諭及雲集斯伯軍城大臣籌畫軍情曾諭及雲集斯伯克青捨達瓦齊一荂我軍至其地枝

剪兇逗我顧佳兵申明
或降順比大兵既近伊果遊教小和卓本計圖擒得圖高潛覺適去進卒眾披故軍圖擒得圖高潛覺適去進卒眾披故軍門

見罕革肉袒迎
摩本之國道肯讓貼誤因令將軍此惡佯代就途次執夫樳之曰明示賊軍威大振

天祐人歸速展績越因垞
業凜鷈弖
戊寅九秋作澥筆

Estampe n° 6. « LE CHEF D'US [TURFAN] SE SOUMET AVEC SA VILLE »
(0,907 × 0,522. — M.G. 17006)

圖版　柒　　黑水圍解圖

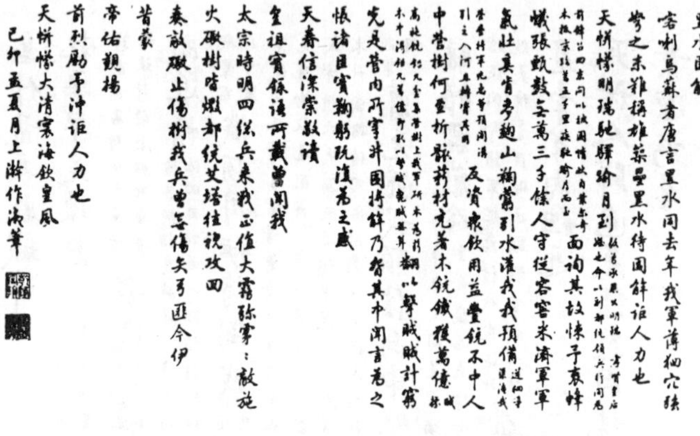

黑水圍鮮

吉咧烏蘇者唐言黑水間去年我軍薄彼穴鏃

岑之未能攻堅雖荼曼黑水待圍鮮誰人力也

天愀憬明瑞純驛臻月到

城社裘肯多趨山嶺菁到水漢我我預備在如年

及資衆欲用益登銃不中人

中營樹何墓析菂析村充著末銃穫萬僅

太宗時明四佽兵來我正住大齊弥寧：歃說

火砲樹哨艳郛統艾塔往說攻四

帝祐親揚

恨諸且實鞠躬�ꝓ阢涑高王感

天壽信實深崇敦讀

皇祖實蹟諸阿戴曹閙我

奏敲砥止傷樹我兵單吾傷矢弓匪令伊

若家

前烈勵乎沖詎人力也

天祚懷大清寔海欽皇風

己卯孟夏月上澣作淡筆

Estampe n° 7. « LA LEVÉE DU SIÈGE DE LA RIVIÈRE NOIRE » (KHARA-USU)
(0,896 × 0,520. — M.G. 17005)

圖版　捌　呼爾滿大捷圖

呼爾滿大捷

我師萬里外馬力實難繼況深入賊巢主
客勢誠異以此被圍圍守枝栗氣空忠
罪程遭惟獎勵奮力事

普通信車連四月
許政官軍一意備以山居三月無甚皆寧
誰五月夜新將寮議投承記慶
我五日夜新將寮議投承記慶
及軍士同心戎巨功感賊數千騎
盃盼佳音忽傳驛政章煩披大記慶
地事臉在俯仰兩閭信非細巾中夜不安餘
造以挫賊殄不持肯故懷人同厲
先三時後師速

天賜佇待投音馳國朝威遠被
慶歷殿心念眾勞額手感
夫擊第一彝功遷四月宿寢堂今朝此
己卯仲春月中澣作偶筆 [印][印]

Estampe n° 8. «LA GRANDE VICTOIRE DE QURMAN»
(0,897 × 0,520. — M.G. 17004)

圖版　貳　格登鄂拉斫營圖

格登鄂拉所營
阿玉錫者伊何人乎鬯厲司牧臣其注
獲罪應到闕何不卽新乳敝尊泡步萬里
來向化育之塞外
先朝恩十二所品薩拉爾未述其事云卽沒
中厚伶倫拈統近而未及賈直進手秀安
進此台見銀擬佇初卽令先驅清漢慶
我師直入定伊犁達瓦齊聚近咨軍敉其
憬䭾欲作一依山播泮茗坓走我兩將軍
相語漢以此衆戰玉石䙬厲本
致妄純城趙伐毋乃達重仁健辛拾迤二
十二回阿玉錫統其犀四巴回海東嘗厲
阿伶鬯拈用及容忭副以進伽以力戰
納珥擔稱以鬯日自當廿五人氣厲叟
致枚夜蒗硯賊向㽔薏祖父胪兒孫大拏
茢馬入歃整廍有披麾相蝻蕎降㳂六子
五百鄿阿玉錫手大喜塞逹瓦齊鬲近千
騎驍走啜息筡誹存荊柯玉賁一夫勇絁
以蘟基人掦掄神勇有此阿玉錫知方占
復知報恩今我作歌壯色千秋以後斯
人開
乙亥季夏月上澣作御筆

Estampe n° 2. « ON FORCE LE CAMP [ÉTABLI] A GADAN-OLA »
(0,899 × 0,522. — M.G　17010)

圖版　玖　通古思魯克之戰圖

通古思魯克之戰
兩四菌芎困莎車得地
忘恩庶蔓除赤羅烽去
助白晝僞如狼頑底榮
如渡河騎赤五百耳肖
郭賊將二苞條守壘竟　時詢將軍官僚率
同援兵迺　　　　　連進赴援丙茶賛大莊阿里京阿
誠迴懷益赦歜　　　解已里仲馬㸃剟期玉軍管遶大
丙戌孟春上澣補詠　賊賊人㕔㸃等金軍以出逃計
御筆　　　　　　　我师挺煤守陸已及百矣

Estampe n° 9. « LE COMBAT DE TONGUZLUQ »
(0,899 × 0,522. — M.G. 17012)

圖版拾壹　阿爾楚爾之戰圖

阿爾楚爾之戰

霍斯庫魯追餘寇

合振窮追玉水源

蕃部勤王隨契苾
時布魯特皆隨軍為嚮道

志定堅昆虫允阿
擒軍勵

特依重隂風后究

同握八門健鈗譽

兵精火器雪山俊

作陸渾原

丙戌孟春補詠

御筆

Estampe n° 11. « LE COMBAT D'ARCUL »
(0,917 × 0,520. — M.G. 17014)

圖版拾貳　伊西洱庫爾淖爾之戰圖

伊西洱庫爾淖尔之
戰

三交三捷武維雄　霍斯庫魯
克阿木楚尔及山凡
三戰皆以少勝眾　　默

鼠逐噬五技窮一線

沿溪進魚貫千尋列

嶂突礟叢遊魂釜底

雖潛脫馳振天遠竟

定功藏事追思眹

慎拇夏永以勵深衷

丙戌孟春月補詠

御筆

Estampe nᵒ 12. « LE COMBAT DE YESIL-KOL-NOR »
(0,882 × 0,508. — M.G. 17015)

圖版拾叁　拔達山汗納款圖

拔達山汗納欵
罙入鐵喿延望風情
知三窟已逄窮素苦
識早戁誠順笑彼悔
遲跋庭雄和衆永庸
兩部定成功速在五
年中　西師之役始於
乙亥春蕞爾
汗達瓦齊即作是秋蕩
名郡叛附嗣是
四部收城服衆距今辦理就
首授首統計藏事未
五年　蹟

天恩如此昭優眖保
泰孫殷慎勅躬
已卯仲冬上澣作
洤筆

Estampe n° 13. « LE KHAN DE BADAKHSAN DEMANDE À SE SOUMETTRE »
(0,905 × 0,519. — M.G. 17016)

圖版拾肆　平定回部獻俘圖

平定回部獻俘

函首霍占末月襄傾

心素坦然天閫理官

潚問寧須試驍騎窮

追賞可藏西海永清

武保定午門三獻典昭

詳從今更顧無斯事

休養吾民共樂康

庚辰孟春月上浣

御筆

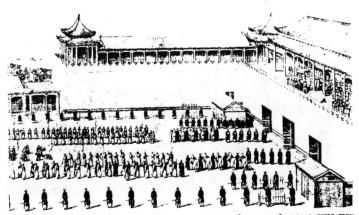

Estampe nº 14. « ON OFFRE [A L'EMPEREUR] LES PRISONNIERS [FAITS LORS] DE LA PACIFICATION DES TRIBUS MUSULMANES »
(0,896 × 0,522. — M.G. 17017)

圖版拾伍　郊勞回部成功諸將士圖

郊勞回部成功諸將士
京縣郊南祝勞軍
圓壇陳

嘉謝成勳出師本表聊嘗試　西域以
無勞持諸台吉年歃則諸兵　暴力我功不安歃
同勤戎功退者行抱脄狀　福兵西任州宣試
將計固其地以揚之枝　福林令乍乃料料宣試
行誇其乙亥吾威碑記　蘇澤吳航乎兩四中詩郊
以次戡定賓府　上皇　宗凱今朝
社鴻康非政治先時道趙府此也
備禮文輝甲發戈羅征伐論功行
賞策忠勤郊前抱見詢經應　國朝舊
見禮以示復其全介遵行　制几出
以欣　同心萬里郊暾遠畢竟歡　一睡五年成
言賦采薇勇將歸末羞福將歡衣
著得辭武衣湯稱偃武備文日昳
即婧文怡武懁飮玉寧誇暢和樂
持惡益勵慎戎徽
庚辰仲春下澣作書筆

Estampe n° 15. « [L'EMPEREUR SE REND] DANS LA BANLIEUE POUR PRENDRE [PERSONNELLEMENT]
DES NOUVELLES DES OFFICIERS ET DES SOLDATS QUI SE SONT DISTINGUÉS DANS LA CAMPAGNE
CONTRE LES TRIBUS MUSULMANES »
(0,896 × 0,525. — M.G. 17018)

圖版拾陸　凱宴成功諸將士圖

凱宴成功諸將士賦得八章

此勞奉飭歲詩托弁于凱宴成功諸將士圖

順成伙秋

天柔偉林、見于塵諭第一。命集前軍作云不重玉堂

祝費迴思越惊往

試看偉伯宣合工諜敢隄嫣細水得今班絳是排伯兄地

陳美柴泰征裝波歌了披台情者那芳揚絡勤力心圖

暮高張拆折叢挹從吾偉倭誠時柔髮食商克合兎今巳式

書常先不期拆撗漢旳旨国我敷食夏冬半詩款先將

盡涘烟條不謀我士車扶攜同功

乾駝貼月日凱輝軍歇錦我伴臣

成功將士錦衣桂日月先輝軍歇錦我伴臣

曲宿倚父他錦湯諸兵楫斜棋國狷載者

試无有疼瘢瘤末命心义石萝誤国狷者

天寅肩唐積疼瘤末金

柝斜花救公氏爲上前期福歲中

雅迅太平家我輝歇見譜凹豐頭鏊�秋

投迴海澤南歌法叛公道遠伊甫就就緣末

飲弘瑞歌止宣州泰滿七檤往

松夫真進止宣州泰滿七檤往

松夫真進止宣州泰滿七檤往

迪歲奉克三年探攜登木惜盛堅此日

栽永棗先埃懂三行稌拽達遠視兵興六月遠

退藏兩克三年標攜登木惜盛堅此日

飲弘瑞歌止宣州泰滿七檤往

拔其進三率我士前公道遠伊甫就就緣末

天行逭來桂得灵技約數手陽號拮泉力站驅地或勒于心水奉

允合飭承客邕茗技約數手陽號拮泉力站驅地或勒于心水奉

手狗溪喈晴

芳齊延得汫誤將是凱號贊元式

庚辰暮春月上澣作尚章

Estampe n° 16. « [L'EMPEREUR] OFFRE UN BANQUET DE VICTOIRE AUX OFFICIERS ET SOLDATS QUI
SE SONT DISTINGUÉS »
(0,890 × 0,514. — M.G. 17019)

霍斯庫魯克之戰

回城阮定進克雙

耳山前竄跡逢 四語

霍斯庫魯克去
華言破耳也 賊已六

千撲擢嶺兵統九百

仰攻峯遞回安集延

迤路直驅拔達山

去踪將辛同心奮敵

愾千秋國史勒勳

庸

丙戌孟春月補詠

淞筆

圖版　拾　　霍斯庫魯克之戰圖

Estampe nº 10. « LE COMBAT DE QOS-QULAQ »
(0,896 × 0,521. — M.G. 17013)

清高宗禁教考

　　明清之際，中西海道大通，耶穌會士絡繹東來，以學術爲傳教媒介，西學遂源源輸入。爲博取中國士大夫之同情與合作，初來耶穌會士乃極力順從中國禮俗，調和中西思想，惟天主教之活動仍屢受朝野攻訐，明神宗萬曆四十四年，仇教運動首先起自南京，禮部侍郎沈㴶等先後疏斥天主教，下令驅逐教士，封閉教堂。清朝入關後，耶穌會士轉而爲清廷効力，天主教各教派亦接踵來華，誣告耶穌會士擅許入教信徒祭祖祀孔，賣教求榮，教會紛爭日烈，遂導致康熙四十四年清聖祖下令禁教。清世宗即位後，因西洋人捲入政爭，復頒禁令，嚴加取締。清高宗承盛世餘緒，運際郅隆，國家物力豐盈，武功亦赫赫稱著，典章制度已臻定型，思想亦漸定於一尊，爲實現天下共主之理想，於鎭壓叛亂，箝制思想，不遺餘力，是以御極之初，即詔中外搜訪遺書，查禁違礙書籍，復鑒於邪教猖熾，左道惑衆，有害人心風俗，爲杜奸萌而善民俗，乃屢申邪教之禁，欲臻一道同風共彰聖治之境。高宗以西洋人遊歷內地，去來自便，潛匿行教，殊干禁令，故屢諭各省督撫嚴辦，天主教案遂層出疊見。本文撰寫之目的，即在就國立故宮博物院典藏清代軍機處奏摺錄副、宮中檔臣工奏摺原件與上諭檔等原始資料以探討清高宗查禁天主教之動機，經過及其影響。

一、福建福安縣教案

　　明末清初，西洋天主教傳教士由澳門、呂宋前往廣州、香山

等地傳教者接踵頻來，內地人民信從者與日俱增。清世宗雍正初
年，傳教士安多尼等於廣州開堂佈教。雍正十年（1732），兩
廣總督鄂彌達奏請將廣東省城天主教堂盡行拆除，各傳教士押往
澳門，信徒漸散。乾隆八年（1743），兩廣總督策楞奏請特設
澳門同知，專駐彈壓，稽查出入。葡萄牙國亦派官駐箚澳門彈壓
其國人，「官名謂之兵頭，猶內地總兵之類，其下尙有大旗、大
鎗等官，皆屬兵頭所轄。」①惟是時入教男女竟多達萬人，據江
蘇巡撫莊有恭奏稱「雍正元年以後，澳夷安多尼等於省城開堂設
教，不時往來沿海，無知愚民入教不下數萬，教主夷艇經過，男
婦持香迎送，動輒聚至數千人，粵民深切隱憂。」②

　　乾隆十一年（1746），清高宗首次正式頒降諭旨查禁天主
教。是年四月，福建巡撫周學健嚴屬查禁福安縣境內道明會（
Dominicans）。其起因，據「乾隆帝傳」稱當時謠傳道明會傳
教士將入教中國人之眞實姓名造冊送往歐洲，一旦有事，欲加利
用。是年六月，有某儒生至省城控告福安縣屬之教徒，巡撫即委
員查辦。該員覆稟略謂：㈠傳教士係違反皇帝禁令從事傳教之潛
伏分子；㈡傳教士分別授予信教華人以番銀，並告以天堂地獄之
苦樂，勸其皈信；㈢由信徒中擇其信教虔誠遵守教規者爲傳教士，
令其統屬五十名教民；㈣不許信徒祭祀祖先與孔子；㈤傳教士對
信徒一年舉行二次懺悔；㈥信教男婦不論已婚或未婚，身不得穿
綢緞，頭不得戴花或寶石；㈦修女一生不得結婚；㈧信徒家中房
間俱設有隱匿傳教士之雙層牆或密室；㈨傳教士於特別建築之大
食堂內召集男女信徒分給某種食物與酒，並於彼等身上塗油③。
天主教教義與中國祀祖等習俗，雖有相牴牾之處，惟福建巡撫周
學健等查禁天主教之主要原因，實由於當時高宗降旨嚴禁內地邪
教活動，道明會傳教士深入鄉村傳教，國人對天主教誤解甚深，

將其列入左道邪教,遂因查禁邪教而波及天主教。清初地方官對
邪教所下之定義爲:中外教案,雖無悖逆情詞,但既有教名,即
屬邪教,自應嚴加究治,其邪教根源,附和黨羽,務絕根株④。
高宗鑒於邪教猖獗,故屢降諭旨嚴禁,欲臻一道同風共彰聖治之
境。是時邪教名目繁多,如大乘教、燃燈教、宏陽教、子孫教、
緣明教、斗母教、長生教、龍華會、羅祖教等,或爲白蓮教餘支,
或屬愚民迷信組織,地方官以其倡立會名,誆騙財物,佯修善事,
陰謀不軌,甚至誘拐幼女,採生折割。高宗亦屢稱從來左道惑衆
最爲人心風俗之害,尤其江南閩浙民人多崇尙鬼神,好談禍福,
聚衆拜會,比拳較技,男女混雜,最易滋事。地方督撫具摺時每
稱閩浙地方風氣悍而不馴,民俗愚而好動,師巫邪術,既易惑其
聽聞,結黨拜盟,尤屬樂於附和,招集多人,建堂立會,作奸犯
科,聚衆生事,種種不法,由茲而起。地方督撫等禁教之動機即
在杜奸萌,而善民俗。福建福寧府屬既有西洋人懷挾重貨,潛匿
傳教,招致男女,禮拜誦經,創建教堂,設立會長,地方官遂視
其爲邪教,一體查禁。

　　乾隆十一年四月,福建巡撫周學健據福寧府知府董啓祚稟報
其境內崇奉天主教者甚衆,且有西洋人在彼傳習,隨即密遣撫標
弁兵,會同知府前往查拏。計拏獲白多祿(Petrus Sanz),又
稱桑主教或可敬白主教,華敬(Joachim Royo),又稱華若亞
敬神父,費若用(Zohannes Alcobel),又譯作費若望神父,施
黃正國(Francisco Diaz),又譯作施方濟神父,德黃正國(
Francisco Serrano),又譯作德方濟各神父,另有白多祿之書
記郭惠人(Kou Ambrosio Hi-jin)及堂主陳廷桂等,並搜出畫
像經卷等物⑤,周學健等奏請從嚴治罪。是年七月,經軍機處議
覆,略稱「天主教係西洋本國之教,與燃燈大乘等教有間,遽繩

以法，似於綏遠之義未協，應令該撫將現獲夷人檻送澳門，勒限搭船回國，從教男婦，擇其情罪重大不可化誨者，按律究擬，若無知被誘，量予責釋，毋致滋擾。」⑥清廷綏撫遠人，本其嚴於責己，寬於責人之態度，以求息事寧人。惟周學健堅稱「該國夷人實非守分之徒，有難加以寬典者。查西洋人精心計利，獨於行教中國一事，不惜鉅費。現訊據白多祿等並每年雇往澳門取銀之民人繆上禹等，俱稱澳門共有八堂，一堂經管一省，每年該國錢糧，運交呂宋會長，呂宋轉運澳門各堂散給。又西洋風土，原與中國相似，獨行教中國之夷人，去其父子，絕其嗜欲，終身為國王行教，甚至忘身觸法，略無悔心。至中國民人，一入其教，信奉終身不改，且有身為生監，而堅心背道者。又如男女情欲，人不能禁，而歸嫁之處女，終身不嫁，細加察究，亦有幻術詭行。臣前於福安各堂內搜出番冊一本，訊係冊報番王之姓名。凡從教之人，已能誦經堅心歸教者，即給以番名，每年赴澳門領銀時，用翻字冊報國王，國王按冊報人數多寡加賞。現在福安從教男婦計三千六百餘人。夫以白多祿等數人行教，而福安一邑已如此之多，合各省計之，何能悉數，是其行教中國之心，固不可問，至以天朝士民，而冊報番王，以邪教招服人心之計，尤不可測。」⑦周學健所稱番王，即指羅馬教皇，所稱華人之番名，即教名，至於地方官誣衊西洋傳教士使用幻術之原因，係由於從傳教士衣服內搜出藥劑，並搜出費若用寄存內地之骨箱。周學健奏請將白多祿等按律定擬，明正國典，「以絕狡謀」。高宗雖以周學健所奏「未免言之過當」，惟「照律定擬，自所應當。」乾隆十一年十一月，經三法司核擬題覆，奉旨白多祿著即處斬，華敬、施黃正國、德黃正國、費若用，依擬應斬，郭惠人依擬應絞，俱著監候秋後處決。朝廷行文到閩後，周學健即遵旨將白多祿處決，華

敬、施黃正國、德華正國、費若用、郭惠人，俱分禁省城司府縣各監⑧。據《乾隆帝傳》載稱白多祿行刑日期爲一七四七年即乾隆十二年三月二十六日午後五時，執刑人以左手取下白多祿所戴小帽，以右手砍下其首。

在白多祿等遇害之前，清高宗復飭各省查禁天主教，乾隆十一年六月二十六日，高宗令軍機大臣寄信各省督撫查辦。其廷寄略謂福寧府屬查獲西洋人倡行天主教，煽惑人心，甚爲風俗之害，福建如此，或有潛散各省者，各省督撫應即密飭所屬嚴加訪緝，如有以天主教引誘男婦聚衆誦經者，立即查拏，分別首從，按律懲治，其西洋人俱遞解廣東，勒限搭船回國。山東巡撫喀爾吉善遵諭飭屬查辦，於德州所屬邊臨鎮查獲居民王七、馮海若，鮑家莊居民魏衍等信從天主教，雖無聚衆勾引逆跡，喀爾吉善仍將搜出之天主圖像、經卷、念珠等物銷燬，並略施「薄懲」。是年十一月，西洋傳教士李世輔，由京返國，西洋人席登元遣直隸南宮縣民蔣相臣，山西曲沃縣民尹得志護送，騎坐轎騾由江西饒州繞道鄱陽縣，爲地方官盤獲，搜出「番文」經卷。案李世輔前於乾隆五年（1740）自廣東起程，遊歷山西，陝西二省，並住於京城海淀堂等處，授徒行教。江西巡撫開泰以其行蹤詭異，未便押令回國，一面移咨山陝二省將奉教內地民人，切實查禁，一面移咨禮部，向席登元查明李世輔來歷。高宗據奏後，於開泰奏摺硃批云「此人且不可令其回國，即在江西拘禁，俟事楚後摺奏請旨。」江西省雖未查獲西洋人在境傳教新立教堂之事，惟高安、萬安、鄱陽、浮梁等縣查有胡柳、喻元捷、沈鳴鳳、鄒雲章等五十餘人奉行天主教，因信徒查無引誘聚衆等不法情事，開泰飭令所屬將各信徒交由地保嚴加約束，舊有教堂，查照入官。乾隆十二年（1747）四月十四日，高宗降諭稱「李世輔遊歷山陝，授徒行教，

其從前經由之澳門等關口，並未照例奏明，顯係多事不法之人，此等奸徒，若押令回國，伊必捏造妄言，肆行傳播，轉爲未便。其蔣相臣、尹得志等既隨從附和，此外必尙有黨朋，若押遣回籍，又得串通消息，不若將此三人，即於江西省城，永遠牢固拘禁，則伊等狡獪伎倆，舉無所施，不致蔓延生事。」高宗並飭禮部將開泰移咨查明李世輔來歷之原文發回。開泰奉到諭旨後即將李世輔監禁江西省城，至於蔣相臣、尹得志因當天主教甫經清理之後，未便遽令遞解回籍，亦一同留江西拘禁。

廣東香山縣屬澳門一區，向爲西洋人寄居之地，據督撫奏報，西洋男女不下三四千人，內地民人往來出入，互相貿易者亦甚衆，乾隆十一年八月初六日，兩廣總督策楞、廣東巡撫準泰奉到禁教廷寄後，即遵旨飭令所屬查辦。十二月二十日，策楞等覆奏稱「香山縣屬之澳門，向爲西洋番人市舶之地，除番人自建之三巴板障等寺聽其自循夷俗，無庸查禁外，另有進教寺一所，向爲內地無籍之林姓住持在內，引誘愚民赴寺入教。前聞查拏，林姓雖逃，其黨亦散，但在澳民人居住年久，習其教，與之婚姻，以及資其傭趁者，實繁有徒。惟是民番頗屬相安，今若急爲懲治，無論此等男婦流離失所，且恐番衆疑懼，轉滋事端，是以臣等酌將進教寺封鎖，並大張示諭，嚴禁內地愚民，不許潛入，私習其教。其久經入教之人，容臣等隨事隨時漸爲釐剔，並稍寬其既往，嚴杜其將來，以愼海疆。」⑨易言之，民夷相安，並無陰謀不軌跡象。廣東對外接觸較久，於西方文化認識較深，對傳教士之活動誤解較少，故奉禁教諭旨後，仍不欲附和旨意，淨絕根株。乾隆十二年二月二十四日，高宗於策楞及摺上硃批云「廣東此事行之已久，亦無大關係，何必爲急遽，反啓外人之疑哉。」三月二十四日，香山縣知縣張汝霖等傳令通事蔡泰觀等往諭夷衆稱「彼國夷風，

在所不禁，但不得引誘內地民人入教。」隨即將進教寺封錮，並張掛禁教告示。

西洋人牟天池於高宗降旨禁教之前，曾至四川傳教，有川民王尙義、李安德等先後入教⑩。乾隆七年，牟天池身故，乾隆十二年三月，四川巡撫紀山奉旨查禁天主教，查獲王尙義等家所藏經書，紀山指稱天主教經書，雖無悖逆之語，究係異端，俱令銷燬。湖南巡撫楊錫紱於未接奉禁教諭旨以前，因查拏川黔邪教人犯，於益陽縣民人鄭必華、鄭必韓等家查獲天主教神像經書等件。據鄭必華供係祖遺物件，實未入教。楊錫紱仍令其取具出教甘結，並將經像銷燬。五月初十日，四川按察使周人驥於益陽縣復查出民人陳惟政、趙永淸、孫栢海、劉癲子、鄧老二、劉鴻錫、龔玉珍等傳習天主教，或係祖傳，或由親朋指授，惟向在家喫齋誦經，妄希福利」，並無西洋人往來引誘，亦未有開堂聚衆情事，周人驥令陳惟政等取具開齋出教甘結。六月二十四日，福建福安縣民吳和榮、流犯孫尙文等與營兵結盟拜把，似有滋事跡象，福建巡撫陳大受以福安地方民情爲「西洋邪教」煽惑已久，而疑此次兵民拜盟有天主教徒從中勾結，欲滋事端。是年十二月，蘇州府知府傅椿於蘇松太各屬陸續查出內地信教民人，常熟、昭文一帶亦有西洋傳教士潛住傳教。傅椿帶領該二縣知縣於昭文地方拏獲西洋人一名，其姓名爲談方濟各，及入教內地民人唐德光等數名⑪。據談方濟各供稱乾隆九年正月，自西洋起身，至廣東澳門，同年十一月，由廣東經江西至江南昭文縣地方何公祠居住，並稱另有西洋人王安多尼在浙江傳教。署江蘇巡撫安寧即飛咨浙江巡撫顧琮密訪查拏，顧琮差員於嘉興府屬王店地方孫景山家拏獲王安多尼。顧保鵠編「中國天主教史大事年表」將王安多尼譯作黃安多，並誤以王安多尼於蘇州胥門外被捕。王安多尼係西洋路西亞國人，

談方濟各係意大利亞國人，往來於江蘇、安徽、浙江三省各屬傳教。安寧等奏稱談方濟各等不遠重洋，潛往內地，將久奉嚴禁之天主教傳習煽惑，其中恐有別情，故飭皋司將西洋傳教士隔別研訊⑫。署昭文縣事候用通判陳必選、原任昭文縣留江蘇以簡缺候用知縣康曾詔等俱因失察西洋人左道惑眾案經部議照不禁止邪教例，降一級調用。

二、福建龍溪縣教案

自從西班牙佔據菲律賓後，即以呂宋等地為天主教在東方之傳播中心，凡西洋傳教士來華活動，皆由呂宋接遞傳送。白多祿主教殉難前曾供稱「伊等所用銀兩，每年教首在呂宋遣人送至澳門，轉運內地，從教愚民每年改授番名，造具花名清冊，亦由澳門轉遞呂宋，給伊教主。」福州將軍兼管閩海關事務新柱亦指出「呂宋人之與西洋天主教一氣串結，不問可知。」呂宋商船與閩浙貿易往來甚為密切，清聖祖雖曾禁止內地商船前往呂宋貿易，惟於外國夾板船則照舊准其前來貿易。乾隆十二年十月十八日，有呂宋夾板船一隻，船主郎夫西拔邪敏及船員一百零八名，裝載海參等貨前赴廈門貿易。外商來華貿易，已有成例，不便拒絕，致失遠人向化之誠。但閩浙總督喀爾吉善等謂「呂宋夷人素與外番搆釁，又為天主教長，閩省廈門一帶，漳泉風氣最為澆漓，而福安天主教夷雖已擒治，民間奉教之心未能盡除。」⑬喀爾吉善又指出「呂宋為天主教聚集之所，內地民人在彼甚多，且有為伊教中吧黎者。呂宋雖隔越外洋，既有同教之人，商船往來，難免無傳遞信息之事。」⑭因此，福建地方官對呂宋商船之來，防範甚嚴，唯恐西洋傳教士潛入內地，或內地民人乘機私越外洋，勾結滋事。郎夫西拔邪敏等安頓於廈門夷館紅毛樓後，廈門稅務筆

帖式奇寵格即派弁役馬士良等在西洋館稽查。郎夫西拔邪敏及其通事向馬士良詢及福安縣天主教案中「被誅之教首白多祿乃係仙人，非凡人，不知其骨殖可購得否，或可討回否。」⑮白多祿雖已遇害，惟尙有華敬等四名於福建省城等處監禁，郎夫西拔邪敏來華貿易之主要目的即在探聽華敬等人信息。馬士良覆以「爾等只宜安分經營，不必多事，既爲貿易而來，不應詢問及此。」郎夫西拔邪敏只得「點首唯唯」。乾隆十三年（1748）三月，地方官催促各行商交齊貨物後令郎夫西拔邪敏早日起程回國。四月十四日，由大擔門外出口，放洋返回呂宋。

　　由於郎夫西拔邪敏來華探信，遂引起福建地方督撫之疑懼。高宗亦稱案內白多祿被誅一節，乃係內地情事，呂宋遠隔重洋，何以得知，看此情形，顯有內地民人爲之傳遞信息，故令軍機大臣傳諭喀爾吉善等加意查察，遂導致清廷第二次嚴屬查禁天主教。福州將軍新柱等恐內地天主教信徒勾引外人探聽滋事，而密飭奇寵格於閩省沿海口岸暗行查訪，結果於漳州府龍溪縣後坂地方查出武生嚴登一家暗奉天主教，供養呂宋吧黎（Parian），禮拜念經，其村民亦多奉天主教。嚴登曾於雍正十一年間，因窩藏西洋傳教士聖哥，擬遣捐贖免罪，至是仍奉天主教，並未「革心歸正」，新柱乃指出「天主邪教惑人已深，信從者率多堅忍詭譎，急難化誨。」嚴登之次子即嚴廩及姪嚴諒，俱在呂宋貿易，嚴登既奉天主教，恐爲西洋人傳遞信息，新柱等即密飭鎮府查拏。乾隆十三年二月間，喀爾吉善已查出呂宋商船攜帶書信物件送往嚴登家，並聞其家藏有吧黎往來蹤跡，龍溪縣後坂地方有謝姓、黃姓、李姓等從前與嚴登同皈依天主教。高宗以內地民人潛往呂宋從教，若不確查嚴辦，於海疆重地，所關非細。乾隆十四年（1749）正月，漳洲府知府金溶拘拏嚴登，解省嚴究。喀爾吉善復密委汀

漳龍道單德謨親往嚴登家搜查，雖查無藏匿吧黎及西洋人書信，但搜獲天主銅像、大小十字架、天主繡畫像、禮拜日期書冊等件。嚴登解送到省後，喀爾吉善即會同布按二司及福州府知府等嚴加究訊。據嚴登供稱，嚴登一家素奉天主教，雍正十一年，有福安縣民蔡祝接引行教，西洋人聖哥藏匿嚴登家，經訪拏後，依左道惑眾爲從例，發邊外爲民，乾隆二年，援例捐輸免罪，回籍後即不復信教。其長子嚴恐、次子嚴廩、嫡姪嚴定即嚴諒等皆自幼從教。嚴恐於雍正八年前往呂宋，以織機爲生，九年，回至內地，十一年，嚴恐因其父被拏，即往各處做瓦營生。乾隆七年，其次子嚴廩年方十七歲，前往呂宋，亦以織機營生，十九歲時於呂宋病故。嚴定及嚴登女婿李從亦前往呂宋貿易，至於後坂地方信教謝姓係指嚴登妹夫謝偉兄弟三人，李姓即李貞，俱已身故，李從即李貞之子。喀爾吉善以嚴登信從邪教，怙惡不悛，奏請照原擬發邊外爲民。乾隆十三年，山西巡撫準泰查拏收元教徒韓德榮、劉二長兒等，竟將天主教與內地邪教相提並論，混爲一談。據韓德榮等稱「劉二長孫係山西定襄縣人寄居城武，因親父劉起祥病故，繼與伯父劉起鳳從事水泥生理。韓德榮常跟伊繼父做工認識起鳳，生前入劉儒漢家的教，止是給天地燒香磕頭，求來生榮華富貴，聞係天主教，並未有收元教名色。」⑯是年四月，新任直隸總督那蘇圖抵任後，鑑於邪教猖熾，深害人心風俗，而將通省三教堂九十餘處，「火其書，而廬其居」，所有天主教經文畫像，亦被列爲邪教文字而加以焚燬。

　　閩浙海禁，因呂宋商船之來而更加嚴厲。是時，有內地民人馬光明私往蘇祿國勾結外人滋事案件，高宗鑑於內地民人出洋貿易者日多，於是降旨閩浙總督在沿海口岸嚴密稽查。清代律例開載內地民人偷渡外洋治罪甚重，官弁兵役疏脫者，有按名議處責

罰之例，出入洋船一切舵水貨客以及跟丁皆須先經地方官驗明給
照，守口文武查驗無訛後方准出入，其立法已極周詳，防範亦甚
嚴密，惟行之既久，漸流於形式，內地民人每於未屆稽查之期，
乘機私渡外洋。嚴登案發後，閩浙總督喀爾吉善、福建巡撫潘思
榘等遵旨增訂科條，內地查禁私渡，責成有司及保甲、房族辦理，
以清其源，沿海荒僻口岸飭令汛兵隨時巡查，以杜私越之弊。乾
隆十四年八月，福建龍溪縣民陳怡老由噶喇叭返回原籍。陳怡老
在外洋二十餘年，充當噶喇叭甲必丹，返回原籍時，攜帶番婦及
所生子女、銀兩貨物，為地方官緝獲究審。高宗降旨稱「內地匪
徒私往番邦，即干例禁，況潛住多年，供其役使，又復娶婦生女，
安知其不借端恐嚇番夷，虛張聲勢，更或漏洩內地情形，別滋事
釁，不惟國體有關，抑且洋禁宜密，自應將該犯嚴加懲治。」⑰

　　由於呂宋商船船長郎夫西拔邪敏來華探詢白多祿骨殖等事，
遂導致華敬等傳教士被殺之禍。白多祿殉難後，其餘傳教士華敬、
施黃正國、德黃正國、費若用與福安民人郭惠人等俱分別監禁於
省城司府縣各獄。乾隆十二年秋審，內外各衙門俱將華敬等五人
擬以明正典刑，高宗降旨將華敬等停其勾結，仍行牢固監禁。乾
隆十三年八月，閩浙總督喀爾吉善奏稱「此案行教夷人華敬等久
為民間信奉，且閩省瀕臨外洋，時有各番及內地商船來往貿易，
恆慮有窺探消息之事。臣等時時提撕告戒地方文武各官嚴加防閑，
勿使稍有疏忽，現在洞察慕嚴，雖無透漏勾引諸弊，惟是臣等留
心體察福寧府屬福安縣民人陷溺蠱惑於天主教既深既久，自查拏
之後，將教長白多祿明正典刑，稍知儆懼，然革面未能革心，節
次密訪各村從教之家，凡開堂誦經及懸掛十字架念珠等類，彰明
較著之惡習，雖已屏除，而守產不嫁，不祀祖先，不拜神佛，仍
復如故。本年閏七月內，司府各官訪有省城居民李君宏、李五兄

弟二人，向係崇奉天主教，今西洋夷人華敬等監禁省城，伊等復
爲資送物件進監，並代爲傳遞消息，稟知臣等。臣等隨飭提拏嚴
究，雖訊之李五等資助夷人衣糧及潛通信息，狡不承認，其送食
物進監，並有福安縣民繆上禹等浼其轉送物件，給與華敬等，已
直供不諱，現在提拏繆上禹等跟究確情。由此以觀，是民間堅心
信奉天主教之錮習，始終不能盡除，華敬等夷人自係伊等奉爲神
明之教長，在閩一日，伊繫念邪教之心，一日不熄，更且閩省接
連外番，貿易商船絡繹不絕，又與廣東夷人屯聚之澳門，水陸皆
可通達，雖口岸查禁未嘗不嚴，而西洋夷人形跡詭秘，從教之人
處處皆有，隱匿護送，莫可究詰，臣等現在欽奉諭旨，因將軍新
柱奏報呂宋夷商私向關弁探問白多祿骨殖一事，令臣等明白曉示
呂宋夷商並於外番往來之處加意查察，隨行文廈口文武各官密加
稽訪。今呂宋夷商久已遣發回國，呂宋夷商回國時並未敢復詢及
白多祿一事，出口之際，文武嚴密稽查，亦無透越情弊，但伊等
到閩時，既私向關弁詢問，臣等又密查其船至廈門之日，曾帶有
漳郡從教民人嚴登等家書信什物，現將嚴登一案追究下落，是往
來番舶難保無潛行護持邪教之事。臣等竊以閩省邊海重地，西洋
夷教傳染又深，華敬等四犯收禁省監，既啓島夷往來窺探之機，
而從教民人見夷等監禁在省，本既未拔，蔓將日滋，西洋夷人實
未便久禁，閩省且查華敬等四名係按律問擬重解之犯，按之國法
難以從寬。雍正年間，雖曾將拏獲行教夷人聖哥等押送廣東澳門，
飭令回國。臣等按以今日情形，白多祿正法之後，從教民人與外
洋夷人稍知儆戒，一加寬宥，恐無知之輩，復疑聖聽，又弛其禁，
無以阻遏其從教之心，亦不可不爲慮及。臣等再四思維，華敬等
蠱惑良民，陷人於法，實屬罪無可寬。本年秋審，臣等仍將華敬、
施黃正國、德黃正國、費若用等四犯，擬情實具題，雖題覆勾決

出自聖心權衡，非臣等所敢忘請，但就閩省現在情形而論，欲絕外夷窺探之端，民人蠱惑之念，華敬等四犯，似當亟與明正典刑，以彰國法而除萌蘖。」⑱乾隆十三年九月初六日，將軍新柱陛辭回閩，將面奉上諭密札知會喀爾吉善，令其將「擬斬監候之西洋人華敬四犯，但行監斃，以絕窺探。」⑲日人後藤末雄著《乾隆帝傳》謂華敬等四名傳教士及郭惠人被處死之時間係於一七四八年十月二十八日⑳，相當於乾隆十三年九月初七日。羅光主編《天主教在華傳教史集》謂華敬等「窒息獄中，屍首被焚化。」㉑聖教會尊白多祿、華敬等五名傳教士為殉道眞福。至於前在江浙行教被獲之西洋傳教士王安多尼與談方濟各等亦因呂宋商船之來而被誅。乾隆十三年閏七月，署江蘇巡撫安寧以王安多尼等煽惑內地民人入教，窩頓姦淫，審擬具題，按王安多尼等照律擬絞監候。清高宗降諭稱「外夷奸棍潛入內地，誆誘愚民，恣行不法，原應嚴加懲處，但此等人犯，若明正典刑，轉似於外夷民人故為從重，若久禁囹圄，又恐滋事，不如令其庾斃，不動聲色，而隱患可除。」㉒易言之，高宗諭令督撫將王安多尼、談方濟各二人掠笞飢寒而死，速行完案，但恐傳播信息，高宗復命安寧於接到諭旨之日，即傳司府密諭遵照辦理，並諭以嗣後似此教案，不必將各犯供語敘入題本之內，《大清高宗純皇帝實錄》遂載王安多尼、談方濟各俱在監病故，隱飾高宗降諭「庾斃」傳教士之眞相。至於窩頓西洋傳教士之昭文縣民唐德光、常熟縣民婦沈周氏等俱照左道惑眾為從律，發邊外為民，聽從入教，混稱會長之尤元長則照違制律杖枷，附教載送之唐興周亦照律杖笞。唐德光在發邊外為民之前已被監斃，沈周氏因係婦女，旋照例收贖。

　　正當清高宗降諭查禁天主教期間，安南亦下令驅逐傳教士出境。乾隆十五年（1750）八月十三日，有第十一號西洋船一隻，

搭載天主教傳教士二十五名，由安南返回澳門。安南禁教之原因，
據護理澳門同知稟稱「聞伊等向在安南行天主教，建有廟宇，因
串通同教之哷嘟哂夷船，拐誘婦女，私自開行，被該國查知追逐，
哷嘟哂復用砲打傷數人，致該國將各夷僧廟宇拆毀驅逐出境，搭
船來澳。」㉓兩廣總督陳大受以西洋傳教士由安南結伴而來，「
行蹤原屬可疑，未便稍事姑容，令其久主內地，引誘愚民入教。」
因此，令署理香山縣知縣張甄陶乘其經過省城赴任之便，密傳行
商通事人等將國法詳悉曉諭，不准容留傳教士。張甄陶抵達香山
後即飭令分防澳門縣丞黃冕、巡檢顧麟，一面清查保甲，嚴申窩
藏禁令，一面傳令各西洋傳教士勒限離澳回國，不得逗留。傳教
士雖趑趄觀望，然為國法所不許。葡萄牙駐澳兵頭哮嘜哆見勢難
容留，即令傳教士附搭第九號西洋船，於乾隆十五年十二月放洋
離開澳門。

　　清高宗雖屢降諭旨禁教，惟其態度實出於被動，地方官查辦
教案時，高宗見教案已發，但諭以就案完結，實無意於盡絕根株。
乾隆十七年（1752）十二月，福建巡撫陳宏謀於龍溪縣拏獲從
教民人嚴恐、李闕娘等，嚴究有無交通外國情形，並欲將其夥黨
一併嚴辦，高宗頗不以為然，而令軍機大臣傳諭陳宏謀稱「西洋
人之崇奉天主教，自是該國習俗，閩廣瀕海愚民，多有習於其教
者，究之尚與邪術煽誘有間，即如京師現有天主教，亦何能遂致
惑眾。現在李闕娘、嚴恐等既經獲報到案，自應照例查辦，若必
概行查拏，則未免滋擾，且於整飭人心風俗之處，亦未見有益，
當以不必深究為是。」是年湖北襄陽信教民人曹殿邦，因書寫西
洋字經札藥方，寄交萬一舉，為地方官查獲。乾隆十八年（
1753）六月，河北唐縣人邸蘭信奉天主教，假冒欽天監差役，
前往湖北，為地方官查獲，據供民人曹應文代畢珠書寫西洋字經

札。湖北巡撫恆文以西洋字跡既不認識，恐有悖逆不法情弊，而將其經札進呈御覽。惟高宗諭稱「京師現在亦無認識番字之人，若交與西洋人之在欽天監者，令其譯漢，即札中果有不法情弊，伊等恐亦未必寫出實情，且伊等在中國已久，尙屬安分守法，想無煽誘爲匪情形，一經查辦，轉致驚疑。看來此事只應在曹應文等究明緣由，可傳諭恆文，該犯現在楚省其所寄番字札中情由，俱可就近訊問，照例辦理，在外究結可也。」㉔

　　清高宗固然禁止西洋傳教士前往內地各省傳播天主教，其於釋道二教，亦屢降詣旨嚴加整頓。據湖南巡撫范時綬奏報該省原頒僧尼牒照九千六百零三張，自乾隆二年起至十八年止，共繳銷二千二百五十四張，原頒道士牒照一千八百二十三張，自乾隆二年起至十八年止，共繳銷三百一十一張。浙江巡撫雅爾哈善奏報乾隆三年通省僧道尼原頒牒照五萬二千五百六十六張，至十八年止，共減去一萬二千六百四十張㉕。湖北巡撫恆文奏報武昌等十府原頒僧道牒照二萬九千一百五十二張，截至乾隆十七年止，共繳銷八千二百一十六張，江西通省僧道原頒及續頒牒照共三萬一千九十九張，節年繳銷八千二百四十二張。江蘇松常等十一府州縣原頒續頒各牒照計二萬四千三百六十七張，節年繳銷一千三百八十張，其餘各省亦遵旨繳銷。高宗裁汰僧道固在禁游惰，勤力作，惟當時邪教猖熾，恐其煽誘滋事，爲防患於未然，故與邪教一體禁止。

三、福建福安、江南吳江、四川成都等縣教案

　　福建福安縣自乾隆十一年嚴屬查禁天主教後，男婦迄未改教者仍甚眾。乾隆十九年（1754）三月間，該縣民人馮文子自呂宋回籍，男女信徒復聚會講道。馮文子將其在呂宋所聞天主教規

詳加講論。是月十五、六等日，在監生郭承佑家講教，十七、八兩日，在縣民劉宋觀家講教，十九、二十兩日，在生員劉渭家講教，每至一處，即有從前信教男女，依親旁戚，前往聽講教規，或七八人，或十餘人不等，甚至有「無知男婦，歡欣鼓舞，轉相傳播。」惟馮文子既在生員監生家講教，足見並非全係無知男婦。福安縣知縣夏瑚，訪知劉渭家有聚衆講教之事後，即於是月二十一日，會同營員密赴劉渭家拏獲講解教規之馮文子及劉渭親戚鄰右男女十餘人。據供馮文子係福安縣桑洋村人，其祖上原皆崇拜天主教。馮文子年甫十四歲，即跟隨同縣民人蔡灼之前往呂宋貿易，因蔡灼之貨本虧折，與馮文子流落呂宋。乾隆十八年，蔡灼之病故，馮文子無所倚靠，隨搭商船返至廈門，復由廈門返回原籍。其胞兄馮信子在福安縣城開設麵店，乾隆十九年三月間，馮文子赴店幫傭，生員劉渭等住居鄰近，又係同教，故邀馮文子講解教規㉖。

　　由於馮文子自呂宋回國及西洋傳教士之活動漸趨積極，復引起地方督撫等之查禁天主教。乾隆十九年三月二十五日，福山營遊擊劉志陞稟報江南總兵林君陞於常熟、昭文縣拏獲信教民人尤元常、陸載洪等人。次日，護蘇州營參將王賓亦稟報汛弁協同長、元、吳三縣捕快拏獲信徒莊受益等人，並在吳江縣交界地方，於趙鄒氏船上拏獲西洋人一名，管解長洲縣審訊。四月十六日，經劉志陞等審明所獲西洋人名張若瑟即張十賽。方豪教授以若瑟係由Joseph音譯而來，基督教作約瑟，天主教向不用十賽二字，此或係差役聽音誤記，或係張神父化名，以便藏匿㉗。據張若瑟供稱，尚有西洋人劉瑪瑙、李若賽、龔安多尼、費地窩尼小四名於各地傳教。是月二十一日，北浦汛把總劉乾會同上海縣知縣李希舜，前赴南匯縣地方，於周四、周七家內拏獲劉瑪瑙。二十五

日，青浦汛把總黃金棟協同婁縣知縣王緯，於青浦縣地方侯良臣家，搜出西洋人龔安多尼一名。同日，千總陳應龍會同南匯縣知縣張世友於杜家行、方運觀家拏獲李若賽。二十九日，把總陳魁會同奉賢縣知縣李治灝於南匯縣三墩頭、二竈港沈天章家拏獲費地窩尼小㉘。各地方官上緊查拏天主教人犯，惟高宗頗不以為然，為寬其既往，降旨將西洋人釋放。乾隆十九年閏四月初四日，高宗於寄信上諭中稱「今日鄂容安等及雅爾哈善奏摺內，俱有拏獲傳播西洋邪教之案，西洋所奉天主教，乃伊土舊習相沿，亦如僧尼道士回回，何處無此異端，然非內地邪教開堂聚眾散箚為匪者可比。若西洋人在廣東澳門自行其教，本在所不禁，原不必如內地民人一一繩之以法，如其潛匿各省州縣村落，煽惑愚民，或致男女雜遝，自當嚴為禁絕，今該督撫等既經查辦，著傳諭鄂容安、喀爾吉善、莊有恭，只可就案完結，毋致滋蔓。」因此，高宗降諭將張若瑟等西洋人解回澳門安插，並諭令廣東督撫嗣後不時留心稽察，毋任潛往他省，煽誘滋事。

　　西洋傳教士李世輔前在江西監禁已閱九年，乾隆十九閏四月二十八日，高宗諭兩江總督鄂容安將李世輔加恩釋放，解往澳門安插，至於跟隨李世輔之內地民人將相臣、尹得志二人，則令其遣回原籍交由地方官管束。惟尹得志已於乾隆十八年三月十六日在監病故。鄂容安遵旨轉札江西巡撫范時綬等將李世輔、蔣相臣二名分別釋放，李世輔咨解廣東省撫衙門轉發澳門安插，蔣相臣咨解直隸督臣衙門轉發南宮縣管束，俱於五月十五日起解。

　　兩江總督鄂容安、江蘇巡撫莊有恭先後親提張若瑟等分別研審。據張若瑟等供稱澳門會長季類斯（Ludovicus de Sequeira）指引行教，謝文山、許方濟各等自澳門伴送伊等至周景雲、吳西周各家。龔安多尼供稱係福建人，由宗來典伴送至沈飛雲等家。

費地窩尼小供稱係徽州人，由汪伊納小伴送至周景雲、吳西周等家。張若瑟傳教，係由汪欽一代為管理，劉瑪瑙傳教，由沈泰階代管，龔安多尼傳教，由奚青觀代管，費地窩尼小傳教由唐之載、丁學初代管，從教內地民人共計八十餘名，惟李若瑟來華不久，不辨華語，故未傳教。方豪教授引費賴法文原著《在華耶穌會士列傳》稱李若瑟即Joseph da Sylva，費地窩尼小即Denys Ferreira，張若瑟即de Araujo，龔安多尼即Ant. Pires，劉瑪瑙即Emm. Viegas。信徒汪欽一係常熟人，周景雲係婁縣人，謝文山係江西大庾縣人，先後為地方官拏獲解送江南會訊。張若瑟等指出「止欲傳教以報天主，並無姦騙及邪術迷人情事。傳教時以油塗額，取其清浮向上；以鹽塗口，欲其宣講彼教；以水灑頭，取其清淨，至死後昇天，係教內相傳之語，並非伊等造作。所帶銀兩，係在澳門天主堂生息取利，以供伊等衣食用度。」㉔鄂容安等正在審擬間接奉閏四月初四日廷寄，令其就案完結，惟鄂容安等覆稱「天主教煽惑人心，屢奉諭旨嚴禁，從前福建、江西已有正法治罪之案。今張若瑟等仍敢挾貲遠來，以荒誕不經之談，設為種種幻術，誘人入教，且別種邪教騙人之財，信從者雖眾，一加懲治，其惑易解，天主教則誘人以財，一經信從，執迷終身不悟，於風俗人心甚有關係。杜漸防微，未敢輕忽。」因此，鄂容安等奏請將張若瑟等照從前江西拏獲夷人李世輔之例，暫行隔別監禁，俾夷人稍知儆惕。至於「謝文山即謝恩納爵、汪欽一俱係內地百姓，前經入教，已照違制律議罪，今敢再犯，且自粵至江，將西洋人輾轉引送，怙惡不悛，情尤可惡，均請照左道惑眾為從律，各杖一百，流三千里，丁亮先雖止代寄書信，鄒漢三亦僅代散齋單，但係前經犯案議罪之犯，尚不改悔，不便輕縱，應與窩藏接引傳教散單之沈泰階、吳西周、張玉英、周景雲，及代為通

信帶銀之沈馬寶均照為從律再減一等；杖一百，徒三年，偶為容留之倪德載等各照違制律杖一百，再枷號一個月，其餘入教之倪顯文等均各杖一百示儆。」鄂容安並奏請飭令廣東督撫嚴禁季類斯指引西洋人潛入內地行教滋事。高宗據奏後，降旨云「著照所擬，張若瑟等暫行監禁。」並命廣東督撫明切曉諭季類斯禁戢夷人，不許潛入內地，署兩廣總督楊應琚，廣東巡撫鶴年奉到大學士傅恆字寄後，即遵旨委員前赴澳門會同地方官傳喚會長季類斯，當面曉諭，略謂季類斯身為會長不能先事防閑，致張若瑟私入內地，「荷蒙皇上天恩不加罪譴，矜全格外，凡屬夷人靡不感激涕零，嗣後務當禁戢在澳夷人安分守法，斷不敢潛入內地，致滋事端。」㉚是年七月，江西巡撫范時綏委員遞解李世輔到粵，楊應琚復面加曉諭，據稱李世輔亦表示「感激悚惕」。高宗於閏四月初四日寄信上諭中，曾令督撫將馮大千解回澳門安插。閩浙總督喀爾吉善奏覆馮大千即馮文子，並非西洋番夷，實係福安民人，應候徒限滿日，解回原籍交親族收管。是年八月，高宗諭稱「此等不安份之人，充徒內地，又不能保其不滋生事端，至限滿仍令解回原籍，勢必故智復明，傳播煽誘。所云交親族收管，尤屬有名無實，該督不過按照律例辦理，於此案實在情罪，尚未允協，應將該犯酌量安置廣西等省煙瘴地方嚴行管押。」㉛由此可知高宗寬於責人，嚴於責己之意，對西洋傳教士但令解回澳門，實無意迫害，惟期內地人民不信教，則天主教不禁自戢。

　　乾隆十九年五月間，四川城守營參將解遜、成都縣知縣陳履長、署華陽縣知縣王廷杉訪知西洋傳教士一名潛往省城，四川總督黃廷桂、提督岳鍾璜據稟後，恐西洋人或有煽惑情事，即委員前往華陽縣民人李安德家挐獲西洋人費布仁一名，並會同按察使周琬審訊。據費布仁供稱年二十九歲，係大西洋杜魯所管之人，

乾隆十四年十一月內，因欲赴廣東貿易，由小西洋搭船，於十五年二月進口，到廣東澳門，因貿易折本閒住三四年，至十八年冬間，見伊西洋來內地進貢回去之人名八十戈者，從澳門經過，對伊稱說天朝恩典寬大，賞賜物件甚多，心裡羨慕，想到內地來看看，又因從前有伊西洋人牟天池曾在四川行教，伊在澳門聞知牟天池身故，不知眞假，欲來川探訪虛實並可接其地方行教，適遇在川住家之王尙忠在澳門貿易，偶然說及伊曾入天主教，因再三央懇煩彼帶至成都，於十八年十二月在澳門起身，沿途有人盤問，俱係王尙忠答應，並無阻擋，十九年四月二十日至成都，王尙忠先上岸，二十二日，引至李安德家，與王尙忠同住，聞知牟天池已於乾隆七年在川身故埋葬。現在禁止一切邪教，查拏甚嚴，不敢傳教，正欲仍回澳門，因不服水土染病，尙未起身，不料即被訪拏。王尙忠、季安德所供情節相同，黃廷桂復查驗王尙忠自粵來川途中船票二紙，一係乾隆十九年正月十二日，在湖南彬州雇船之票，一係是年二月初十日在湖北荊口雇船之票，核其程途月日，與所供相符，且費布仁甫經到川尙無開堂設教煽惑民人情事。惟黃廷桂等奏稱「無主一教，原屬異端，且係外方遠夷，不便容留內地。」故除將王尙忠、李安德分別究擬嚴加懲辦外，費布仁即咨解廣東巡撫，仍由澳門押令出口，聽其仍回西洋㉜。

四、江西廬陵縣教案

乾隆三十二年（1767）五月二十四日，署廣東南雄協副將艾宗蘄、署保昌縣知縣英昌等在義順店拏獲江西民人蔣日逵、劉芳名、西洋人安當、呢都及船戶李嶺南等五人，並於蔣日逵身邊搜出花邊錢九十五圓，天主教經卷抄本六冊，抄單二紙，隨將其解往廣東省城發交按察使富勒渾會同布政使胡文伯等審訊。其供

詞略謂蔣日逵籍隸江西萬安縣，素業外科，劉芳名籍隸江西贛縣，俱係世奉天主教，因從前有西洋人林若漢在盧陵縣社下村即廈下村購買張若望房屋，供奉耶穌畫像，有吳君尚等十數家信從入教。乾隆二十二年，林若漢因病回國，乾隆三十二年正月，蔣日逵往社下村買布，會見吳君尚告以該村久無西洋人掌教，適陳保祿自澳門回籍，知有西洋神父來澳，當時即給盤費錢一千二百文，囑其邀請，蔣日逵即往邀劉芳名，於是年四月二十四日至澳門，向西洋人安瑪爾定買膏藥，敘及同教邀請緣由。時有歐洲安當、呢都二人向在天主堂誦經，因於小呂宋國遇見林若漢，言及曾在江西掌教，若至廣東澳門即有教友照應，隨搭船來至澳門，寄寓天主堂，與安瑪爾定時相往來，安瑪爾定即將安當、尼都二人令蔣日逵等接往江西，並給以抄書六本、抄單二紙。安當、都呢即改穿內地衣帽，且交出花邊銀一百二十三圓，雇乘李嶺南船隻，前往廣東南雄，五月二十三日，搬上義順行店，於次日被獲㉝。查獲抄錄書單二本，一本夾釘四書文藝在內，另一本則書明乾隆丁巳梅月周斯德望釘錄字樣，均非西洋人語氣，兩廣總督李侍堯等以其為蔣日逵收藏攜帶，藉教誘人。蔣日逵等既係世奉邪教，其原籍同教甚眾，皆已搜獲書單，恐另有違禁不法字跡書符，故一面分委妥員星赴蔣日逵等家會同地方官嚴密搜查，提取應質人犯來粵審究，一面咨會江西巡撫吳紹詩查照辦理。李侍堯覆奏稱「天主教從前蔓延內地，久經奉旨嚴行查禁，雖其書內尚無悖逆之詞，但以荒誕不經論說誘人入教，一經信從，非惟終身不悟，甚至祖孫父子世傳崇奉，非如別種邪教詿騙財物，一加懲治，其惑易解，於風俗人心大有關係。」蔣日逵等竟以內地民人膽敢藐視禁令，轉誘外夷，妄稱神父，改裝潛行，不法尤甚，故必須從重定擬。

　　江西廬陵縣知縣元克中探知境內仍有民人崇奉天主教後，隨帶同典巡等官密往社下村，拏獲吳均上（即吳均尚）父子，又於蕭祥生、蕭鼎生、吳賢運、吳魁士等家搜獲經像等物。據吳均上供稱「乾隆二十一年，曾有已故村民劉若漢請西洋人林若漢至村傳習天主教，後聞查禁，林若漢隨即回去。今年二月，曾託萬安縣同教蔣日逵赴廣東仍尋林若漢來傳教，還有贛州人劉芳名同去。」蔣日逵所供林若漢因病回國，與此供略異。萬安縣典史鄧九疇亦查獲民人劉其家懸掛天主畫像，據供尚有同教王保祿及蔣日逵之父蔣雲善符信奉天主教。江西巡撫吳紹詩具摺時指出，「臣查天主教於雍正年間，久經嚴禁，各省教堂均已拆毀。乾隆十一年，福建地方又有西洋人倡行天主教，挾其左道，煽惑人心，欽奉皇上傳諭各省督撫密飭拏究。當時江西查有南昌等數縣習天主教者自一、二人至十餘人不等。因審係無知入教，並無禮拜誦經、開堂聚眾情事，各從寬取具出教，遵依完結在案。今據廬陵縣現訊，吳均上供二十一年有西洋人林若漢在廬陵傳習天主教，本年吳均上又囑同教之蔣日逵等往廣東訪覓西洋人來江傳教。該縣等在於各家均起有天主教經像，是江西各屬信奉天主教者尚未盡絕，今又尋覓西洋人來江傳習煽誘，於風俗人心殊有關係。」㉞因此，吳紹詩奏請將各犯從重治罪，以絕根株。是年閏七月，吉安府知府李源稟報前後拏獲人犯數目，計於廬陵縣查獲十六名，內摘提吳均尚、蕭祥生、吳位三、項保祿、吳良位、蕭尊三等六名，於萬安縣拏獲二十名，內摘提蔣雲善、王保祿、劉雲飛、郭均讓、郭宗道、郭有旺、郭宗信、郭景賢八名，於贛縣拏獲劉芳名之兄劉添扶、其子劉傳永及鄰人吳端興等。閏七月十八日，廣東委員韶州府通判魯宗義、佛山同知試用知縣周志讓等抵達江西吉安府後，即查提吳均尚、郭有旺、郭宗信、郭宗道、郭平山、王保祿、

陳保祿等，在江西省城會審。江西巡撫吳紹詩復率同布政使揆義、按察使吳虎炳、糧道魏椿年等將提到各犯親加研訊。據供各信徒祖上曾習天主教，存留經像，現今每月吃齋數日，並無不法情事。吳紹詩等親自檢查各項經文，俱係「祈福禳災及鋪陳天主教無稽之說，並無不法詞句。」惟吳均尚等既主使蔣日逵勾引西洋人，實屬起意罪魁，應即解赴廣東嚴究治罪，至於蔣雲善、劉添扶、劉傳永、項保祿等祇係違禁持齋，未經出教，其情罪均與吳均尚有間，俱無不法別情，而從輕發落。其中陳保祿一名，查無其人，惟蕭尊三隨母嫁蕭姓，本係陳姓，教名陳伯多祿，似即陳保祿同一人，因尊三非其俗名，係表尊敬聖三之意，此與吳位三以示信仰三位一體之意相同㉟。兩廣總督李侍堯於審明各犯後奏請將吳均尚等分別從重治罪，高宗於其奏摺內硃批云「吳均尚勾引西洋僧人意圖傳教，實屬滋事，但尚無不法別情，著從寬免死，改發伊犁，給與種地兵丁為奴，其安當、呢都不能安分守法，姑念外夷無知，並著加恩免其永遠監禁，交與該督即令飭回本國，毋任再行出外妄為，自干重罪。」刑部議覆此案時，擬將吳均尚等分別絞決發遣，安當、呢都圈禁省城，高宗不准所請。乾隆三十二年十二月十五日，高宗命軍機大臣傅恆等傳諭李侍堯稱「吳均尚意圖傳教，滋事妄為，自屬不安本分之人，但尚無不法別情，律以異端煽惑之條，自稍有間，可以量從末減，已有旨將吳均尚從寬免死，改發伊犁，蔣日逵等三犯仍照例發遣黑龍江等處，給與披甲人為奴，安當、呢都潛至澳門，改裝同行，亦干罪戾，第念外夷未諳中朝律令，著李侍堯明白宣示，以江省刁民與伊番勾通行教，為國法所必懲，業經刑部依律治罪，奉旨特念汝等乃屬外夷，如前此鄧類斯懇求留住粵省之事，且為准照所請，今安當、呢都自罹憲典，猶復格外加恩免其永遠監禁，飭回本國，汝當守

分守法，毋得再行出外滋事，嗣後如不知悛改，別經發覺，則當執法重治，不能曲爲寬有。」㊱乾隆三十三年（1768）正月初七日，李侍堯奉到寄信上諭後，即遵旨將收禁在監之安當、呢都提出釋放，並命通事林成明白宣諭。

五、河南、福建、貴州、四川等省教案

乾隆三十三年，河南南陽府桐栢縣發生教案，縣民劉天祥、項得臣等五人因傳習天主教，爲地方官拏獲。據劉天祥供稱被拏五人之原籍俱係湖廣，其後遷居桐栢縣，其教友袁鬍子住在京城南天主堂，乾隆三十三年九月，袁鬍子因回湖廣原籍，路過桐栢地方，勸人信教，演講天主教義。地方官自劉天祥處查出欽天監監正諭單一張，據供原係袁鬍子自京城帶給湖廣會長劉天相，照鈔收藏者。項得臣則供認係湖廣隨州會長王象昇會內之信徒，往來於桐栢湖廣等地。高宗據河南巡撫阿思哈奏報後，即飭令步軍統領衙門就近查拏袁鬍子，並命湖廣督撫訪拏天主教會長劉天相、王象昇等人，遂導致次年湖北磨盤山教難。

乾隆三十四年（1769）六月二十八日，因福建福安縣知縣廖雲魁詳報訪有西洋人潛住民人黃元鼎等家希圖行教，隨會同營員將西洋人及內地民人一一拏獲。計有西洋人潘若色、趙葉聖多、安哆呢呵三名，縣民黃元鼎、趙泰廉、林稟仔、羅若旦、黃士敬等。閩浙總督崔應階以福安縣地方前於乾隆十一年間有西洋人白多祿等潛匿行教，招致男婦多人建設教堂，種種不法，經巡撫周學健等查拏，大加懲罰之後，乃今該地方又來有西洋人，而疑其爲白多祿餘黨，恐有開堂聚衆妄肆煽惑情事，故遴委留閩委用同知李俠、原任晉江縣和縣方鼎前往福安縣確查。潘若色等來至福安地方甫經數月，即被訪拏，實無開堂惑衆情事，亦非白多祿之

餘黨，所查出之番經番像素珠以外，別無違禁物件，隨將各犯押解福建省城，崔應階即率同布政使錢琦、按察使孫孝愉詳加究審，據潘若色等供稱俱係大西洋人，向奉天主教，於乾隆三十一年十一月由西洋前至澳門，同寓教堂，因澳門會長言及從前曾有西洋人在福安縣行教，信從者甚衆，乃於三十四年正月間俱改裝內地服色，其中安哆呢呵係托澳門貿易之泉州人夏若敬引路，於正月二十七日至福安縣黃元鼎家，潘若色、趙葉聖多亦托澳門貿易之福州人陳戴仁引路，於二月二十一日抵達福安縣趙泰廉家。黃元鼎、趙泰廉俱因祖父在日曾經入教，故容留居住，其餘黃士敬等亦因先世入教，而與西洋人交接往來，實無開堂惑衆等不法情事。惟崔應階奏稱天主教久奉禁止，潘若色等輒改裝來閩，潛往地方妄圖教誘，殊屬違禁，除安哆呢呵於省城病故外，其餘潘若色、趙葉聖多俱解回澳門，交與夷目嚴加收管，不許復出滋事。其容留居住及交接往來之黃元鼎等則照違制律分別枷責發落，失於查報之鄉保亦飭拘責懲，並查拏引路之夏若敬等。

滿洲人信奉天主教者雖多，但歷次查禁天主教，涉及滿族者較少。據報屢次查禁後，滿族皆已陸續出教，惟滿族於出教之後，旋復暗行入教者仍不乏其人。乾隆三十五年（1770）五月，滿洲守備承德因於出教之後復行入教，遂受嚴懲。承德前於出教時，即將家中所供圖像盡行銷燬，高宗特加恩賞給守備，旋復入教。軍機大臣等奏請將承德革職，銷去旗籍，應即正法。惟高宗念其「蠢然一物」，故免其死罪，交軍機大臣重責六十板，發往伊犁，賞給厄魯詩為奴。

乾隆三十七年（1771）正月二十六日，貴州婺川縣知縣程矩訪聞縣屬界連四川地名毛田地方有居民蔣登庸家崇奉天主教，隨即會同營員前往查拏，並究獲習教之蔣應試等二十二人，起出

木架、銅像、闢妄等書。據供係四川涪州蔣應聘與彭水縣李二攜來傳教。貴州巡撫圖思德是時正在辦理歐韻清一案未暇分身，即委署按察使國棟、鎮遠府高積厚馳往嚴鞫，並移咨川省一體會同查辦。二月初七日，涪州知州王用儀接准圖思德來咨後即飭川東道彭水縣典使蔡廷輅、涪州吏目蔡尙琥查拏天主教各犯，拏獲民人蔣應元、蔣應聘、李二等犯，並起獲銅像書本，據蔣應元等供稱係自婺川縣攜來。貴州巡撫圖思德檢查各項書內，雖查無悖逆謬句，但以其「妄稱教名，煽惑苗衆」，大干法紀，隨發司嚴辦，四川、貴州兩省因此同時發生教難㊲。

六、江西南康縣、四川江津縣教案

乾隆三十八年（1773），江西省南康縣民何國達呈首同鄉駱友相、馬榮耀等崇奉天主教，因駱友相、馬榮耀已分別於雍正七年、乾隆五年先後挈眷至四川江津縣居住，江西巡撫海成一面移咨四川督臣查辦，一面率同潘臬兩司親提何國達查訊。何國達供詞，語多不經，瘋癲屬實，惟其供出信教姓名，及所誦經文，歷審如一。乾隆三十九年（1774）正月十九日，署四川總督文綬咨覆查辦經過，據駱友相等供稱在原籍江西南康縣時，曾念天主經、聖母經，馬營耀亦曾念天地講本信經，入川以後，仍不時誦念。駱友相之子駱均仁、馬榮耀之子馬名捷，幼時聽熟，皆能口念，惟無刊本或抄本，乾隆十一年奉諭查禁天主教後，遂不復誦念。嗣因何國達前往江津縣時，陡患瘋癲，駱均仁、馬名捷念係同鄉，「妄意念經可以愈病，隨將記憶不全之天主等經，教伊誦經。」惟其原供之伍老天、謝德富、胡老三，皆查無其人，亦無伍、馬等十二姓，及西洋人傳習天主教等事，文綬等乃將駱均仁、馬名捷等問擬枷責以完此案。文綬咨覆內容與何國達原供雖

未全符，但事出有因，江西巡撫海成即率同司道覆提何國達加以訊問，海成詰其「因何將無干之人，及烏有之姓名指爲邪教。」據何國達供稱「現於夢中猶能看見」，何國達信教虔誠，夢寐之中，不忘其教友姓名，惟海成等以其語涉妄誕，且其兩目直視，舉止瘋癲，即照律辦理。查例載瘋癲之人，如家有嚴密房屋可以鎖固者，由其親屬管束，若瘋病不復舉發，數年後診驗情形，再行酌量開釋。何國達雖有親兄何國通可以責令照例銷錮，但其家僅有草房一間，不能嚴密約束，恐致逸出滋事，海成乃奏請將何國達發回南康縣嚴行監禁，撥醫調治㊳。

乾隆四十年（1775）四月，遼寧海城縣有旗人劉得智等私立混元、紅陽會邪教，爲地方官查獲，錦縣、承德縣及牛莊巡檢等亦訪獲一炷香、如意會及天主教，地方官始終將天主教與一般邪教混爲一談，且將所拏獲案犯送交刑部審擬。高宗以盛京爲根本重地，風俗純樸，不宜聽其蔓延滋事，劉得智等身係旗人，不知守法，故降旨從重治罪，不得僅照民人倡教之例問擬。

七、直隸寶坻教案

乾隆四十六年（1781）三月，新教回逆蘇四十三聚衆殺戮舊教回民，掀起大規模之動亂，歷三閱月始平定，旋四川嘓匪結夥搶劫，蔓延各省，勢甚猖熾。是年十二月，直隸寶坻縣知縣王錫瑮訪知縣屬老家莊民人李天一家有私造天主教堂聚衆念經之事後即親赴老家莊搜獲圖像經卷，爲首之李天一及其餘信徒張化瓏等八人，解赴縣城。是月二十四日，王錫瑮經審擬後稟報署直隸總督英廉。據供，李天一之父李文祿曾供奉天主圖像，李天一自幼即隨父入教持齋，迨至乾隆十年李文祿病故，李天一接奉天主教，有同莊張化瓏、張其讓、張其漢、張其端、王廷秀、田崎、

張萬寶等人先後入教，各在本家持齋念經。乾隆三十五年間，李天一因在家拜誦，恐致褻瀆，遂令張化隴等各出錢文，在李天一住房左近隙地內建造草房三間，充當天主堂，並赴京內天主堂向西洋人之家人崔姓討取瞻禮單，且買備天主經卷、圖像、樂器，自此以後，每年赴京中天主堂取得瞻禮單至莊，按單中瞻禮日期，齊集同教信徒誦經一日，至晚始散，惟不在堂內飲食，亦無外來入教之人。乾隆四十二年，復有同村張其剛因身體多病，欲消災獲福，亦隨同入教，合李天一，共有教友九人。教堂內所用香燭齋供，係在教之人攤錢公買，此外並無別項歛錢不法情事。另有寶坻縣屬朱家舖民人張全等自幼崇奉天主教，赴京繳納旗租，與京內天主堂傅姓家人康姓者熟識，向其討取瞻禮單，分給同村素奉天主教之朱太、楊環、楊善及鄰村郭思哲等人，各在家內依瞻禮日期持齋念經，亦無立會歛錢之事。惟署直隸總督英廉奏稱「伏查左道邪教，惑眾誣民，最為風俗人心之害，即天主一教，亦久在嚴禁之列，乃李天一膽敢違禁私造教堂，聚眾念經，實屬目無法紀。且李天一崇奉此教，父子兩代，歷年已久，今稱隨教者僅止八人，盡係本村之民，並無外來人氏，此語豈可輕信。又臣素聞京中天主堂夷人，並不盡皆持齋，亦不別奉神佛。今李天一以念經持齋為事，恐其以天主教為名，而潛以別項邪教影射學習，蔓延不法等事。」㊴新任直隸總督鄭大進則指出信教民人除不貼門神，不拜佛，不念僧道經外，其餘與齊民一體，並無別項邪教影射，亦無左道異術惑眾情事，所起出經卷圖像，亦無違礙不法字句。惟鄭大進復指出查禁天主教之原因云「天主一教，雖非白蓮社等項邪教可比，但其荒誕謬妄，業已久奉例禁。」易言之，各省查禁天主教，係遵旨辦理之事。

　　乾隆四十七年（1782）二月十二日，寶坻縣天主教各犯，

經按察使郎若伊等審明定擬具奏。其中李天一係子習父教，斂錢
違禁私蓋天主堂，聚眾念經，並與西洋人往來售買經像，討取瞻
禮單，經審明照左道異端煽惑人民為從發邊衛充軍例，應發近邊
充軍，至配所杖一百，折責四十板，雖年已七旬，仍不准收贖，
其餘隨同李天一聚會念經之張化隴等八人，或係自幼入教，或係
因病求福，均屬鄉愚無知，情尚可原，故奏請照違制律杖一百，
加枷號一個月滿日，折責四十板。張化隴父子同教，雖年逾七旬，
亦不准收贖，張全等五犯，與李天一並非同夥，亦無做會斂錢私
蓋教堂情事，惟曾與京中天主堂傅姓家人往來，亦屬滋事不法，
故按邪教為從軍罪上再量減一等，杖一百，徒三年，至配所折責
四十板，至於收受張全瞻禮單之朱大等四犯，則照違制律杖一百，
各折責四十板。失於查報之老家莊保正朱守發、朱家舖鄉保方有
壽俱照不行嚴查笞五十例，各折責二十板。鄭大進指出直隸民人
入教之原因係由於「鄉野愚民，往往視為京中現有天主堂，諒係
不致有干法紀，是以私相崇奉，無知誤犯者居多。」[40]京師天主
教堂分南堂、東堂、北堂等處。供職於欽天監等處之西洋人俱於
各堂瞻禮，直隸各縣地近京師，滿漢民人耳濡目染，崇奉天主教
者甚眾，似非鄉野愚民無知誤犯。

八、陝甘回亂與各省教案

乾隆四十六年，甘肅新回敗滅後，餘黨旋聚集石峯堡，製造
旗帳兵械，藉詞報復。乾隆四十八年（1783）四月，煽惑回眾，
四出殺掠，渡黃河，陷通渭，西安副都統明善等陷伏死。清高宗
命福康安、海蘭察等率勁旅進勦。乾隆四十九年（1784），甘
肅省拏獲天主教犯劉多明我、劉必約嗣子劉臣，姪劉剛，同教信
徒張繼勛、徐健、李文輝、李之潮、陳俊、馬朝斌、段照喜、劉

志唐、牟亭漕、毛紀成等人，甘涼二府復查獲楊生榮、韓守元、張儒、張文、安多呢、王亞各、劉二彪等人，福康安飭甘涼等府將各犯解省審辦。湖廣地方亦查獲天主教犯劉西滿、薛成林等解京審訊。據報伴送西洋人赴陝甘之福建人蔡伯多祿、謝茂隆，及信徒曾貴、張多明我、張必約，湖廣人趙安德等多名未獲。是年十二月十七日，高宗據奏後，頒發寄信上諭稱「西洋人私至內地傳教惑眾，最爲風俗人心之害，陝甘湖廣等省現已拏獲多人，則其餘各省亦恐所在多有，均應澈底查辦。近聞西洋人與回人本屬一教，今年甘省逆回滋事，而西洋人前往陝西傳教者，又適逢其會。且陝甘兩省民回雜處，恐不無勾結煽惑情事，著傳諭福康安、畢沅，務須不動聲色，留心防範，嚴密訪拏，並密諭各省督撫一體遵照妥辦，不可視爲具文，亦不得張皇滋擾。」④高宗誤以天主教與回教同出一源，深恐彼此煽惑，擴大回亂，內地民人竟敢私行勾引西洋人，前往各省煽惑愚民，其情節尤爲可惡，故諭令各省督撫嚴行查辦，教難大作。

　　乾隆五十年（1785）正月，甘涼各府教犯解至甘肅省城後，陝甘總督福康安即率同按察使汪新等逐加嚴鞫。據劉多明我供稱係陝西臨潼縣人，父劉一常、兄劉志唐俱習天主教。劉多明我於乾隆二十七年前往廣東，即在澳門地方跟隨西洋人巴拉底諾習教多年，其後巴拉底諾回西洋，劉多明我亦於乾隆四十二年回至西安，每年仍接受西洋人番錢八十五圓代爲傳教，由焦振綱、秦伯多祿二人帶交劉必約轉寄。劉多明我往來於涼州、甘州一帶，乾隆四十八年，在湄南縣地方認識西洋人方濟各。四十九年閏三月內，由西安起程販賣藥材生理，四月內至蘭州，在同教李文輝（外號李鬍子）家居住數月，嗣因索欠同李文輝及雇工牟亭漕前赴涼州，復由涼州至甘州，曾在石泉子劉臣家內居住數日，旋因其

父遣劉志唐找尋回家，行至舟山縣新河地方被拏獲。劉臣教名斯德望，劉剛教名安得力，原籍四川，祖傳天主教，劉臣自幼跟隨劉必約至西安，於乾隆四十九年十月內被拏。李文輝教名尼里牙，徐健教名安得力，劉志唐教名格斯米。徐健與劉必約係兒女姻親。牟亭漕教名米額兒。福康安審擬各犯，將劉多明我與陝西省拏獲之劉必約一併解京歸案質訊。劉臣、劉剛、徐健、李文輝、牟亭漕、劉志唐六犯，雖訊無與西洋人認識往來，亦未收過番錢，但既有教名，受其名號，自應從重辦理，發往伊犁，給厄魯特為奴。其餘張繼勛、李之潮、陳俊、馬朝斌、段照喜、紀成六名以及續獲之楊生榮、韓守元、張儒、張文等七十二名，經訊有並未認識西洋人，亦無教名，止係父祖相傳習教，但遵旨勒令具結改教，交保管束。福康安經留心察訪後指出天主教與回教不同，「天主教中人均食豬肉，其過年與漢民無異，茲審詣劉多明我各犯，復嚴加究結，據供天主教每七日內持齋二日，其餘日子，葷酒、豬肉都是吃的，除吃齋持戒外，一切與眾百姓無異。我們敬的是天主神，誦的是十戒，並不認識回經。」㊷福康安查閱其所誦十戒，止係勸人行善之詞，尚無荒誕不經之語，足信其不與回人一教，惟仍恐天主教與回教勾通煽惑，潛啟釁端，故遵旨實力稽查。

　　乾隆四十九年十二月，廣東拏獲傳教之西洋人哆囉等，據供乾隆四十八年三月內，「有西洋二人，一名吧地哩啞嗖，一名吧哩嘰哆囉嗎，來對我說，有山東李姓，教名吧哆囉嗎，要引他二人往山東傳教。九月內又有西洋二人要往湖廣四川傳教，亦是山東李姓引去。」又供稱是年十二月內，江西人姜保祿接引西洋人佛蘭嘶嗁噶改名方濟覺前往江西傳教，廣東督撫即移咨江西、山東查拏教犯。是時湖廣總督特成額拏獲伴送西洋人之張永信，據供乾隆四十九年春間，在廣東曾聞蔡伯多祿告知尚有西洋人五名

欲往直隸山東傳教。畢沅所獲西洋人呢嗎方濟各等則供稱羅馬當
家西洋人十名前往直隸山東各省傳教。兩廣總督舒常等復提取哆
囉嚴加詰問，據供自哆囉管理書信以來，派往各省傳教者共有九
人。舒常等恐其以質證無人做為抵賴，即於是年十二月將哆囉解
送京師刑部，以便與改裝赴楚被獲之西洋人吧地哩映及伴送西洋
人之謝伯多祿、張永信等犯三面質審。舒常等指出西洋人私赴各
省傳教，勢不能自來自去，總由內地民人利其財物，私下誘導所
致。湖北省因搜出西安人劉必約寄給廣東潮州人戴加爵書信，告
知西洋人被獲各節，故咨會舒常將戴加爵查拏解京歸案質訊。舒
常以戴加爵並無確切住址，即飭通省於查出天主教姓名內踏訪。
旋據署惠來縣知縣杜元勳查出石門鄉人戴則仁姓氏相同，緝拿到
案。據戴則仁供稱其教名為戴加爵，自祖父以來即傳習天主教。
戴加爵從前曾在廣州十三行內僱與西洋人鄧類斯之夥伴席道明傭
工，乾隆三十三年跟隨西洋人趙進修進京効力，在北堂居住，與
天主教徒山西人泰伯多祿、京師人劉德、劉若瑟及西堂那永福、
北堂汪達等俱熟識。乾隆三十九年，返回廣東原籍。乾隆四十九
年十二月二十四日，舒常遴委惠州府司獄甲啓將戴加爵押解入京，
在戴加爵家內所起出之天主實義、闢妄、義秤、初會問答、聖教
日課、獨俗迷篇、滌罪正規等書亦封固咨送軍機處。

　　成都將軍兼署四川總督保寧奉旨查禁天主教後，即飭文武員
弁嚴密訪緝。乾隆五十年正月初八日，雅安縣知縣徐麟趾、把總
鄧璋稟報，遵諭協同署天全州知州何琳、吏目周明德、汛弁李應
彪於州屬彭三桂家拏獲西洋人馮若望，又名得三馬爾定。同月十
八日，把總蒙彪稟稱協同崇寧縣知縣陳文絃、汛弁王剛於縣屬掃
等溝地方拏獲西洋人李多林，又名都費斯，至於接引西洋人之張
萬鐘、張萬效及供其住宿之周仁義等亦拏獲押解省城，逐一研訊

錄供呈覽。保寧將西洋人先後入川傳教始末專摺具奏，略謂乾隆
十九年，西洋人費布仁來川傳教被獲，經督臣黃廷桂審擬具奏，
發回西洋。三十一年，費布仁案內容留居住問擬枷杖之縣民李安
德復接引西洋人格羅第呀改名郭明益來川，及格羅第呀病故，李
安德復於三十八年八月，乘客夥張萬鐘赴粵之便，囑令順帶西洋
人來川傳教。張萬鐘至粵，向通事陳保祿訪知西洋人得三馬爾定
願隨其前往四川，當即薙髮易服，改名馮若望，自攜銀三百餘兩，
起程來川。李德安年老病篤，因無家小，即將所住房屋給與馮若
望，旋即身故。馮若望與張萬鐘等共同講習經典，並往來郫縣、
崇寧、崇慶、溫江、金堂等處行教，每至一處，內地民人周仁義、
劉奇、蔣崇堯、彭三桂等皆供其住宿。乾隆四十一年秋，馮若望
因盤費即將用完，而令同教之張萬效赴粵領取，並囑以攜帶西洋
人前往內地行教。張萬效至粵取銀二百兩，並由通事斯得納宗按
取馮若望素識之都費斯改名李多林一同入川，與馮若望同住，往
來新都、安縣、綿州、劍州、廣元等處，曾先後於縣民柳枚、方
可仕、劉繼長、李珣家住宿。其後馮若望復屢次令湖廣人劉內斯
赴粵取銀。乾隆四十九年五月，四川重慶人王姓接引西洋人吧地
哩吠哂前往成都。同年九月，已入教之溫江人彭三桂於天全州大
川地方置地移居，將馮若望接往，乾隆五十年正月，被訪拏獲，
李多林聞知查拏，即由川北回至崇寧縣亦被拏獲。馮若望等供出
川省入教民人有劉崐、鄭文明、王文德、周本欽、胡慎修、張開
庭、羅世德、周懷德、馮朝學、蔣萬虔、嚴文林、嚴坤、易文富、
馮元吉、鍾際盛、楊貴、胡全、楊昱、楊宗、唐伯仲、高立志、
陳萬玉、張應朋、楊思堯、曾秀林、李英、方成璽、趙明贊、謝
勝通、姜宗維等人，其餘因年久記憶不詳及隨時去來而未登記姓
名者尚多。馮若望等指出西洋國向重天主教，以傳教爲行善，如

能在中國行教，更以爲榮，是以情願遠來，並無別有圖謀，其來時所攜帶及節年接濟銀兩，俱係彼國同教會中公捐及親友幫助之項，遇便寄存十三行，繼續支取費用，並無騙人財物情事。惟成都將軍保寧等以天主教久奉例禁，西洋人私至內地傳教，尤干功令，馮若望、李多林潛匿多年，轉相招引，故委員解交刑部。

乾隆五十年二月，山東歷城縣知縣劉祖志訪拏縣屬城東谷家坟莊素奉天主教之縣民李松，並搜出聖教四規等書板四十七塊，天主實義等經卷六十三本，及十字木架、瞻禮單等項。據李松供稱其教名爲祿爵，又名拉番額爾。自其祖父以來即已傳習天主教，李松曾兩次入京，四次赴粵，與西洋人往來甚密切。山東巡撫明興復督同藩臬兩司細加究鞫。李松供認於乾隆二十二年同廣東人李剛義往澳門接引西洋人梅神甫至山東臨清直隸威縣等處傳教，四十九年九月，聞有西洋人白姓居住東平州張泰家，李松即前往會見。明興隨即委員將張泰緝拏到案。據供西洋人白姓即吧地哩啞嗹及伊姓即格雷西洋諾，俱由臨清人邵玗從廣東接來山東，居住張泰家。吧地哩啞現住武城縣胡普家，格雷西洋諾則由平陰縣胡二接去。明興即密委兗州府同知張方理星夜趕赴武城縣查拏吧地哩啞嗹及臨清人邵玗，另委署高苑縣知縣陳鼎鈞、聊城縣縣丞王元勛前往平陰縣查拏格雷西洋諾，俱拏解到案。據吧地哩啞嗹供稱係意大利亞國哆嘶喀拉地方人，教名啞嗹，故合稱吧地哩啞嗹。乾隆四十八年抵達廣東，次年，與格雷西洋諾由邵玗及直隸清河人安哆呢即安三接引，自廣東起程前往山東，哆囉復令廣東人陳姓鄂斯定伴送，於同年四月內抵達直隸威縣任文臬家，旋往武城縣胡普家、平陰縣張泰家居住，惟吧地哩啞嗹不通漢語，曾由邵玗教過漢語。山東巡撫明興將勾引西洋人之李剛義、安哆呢、鄂斯定分別咨會直隸、廣東督撫查拏。署高苑縣知縣陳鼎鈞則會

同東平州、平陰縣、東阿縣各員馳往平陰新莊胡二家，惟胡二先已暗將格雷西洋諾送至東平州魏三家，魏三因聞查拏緊急，復將格雷西洋諾送至東阿縣東南鄉土溝洞內藏匿，陳鼎鈞等馳赴土溝時，格雷西洋諾已竄逸，陳鼎鈞等即四路追尋，旋於棘山腳下將格雷西洋諾拏獲。乾隆五十年二月初十日，將格雷西洋諾押解山東省城，同時拏獲到案者尙有自稱神甫之朱行義。明興率同司道府逐加嚴訊，格雷西洋諾供係意大利亞都喇訥人，立願來華傳教，乾隆四十八年至廣東，次年，哆囉當家令其隨同吧地哩啞喥前赴山東，吧哆囉嗎送至南安府後轉令鄂斯定送至山東。朱行義供係福建莆田人，原名朱里官，素習天主教，其教名爲啞得爾亮。乾隆十九年，因福建一炷香邪教案內問擬充軍，發配德州。朱行義又稱幼年曾至暹羅天主堂居住，因能說西洋話，認得西洋字，因此人們稱其爲神甫，至三十五歲時始回至福建原籍，仍領番銀，每年八十圓，發配至德州後，每年仍從江西贛州幫糧船上舵工馬西滿寄交番銀。格雷西洋諾等復供出同時來華傳教之西洋人共有十一人，其中薩爾窪哆哩因不能學漢語，弓佛爾使有病，先回西洋，其餘進京者爲暗薩爾模、啞丟搭哆二名，前往陝西者爲費勒底，至於吧地哩喲汪、吧地哩弱瑟、喲漢吧底嘶塔、嚕衣嘶四名則往湖廣等地傳教。明興爲便於質證，即遴委武定府同知藍嘉瓚、安東營都司德楞泰等將吧地哩啞喥、格雷西洋諾、李松、邵珩、朱行義、任文梟、張泰、胡恆、韓三等押解赴京，送交刑部歸案質訊，其餘胡普、呂大中、胡二、高起峪等犯則暫行羈候，此外尙有梅神甫等未獲。據任文梟、胡恆供稱梅神甫曾於乾隆四十九年五、六月間至其家，惟是時已前往直隸藁城縣郝保祿家。乾隆五十年二月十六日，高宗命大學士阿桂等傳諭直隸總督劉峩即速飭屬嚴緝梅神甫解京歸案。劉峩遵旨專差標弁馳赴藁城查拏郝保

祿原名郝濟美。據供梅神甫於乾隆四十九年十二月內，由山東武城縣來至郝保祿家，次年正月初二日前往同縣何祿家留住，是月十六日，因聞差拏甚嚴，故與何祿雇用趙子彥車輛送梅神甫進京，於正月二十二日至順城門外，梅神甫即另行雇車進城，劉峨即飛咨步軍統領衙門就近跐緝。

　　護理江西巡撫印務李承鄴接准廣東咨會查拏教犯後，即密委貴溪縣縣丞何浩等查拏，何浩改裝易服，自廬陵一帶查至萬安縣，拏獲私習天主教縣民彭彝敘，究出西洋人留住桐木坪劉林桂山寮內，何浩等於乾隆五十年二月初四日馳往將西洋人及劉林桂拏獲。據所獲西洋人供稱「年四十四歲，是西洋衣斯罷尼亞國人，姓滿大剌德，名撒格喇門多，教名李瑪諾。本國專業天主教，我十六歲時慕中國人好善發心要來中國闡揚教法。乾隆三十四年，從本國搭洋船，由墨溪、呂宋各國走了兩年多，纔到廣東省澳門，在方濟各堂住下，遇著西洋人伯爾那多，並安伯老同住了數月，有傳習天主教的若亞敬要到江西，伯爾那多就托他帶我同行，因服色不便，叫我換了中國衣帽。乾隆三十六年冬間，同若亞敬到南安府大庾縣鳳山地方，在董萬宗田寮內住了一宿，次日到習教的董有亮教名達尼老家住下，若亞敬就回去了。後有贛縣人劉瑪寶即劉青華邀我到贛縣劉能崇家傳教，因彼此不懂得講話，無人學習，住了一夜仍回董有亮家。三十七年冬間，有萬安縣劉添福接我到他家傳教，他同兒子劉林桂拜我為神甫，後有萬安縣黃、劉、蔣、彭、郭各姓十餘人陸續歸教。我從本國起程只帶得番銀八十圓，用到江西，所剩無幾，先後四次打發朱有林、劉青華、劉林桂到澳門寄信與伯爾那多、安伯老，共寄番銀四百三十圓，都是我自己收用。四十九年八月內，彭彝敘帶我到廬陵縣，有蕭文湖、蕭文漢歸教，在他家住了一夜就往泰和縣，有朱維幹、朱樂延歸

教，我送給圖像經本齋單，住了兩日，又有胡彷逸、胡兼友歸教，住了兩日，仍回萬安，總在劉林桂家長住。」李瑪諾並指出其來華目的，「不過想闡揚教法，要人尊敬天主，吃齋念經，守戒行善，現世可以邀福，來生各有好處，並無別項邪術煽惑人心及歛錢聚眾並給人銀錢誘人入教情事。」據劉桂林及後來拏獲之姜保祿，所供皆相符，惟當時歸教者尚有黃立新、劉尚義、劉文秀、劉永發、蔣日迪、蔣禹烈、彭明光、彭元英、郭紀常、郭宋達、郭殿丞、郭合山等人。乾隆四十八年十二月內，姜保祿自澳門帶領西洋人佛蘭嘶喺噶教名方濟覺抵達萬安劉林桂家，旋往貴溪、弋陽、鉛山、玉山及福建光澤各縣行教。是時因教案層出不窮，爲免冤濫，高宗屢飭督撫審慎辦理。乾隆五十年二月二十日，高宗於寄信上諭中云「前曾降旨，凡西洋人私赴內地傳教及內地民人受其神甫名號，得受番錢爲之勾引接送者，必須按名查拏解京歸案審辦，其僅係祖父以來相沿傳習天主教者，只須照例治罪，不必再行解京。」㊷

山西省將傳教之西洋人安哆，號稱神甫之徐蓋達諾及窩留西洋人之范天保等拏獲後，即遵旨解交刑部質審。刑部援引上諭中「內地民人有稱神甫者即與受其官職無異，審明後應發往伊犁給厄魯特爲奴，曾受其番銀者，原籍家產並應查抄入官，所有接引傳教之人亦應發往伊犁給厄魯特爲奴。」一款，將徐蓋達諾、范天保等分別發遣。是年二月二十一日，山西巡撫農起據各屬陸續查獲刊刻瞻禮單之會首李時泰、王廷相、鹿登山、連習智、劉繼宗、郭增仁等六名，審擬發往伊犁，給厄魯特爲奴。李有亮、郭咬元、任道光、張耀遠、李永富、李金鼎、朱林、馬兆瑞八名，雖非會長，惟曾容留各神甫潛住往來，輾轉傳人入教，經審明於神甫罪上量減一等，擬杖一百，徒三年，折責發落，至於相沿傳

習之韓連等六十五名則擬照違制律各杖一百，勒令悛改，釋放安業。同日，四川後補府經歷施鑑於安岳縣會同知縣將西洋人吧地哩呋哂及容留西洋人之謝戀學拏獲。二月二十六日，復於巴縣地方拏獲西洋人額地咦德窩及容留西洋人之唐正等，於三月初三、初五日分別解送至四川省城。總督李世傑會同司道研鞫，據西洋人供稱俱係方濟亞地方人，吧地哩呋哂於乾隆四十八年三月攜銀一百兩，搭附洋船來至澳門，住於同國人益勒家，旋赴廣州十三行囉嗎當家處，告知欲入內地傳教情由。適四川巴縣民人王國瑞在粵延請西洋人，經囉嗎當家介紹晤面，約同入川，改名彭得爾朋，薙髮易服，於四十八年九月內起程，由廣西、湖廣行走，於四十九年正月抵達四川重慶府，住於王國瑞家。是年二月，王國瑞病故，吧地哩呋哂搬至李義順家同住，並經先來川傳教之西洋人喀地咦德窩告知馮若望在成都，吧地哩呋哂遂與安岳人文子先前往探望馮若望，留住數日後即同文子先前往安岳，分別於習教之黃國明、黃國才、郭芝英、謝戀學等家往來住宿，旋被拏獲。額地咦德窩供稱於乾隆四十年十一月內由西洋至澳門，住通事陳保祿家，探知馮若望在四川，亦欲前往傳教，適川民唐伯倫赴粵貿易，即接引同行，改名胡斯得旺，薙髮易服，四十一年二月，抵達宜賓縣唐伯倫之父唐正文家，旋赴成都與馮若望相見，先後往來於重慶、巴縣、涪州、江津、銅梁、榮昌、安岳等州縣，與李義順、劉舉安、尹謨、晏老五、馬老么，駱成忠、李茂、邱正錫、黃國明、黃國才、謝戀隆、謝戀華、謝戀學、文子先、文子瑞、文子恆、郭芝英等講誦經典，於五十年二月被拏。四川總督將西洋人解京聽候審辦。是年三月，江西拏獲為山東教案內朱行義帶送銀兩之贛州幫舵工馬士俊及其子馬世英、馬世剛等。馬士俊教名馬西滿，南昌縣人。據供云「乾隆三十一年七月內，船到

山東地方，小的患了熱病，適有搭船的陝西人婁姓習天主教，教名保祿，將病治好，勸小的習教念經，可以消災卻病，小的拜他爲師，給與經一帙、像一紙，就取教名西滿。因小的不識字，婁保祿又口授經語記熟，時常念誦。三十二、三、四等年，婁保祿從廣東販貨生理，每年帶交在山東德州充軍的同教福建人朱行義板箱一隻，內有銀兩，箱加封固，小的轉寄朱行義收受，後來婁保祿不往廣東，自三十五年起有廣東人劉保祿每年托小的轉寄朱行義銀兩是實。」乾隆五十年三月，江西貴溪縣稟報拏獲接引西洋人之姜保祿及窩藏方濟覺之紀約伯等犯，委員解送刑部歸案辦理。姜保祿供稱其入教動機爲「小的本名祖信，年四十歲，金谿縣人。乾隆三十八年，小的因母親患病，求神問卜，有貴溪縣人紀煥章說天主教最是靈應，能保祐病人，小的就聽信奉教持齋，取名保祿。」廣東省亦於是時分別將接引西洋人赴山東傳教之潮陽縣人陳姓鄂斯定原名何亞定、跟隨哆囉之南海縣人馬亞成、寄寓廣東之江西南豐縣人譚錦章等拏獲解京歸案，並將該省各屬習教各犯提省審議，其中顧士效籍隸新興，自祖父以來俱習天主教。乾隆三十年間，顧士效前往澳門賣藥，與法國人囉滿往來認識，囉滿見其虔心奉教，能將經文向他人講解，故令同教信徒稱其爲神甫。按西洋規例，凡授以神甫名稱者，教會每年發給花銀八十五圓，若由澳門給以神甫名目者，每年僅給花銀四十圓。乾隆三十年至三十五年，囉滿每年給顧士效四十圓，至於解京之艾球三則係由西洋天主教教會給以神甫名目，每年領取花銀八十圓。吳廣甜一犯祖籍福建，流寓南海縣，因挑雞鴨赴洋行發賣，倚此爲生，暗曉洋語，與西洋人囉廉認識，聽從入教，教名伯多祿，並曾接受囉廉番銀。樂昌縣民劉志名，教名思德望招引潘連第、張萬從、張萬德一同習教，抄錄經卷齋單，廣傳徒衆。南海縣民潘

聲瓏，教名福爵，張沛宗教名達爵，均係自幼隨父習傳，素為同教信徒推服。其餘南海、番禺、順德、香山、高要、樂昌、海陽、潮陽、惠來、普寧、新興各縣及福建、安徽等省寄居廣東先後入教之吳瑜珍等八十二名，俱係祖父習教，或藏有遺存經卷畫像，或僅口傳經語，並無轉傳別人，亦無與西洋人往來，接受番銀，充當神甫等情。兩廣總督舒常、廣東巡撫孫士毅等奏請將情節較重之顧士效、吳廣甜、劉志名三犯發往伊犁給厄魯特為奴，並將顧士效、吳廣甜家產查抄入官。潘聲瓏、張沛宗取有教名，為教中推服，均屬不法，奏請減一等杖一百，徒三年，至配所各折責四十板。吳瑜珍等八十二名但圖消災獲福，尚無不法情事，俱照違制律杖一百，各折責四十板，惟其中白國觀等十名因家中留存經卷，各加枷號兩個月，滿日折責發落，顧京琦革去監生，追照送銷。是年四月，南海縣知縣毛圻將習教之保昌縣人陳達宗教名鄂斯定密拏解京歸案質訊。福建邵武縣於是年二月二十九日稟報署縣丞史元善等拏獲原習天主教犯案之吳永隆、吳興順父子及黎國琚、朱見良等解省訊究。三月十四日，復緝獲自江西赴閩之西洋人方濟覺及窩留民人伊益德與習教之涂德先等。方濟覺原名佛蘭嘶嗯噶，係西班牙人。據供乾隆四十四非至呂宋，與該處天主堂教長六得西哪居住一年餘，教長令其來華傳教，方濟覺遂薙髮易服前往澳門，向往來貿易之華人學習華語，四十八年十一月，經江西貴溪人接往萬安縣傳教，福建巡撫雅德委員將方濟覺解交刑部歸案辦理。吳永隆曾於乾隆二十四年聽從洋人郭伯爾納篤行教案內擬徒援赦減杖，惟出教十餘年後因患病不痊，隨復持齋，雅德以其怙惡不悛，審擬照邪教為從例從重發雲貴兩廣煙瘴充軍，其餘各犯亦按輕重罪懲辦。乾隆五十年四月二十八日，軍機處將各省起獲解到教案各犯物件除經卷俱行銷燬，市平雜色銀共四百

五十四兩六錢發交廣儲司貯庫外，其餘畫像銅器等件俱開單呈覽，計：畫像六十九件，銅像十字架十八個，銅像一個，紫檀小龕一個，銅鐘四個，銅座三個，船式銅香爐一個，小銅牌二百五十個，銅幣一條，念珠四十三串，銅壺一把，小銅盤一個，小銅叉一個，鐵筒一個，洋磁小壺二把，洋磁小盤一個，舊表一個㊹。福建拏獲方濟覺時所搜獲之銅十字三個、銅佛頭一個，番字經卷及金銀等物，因尚在解京途中，前列清單不含方濟覺攜帶物件。

　　湖廣、直隸、山東、山西、陝西、四川、江西等省將私入內地傳教之西洋人陸續解京，交刑部審擬，雖俱供無不法情事，惟刑部以其私自傳教，違犯禁令，皆定永遠監禁。乾隆五十年十月初八日，高宗降旨釋放，略謂「此等人犯，不過意在傳教，尚無別項不法情事，如呈明地方官，料理進京者，原屬無罪。因該犯等，並不報明地方官，私在各處潛藏，轉相傳引，如鬼蜮伎倆，必致煽惑滋事，自不得不嚴加懲治，雖坐以應得之罪，朕仍憫其無知，僅予圈禁。今念該犯等究係外夷，未諳國法，若令其永禁囹圄，情殊可憫，所有吧地哩映等十二犯，俱著加恩釋放。如有願留京城者，即准其赴堂安分居住，如情願回洋者，著該部派司員押送回粵，以示矜恤遠人，法外施恩至意。」㊺惟情罪重大之入教民人如受過天主教神甫名目、接引西洋人、窩頓傳教士、往來通信、接受西洋人銀兩各犯，除審明治罪久，其家產皆降旨查抄入官，與西洋人存留各物一併估變㊻，至於失於覺察之地方官，因罪無可道，俱受降級調用或降級留任處分。

結　論

　　十八世紀後期，由於清廷嚴屬查禁天主教，教難疊興，傳教士屢遭迫害。日人後藤末雄氏著《乾隆帝傳》謂清高宗對天主教

懷有惡感，在位期間，曾發生三次迫害⑰：乾隆元年（1736），
第一次迫害；乾隆二年（1737），第二次迫害；乾隆十一年（
1746），第三次迫害。乾隆二年雖查出上海縣民張乾假談天主
教，五年四月，河南省繳銷《睿鑒錄》等案，然而實無迫害之事
實，其首次頒降諭旨查禁天主教，係始於乾隆十一年。高宗在位
六十年之間，先後查禁天主教，亦不止三次，仁宗嘉慶以降，教
案仍層出不窮。據已刊未刊清代各種檔案之記載，自乾隆十一年
起至五十年（1746至1785）四十年之間，前後所發生之大小教
案，計達十次以上。歷次查禁天主教範圍之廣，時間之長，迥非
清末江楚教案，或天津教案所可同日而語，惟乾隆年間大規模禁
教，尚未引起中外交涉，故不覺案件之重大。清初西洋傳教士深
入內地傳播福音，舉凡兩廣、福建、浙江、江西、江蘇、安徽、
山東、直隸、山西、陝西、甘肅、湖南、四川、湖北、湖南等省，
俱查有西洋人往來活動，內地民人入教者亦甚眾多。據顧保鵠編
著《中國天主教史大事年表》所列入教華人數目已極可觀，摘列
如下：乾隆五年（1740），德瑪諾在江南付洗九百五十六人，
聽告解八千四百人。乾隆六年（1741），德瑪諾在江南聽告解
一萬一千五百零五人，送聖體九千八百十二人，付成人洗一千二
百二十二人，終傅一百十一人。乾隆八年（1743），北京約有
四萬教友。乾隆九年（1744），江南耶穌會士共有八人，所轄
教友約六萬人。乾隆十三年（1748），全國約有耶穌會士四十
名，方濟各會士七人，道明會士一人，奧斯定會士一人。加爾默
羅會士一人。乾隆十五年（1750），耶穌會士高若望在京師及
近畿一帶，聽神工二四五〇次，送聖體二〇四二次，付成人洗一
百五十人，小孩二〇五人。北京法籍耶穌會士共付小兒洗二千人，
次年共付小兒洗二千四百二十三人，乾隆十七年（1752），共

付小兒聖洗二千六百六十二人，乾隆十八年（1753），復付小兒聖洗四千四百一十七人。乾隆五十一年（1786），四川、南京、貴州成人領洗共四百六十九人，乾隆五十八年（1793），全中國約有十五萬教友。乾隆六十年（1795），湖廣主教郝彬被捕，卒於獄，神甫蘇味隆卒於廣州獄中，京師一帶，近十年中增加教友二千人。由前列數字可知清高宗雖屢次查禁天主教，惟各省督撫所查獲教犯實不及十之一二。

　　內地民人傳習天主教，雍正年間久經禁止，清高宗御極以後，仍奉行禁令，嚴加取締。柯保安（Paul A. Cohen）著《中國與基督教》一書分析十九世紀清朝仇教排外之主要原因時，首先從傳統儒家之正邪觀念與闢異端之精神，以說明知識分子仇教之思想背景。傳教士進入內地後，威脅縉紳以維護傳統文化為己任之尊嚴及其在社會上之特殊地位與權益。地方督撫在紳民反教情緒及朝廷飭令執行條約義務雙重壓力下深感行政困難與處理教案之棘手，傳教士倚恃不平等條約深入內地傳教，干涉地方行政，其傳教事業遂摻入侵略特質。清末中央政權日趨式微，不克有效履行條約承諾，傳教士乃自尋途徑，以堅船利砲礮為後盾，以達其傳教目的，中外教案遂層見疊出⑱。呂實強教授著《中國官紳反教的原因》一書則指出儒家思想與基督教義並無太多衝突之處，由傳教事業之侵略特質有所衍生之各種具體問題給予國人之困擾與反感之深重，以及中國社會禮俗與西方不同等皆係構成國人反教之重要原因⑲。惟清初禁教之背景與清末迥不相同，清末紳民仇教情緒高昂，清初則不然，地方督撫遵奉高宗諭旨查禁天主教，紳民與教徒衝突案件並不多見。清初國勢鼎盛，中央政權鞏固，中外之間並未簽定不平等條約，西洋傳教士富於宗教熱忱，冒險犯難，以傳播福音，並未以不平等條約為護符，其傳教事業固未

摻入侵略特質，更不至威脅地方縉紳之尊嚴與利益，在各省所拏獲教犯中，有不少係出身監生者。至於清高宗與地方督撫雖將天主教視爲邪教，然而並非對西洋邪教決不寬容，或務欲根絕異端。高宗以爲古今中外何處無異端邪教之存在，西洋人崇奉天主教，係其習俗，原所不禁，西洋人來華之後於京師或澳門現有天主堂瞻禮吃齋，向不過問，但不得擅自私往各省潛匿內地，誘使民人入教。乾隆五十年三月二十四日，高宗於寄信上諭中指出嚴禁天主教之原因云「向來西洋人進京行藝，原所不禁，但必須稟明地方官，經該督撫奏明，始准委員伴送赴京効力，至內地民人傳習天主教者，雍正年間久經禁止，哆囉輒敢私派多人赴各省傳教惑衆，而梅神甫、安多呢等亦以西洋人藏匿山西、山東至一二十年之久，殊干例禁，不可不澈底嚴查。此案本應按律定擬，將該犯等即寘重辟，第念伊等係夷人，免其一死，已屬法外之仁，未便仍照向例發回該國懲治，因令刑部將各該犯牢固監禁以示懲儆。現在案已審擬完結，著傳諭孫士毅將辦理緣由就近傳集在廣貿易之各該國夷人詳悉曉諭，俾該夷人等咸知感懼，益加小心，恪守內地法度，如有情願赴京者，仍准報明督撫具奏伴送，不得仍前潛赴各省傳教滋事，如再有干犯功令私行派往者，必當從重嚴辦，不能再迫寬典也。」⑩西洋人來華既未稟明地方督撫，或持有照票護照等文件，竟由內地民人轉展勾引接送，殊干例禁，尤恐滋生事端。清高宗對內地邪教之所以深惡痛絕者，實因當時白蓮教及其他秘密社會之活動日趨猖熾，惑衆滋事案件屢見不鮮，邪教案犯竟有崇奉天主教者。後藤末雄著《乾隆帝傳》亦指出「乾隆時代，朝臣因對白蓮教之政治陰謀懷有極大之恐怖觀念，遂將此種觀念擴大至天主教身上。」⑪高宗既恐天主教與秘密社會串通聲氣勾結煽惑，故每當內地不靖之際，清廷即嚴屬查禁天主教，

以杜亂源。乾隆五十二年二月初八日，高宗於寄信上諭中云「朕恭閱世宗憲皇帝實錄從前江西有傳布邪教之案，曾令巡撫裴徠度查辦，迄今事隔多年，該省並無此等邪教案件，地方尚屬寧謐。但該省毗連閩粵，現在閩粵臺灣林爽文糾眾滋事一案，即係因天地會邪教名色煽惑勾結，以致釀成巨案。現據兩廣督臣查奏粵東即有入其教者。江西與閩省接壤，或有此等邪教輾轉流播私相傳習，亦未可定（下略）。」⑫質言之，清初禁教，其政治意義實不容忽視。

明末清初來華傳教之耶穌會士，不乏聰明特達之士，不僅富於宗教熱忱，亦具備豐富之科學知識，以學術為傳教之媒介，或任職於欽天監，或供奉內廷，中國君主亦多嚮往西學，善遇耶穌會士，上行下效，蔚為風氣，舉凡西洋天文、地理、曆法、算學、物理、化學、醫學、美術等學識源源輸入。西學既寄生於西教，清初歷康雍乾三朝長期禁教，西學遂漸喪失其寄生體。姑不論康熙以降，西學是否中斷⑬，惟嗣後國人於西方科學缺乏認識⑭，並非完全由清廷禁教所導致之後果。中國社會結構、文化背景，與西洋迥異，西學不易生根。聖祖雖酷嗜西藝，對傳教士曲賜優容，惟當時西學尚非有系統之輸入，清廷亦缺乏良好之教育制度，對西方文明從事有計劃之吸收，或設立類似清季京師同文館等機構，以造就人才，遂致人亡政廢。乾隆以降，供職欽天監之耶穌會士，日益減少，高宗禁教並非唯一原因，乾隆三十八年（1773）七月，教宗格來孟第十四下令解散耶穌會，乾隆四十年，中國耶穌會奉令正式解散，從此以後「蒸蒸嚮化，肩背相望」飽學之耶穌會士遂不克在華繼續從事活動。因為在教宗下令解散耶穌會之前，高宗雖禁止西洋人潛匿內地各省傳教，但於諳習各項西藝之西洋人仍多留用，凡來華効力之西洋人，無不准其赴京任

職，是以西學輸入仍未斷絕。乾隆二十一年，清軍征討準噶爾，收入版圖，高宗降旨將其星辰分野、日月出入、晝夜節氣時刻載入時憲書，頒賜正朔，其山川道里亦須詳細相度，載入皇輿全圖。高宗命素諳測量之左都御史何國宗帶同五官正明安圖及西洋人二名前往伊犁等處，測其北極高度，東西偏度，及一切形勢，何國宗遵旨帶同京師東堂天主教士天文學者傅作霖及欽天監監正高慎思等前往測量，繪圖呈覽。乾隆三十九年七月，清軍第二次進勦大金川，因該處地險碉堅，久攻不克，阿桂等奏請鑄造衝天礮轟擊堅碉。高宗鑑於測量技術，西洋人較華人尤爲精熟，故命舒赫德於蔣友仁、傅作霖二人內擇其一人前往。七月十三日，侍衛德保即帶領三品京堂傅作霖自京起程馳赴阿桂軍營。乾隆四十二年四月，欽天監監正傅作霖奉旨前往兩金川測量道里形勢方隅及各土司疆域界址，繪畫全圖，載入方略㊻。供職京師之西洋人，高宗固甚禮遇，尤亟於延聘西洋人來華効力，乾隆十五年，精通漢學之西洋人錢德明進京，十六年，通曉天文曆算之西洋人高慎思奉召進京。十七年七月十二日，葡萄牙駐澳門頭目唭嚦哆稟報署廣州府海防同知武照圖等稱是月初七日葡萄牙國王遣使臣巴哲格赴京請安進貢，並帶有精通天文、算法、外科之西洋人林德瑰、溫德徽、張繼賢等三名，情願赴京効力，高宗即照雍正四年之例，派內務府郎中官柱會同欽天監監正劉松齡馳驛赴粵接取㊼。是年九月，據福州將軍兼管閩海關事務新柱奏報本年七月回棹洋船及上年壓冬船隻先後到廈門者共計六十五隻。二十三年十月十六日，因劉松齡稟稱有西洋人安國寧、索德超素諳天文，願赴京効力，高宗即敕下廣東督撫照例遣人伴送赴京。二十四年，兩廣總督李侍堯條奏防範夷人章程，經軍機處議覆嗣後西洋人寄居澳門，遇有公務轉達欽天監，應飭令夷目呈明海防同知轉詳總督分別奏咨

辦理。二十六年，有西洋人安德義、李衡良二人進京効力。是年，蔣友仁司鐸呈獻乾隆坤與全圖。二十八年七月，意大利國人葉尊孝年四十五歲，素習醫治內科，來華効力，三十一年，西洋人汪達汪供職內廷。三十二年十一月，廣州洋商潘同文稟報法國人趙進修年四十歲，通曉天文算法，金濟時年三十二歲，能曉雕刻工作，且略知天文，情願赴京効力，奉旨允准。三十六年四月，洋商潘同文稟報法國人賀清泰，年三十五歲，長於繪畫，向東仁年三十五歲，明白外科醫理，能做玻璃器具，俱願赴京効力。三十七年五月，西洋人李俊賢年三十五歲，熟悉鐘錶，潘廷章年三十三歲，長於繪畫，俱赴京効力。是時，高宗屢次查禁天主教，惟在教宗下令解散耶穌會以前，東來之西洋人接踵而至，乾隆三十八年以後耶穌會士紛紛呈請離華回國，遂引起高宗之不滿。乾隆三十九年七月初九日，因兩廣總督李侍堯奏聞西洋人岳文輝曉理外科，楊進德、常秉綱俱習天文，呈請進京効力，高宗即降諭云「向例西洋人赴京効力之後，即不准其復回本國，近來在京西洋人內竟有以親老告假者，殊屬非理。伊等既有親待養，即不應遠涉重洋投効中國。若既到京効技，自不便復行遣回，均當慎之於始。此次岳文輝等三人即著李侍堯詢問伊等，如實係情願長住中國不復告回者，方准進京，若有父母在堂者，即不准其詳報呈送。」㊿李侍堯遵旨札司傳詢，經洋行通事蔡積詢之岳文輝等，皆覆稱其航海遠來報効天朝，實出情願，惟因各有父母在家，臨行諄囑，期約數年乞假歸省，若進京之後不復告歸，誠恐父母懸念，勢難長住在京，俱表示願回本國。李侍堯奏稱岳文輝等三人如果不能長住在京，即不應來廣呈請進京効力，迨經奉旨詢問，始以各有父母為詞，去來竟由自便，情殊可惡，既詢明願歸本國，更不便仍留粵省，遂將其逐赴澳門，飭令即速搭船回國，不許逗留滋事。

自此以後，西洋人來華効力者皆裹足不前。乾隆四十三年九月初八日，軍機大臣大學士于敏中字寄兩廣總督桂林等稱「向來西洋人有具呈廣東督撫衙門情願進京効力者，俱經該督撫等轉奏送京。近年以來未見有續來者，或係該國本無人呈請，抑係曾經具呈而督撫不爲轉奏，著傳諭桂林、李質穎即行查明據實具奏，嗣後如有西洋人呈請進京効力者即爲奏聞送京，止必拒阻。」桂林遵旨一面飭令洋行通事大班人等俟有西洋人情願赴京者即令具呈，一面因澳門夷人居住戶口頗繁，即飭令地方官明白曉諭管理夷目之兵頭，准其隨時呈請稟報。惟桂林指出西洋夷人凡挾一技之能前來効用者，無不仰沐鴻慈，優與廩祿，自應踴躍內向。但因夷人貪戀家室，心存觀望，故近年來，竟無呈請報効之人。乾隆五十八年八月十九日，高宗敕諭英王時亦稱「至爾國王表內懇請派爾國之人住居天朝，照管爾國買賣一節，此則與天朝體制不合，斷不可行。向來西洋各國有願來天朝當差之人，原准其來京，但既來之後，即遵用天朝服色，安置堂內，永遠不准復回本國，此係天朝定制。」⑱易言之中西文化之隔絕，因素複雜，不全係高宗等禁教之咎。嘉慶十二年（1807）有新教利瑪竇之稱的英人馬禮遜（R. Morison）來華，其他教士接踵而至，遂揭開西洋文化輸入與認識之第二期。郭廷以教授於〈近代西洋文化之輸入及其認識〉一文中指出「自馬禮遜到粵算起，則已有三十年以上，而耶穌會士入北京到利瑪竇之死，不過十年，竟能使徐光啓、李之藻等入教受洗，西學大行，新教徒的成績就相差太遠了，這是時勢的限制，他們的活動範圍不出廣澳南洋，不惟不能與領導階級接近，且受官府的干涉。」⑲總之，自耶穌會被解散至中英鴉片之役期間，即令有西洋文化之輸入，其影響實遠不及耶穌會士。

【註　釋】

① 《軍機處檔》（台北，國立故宮博物院），2740箱，33包，4772號。乾隆十四年七月十八日，兩廣總督碩色等奏摺錄副。

② 《宮中檔》（台北，國立故宮博物院），第2725箱，25包，5479號。乾隆十八年十二月二十一日，江蘇巡撫莊有恭奏摺。

③ 馮作民譯《清康乾兩帝與天主教傳教史》，第三章（民國五十九年七月出版），頁124。原書見日人後藤末雄著《乾隆帝傳》。原書內「エギエ」一詞，似係西班牙錢幣單位，凡入教者給予二「エギエ」，馮氏譯作「密符」。

④ 《軍機處檔》，2772箱，22包，3309號。乾隆十三年九月二十四日，阿里袞奏摺錄副。

⑤ 《清高宗純皇帝實錄》，卷二六七，頁25。乾隆十一年五月癸亥，據周學健奏；《軍機處檔》，第2772箱，22包，3142號。喀爾吉善奏摺錄副。

⑥ 《清高宗純皇帝實錄》，卷二七一，頁2。乾隆十一年七月庚戌，據軍機大臣議奏。

⑦ 《清高宗純皇帝實錄》，卷二七五，頁19。乾隆十一年九月壬戌，據周學健奏。

⑧ 《軍機處檔》，2772箱，22包，3142號。乾隆十三年八月初七日，閩浙總督喀爾吉善奏摺錄副。

⑨ 《軍機處檔》，2772箱，4包，496號。乾隆十二年三月二十四日，兩廣總督策楞等奏摺錄副。

⑩ 《宮中檔》，第2725箱，31包，6752號。乾隆十九年五月二十一日，四川總督黃廷桂奏摺。

⑪ 顧保鵠編《中國天主教史大事年表》（台北，光啓出版社，民國五十九年十二月），頁48。以談方濟黃安多二耶穌會士在常熟戈莊及

蘇州胥門外被補，惟據清代督撫奏報，談方濟各係在昭文地方被捕。

⑫　《軍機處檔》，2772箱，12包，1691號。乾隆十二年十二月十二日，署江蘇巡撫安寧奏摺錄副。

⑬　《軍機處檔》，2772箱，12包，1568號。乾隆十二年十二月初十日，喀爾吉善奏摺錄副。

⑭　《軍機處檔》，2772箱，17包，2368號。乾隆十三年四月二十七日，喀爾吉善奏摺錄副。

⑮　《軍機處檔》，2772箱，15包，1992號。乾隆十三年三月初一日，新柱奏摺錄副。

⑯　《軍機處檔》，2772箱，15包，2081號。乾隆十三年二月二十二日，阿里袞奏摺錄副。

⑰　《清高宗純皇帝實錄》，卷三四六，頁14。乾隆十四年八月乙酉上諭。

⑱　《軍機處檔》，2772箱，22包，3142號。乾隆十三年八月初七日，喀爾吉善奏摺錄副。

⑲　《軍機處檔》，2772箱，23包，3337號。乾隆十三年十月初二日，閩浙總督喀爾吉善奏摺錄副。

⑳　後藤末雄著《乾隆帝傳》（日本，生活社出版，昭和十七年十月），頁116。是書將郭惠人誤解作高某。

㉑　羅光主編〈天主教在華傳搜史集〉，收錄於《道明會在中國傳教史》（台北，光啓出版社，民國五十六年一月），頁51。

㉒　《清高宗純皇帝實錄》，卷三二〇，頁12。乾隆十三年閏七月己未上諭。

㉓　《軍機處檔》，2740箱，46包，6453號。乾隆十六年正月十三日，兩廣總督陳大受奏摺錄副。

㉔　《清高宗純皇帝實錄》，卷四四〇，頁27。乾隆十八年元月六日己

亥上諭。

㉕　《宮中當》，第2725箱，25包，5266號。乾隆十八年十二月初四日，雅爾哈善奏摺。

㉖　《宮中當》，第2725箱，33包，7295號。乾隆十九年七月二十三日，閩浙總督喀爾吉善奏摺。署理閩浙總督事務雅爾哈善將馮文子訛寫作馮大千，是年閏四月初四日，高宗所降諭旨遂亦誤作馮大千，經福建按察使劉慥會同布政使德舒審明馮大千實係馮文子之訛。

㉗　方豪撰〈故宮博物院現存乾隆間天主教檔案〉，《天主教學術研究所學報》，第四期（民國六十一年十月），頁139。前文引林君陞奏摺，文中吳縣應作吳江縣。

㉘　《宮中當》，第2725箱，30包，6420號。乾隆十九年閏四月初八日，林君陞奏摺。是月初九日，江蘇巡撫莊有恭奏摺，劉瑪瑙作劉馬諾、李若賽作李若瑟。

㉙　《宮中當》，第2725箱，31包，6832號。乾隆十九年五月二十九日，兩江總督鄂容安、蘇州巡撫莊有恭奏摺。

㉚　《宮中當》，第2725箱，33包，7278號。乾隆十九年七月二十日，署兩廣總督楊應琚奏摺。

㉛　《清高宗純皇帝實錄》，卷四七一，頁17。乾隆十九年八月甲戌上諭。

㉜　《宮中當》，第2725箱，31包，6752號。乾隆十九年五月二十一日，四川總督黃廷桂等奏摺。

㉝　《宮中當》，第2728箱，101包，22554號。乾隆三十二年閏七月十三日，兩廣總督李侍堯、廣東巡撫王檢奏摺。

㉞　《宮中當》，第2728箱，101包，22577號。乾隆三十二年閏七月十九日，江西巡撫吳紹詩奏摺。

㉟　方豪著《故宮博物院現存乾隆間天主檔案》，頁15。天主教信徒吳

位三，誤作吳信三。

㊱　《宮中當》，第2728箱，107包，23958號。乾隆三十二年正月十八
　　日，兩廣總督李侍堯；《清高宗純皇帝實錄》，卷八○○，頁16。
　　乾隆三十二年十二日乙亥上諭。

㊲　《清高宗純皇帝實錄》，卷九○五，頁28。乾隆三十七年三月甲子
　　上諭。顧保鵠編《中國天主教史大事年表》，頁51。稱是年教案爲
　　「四川婺川教難」，案婺川縣在貴州省，不隸四川省。原摺見《軍
　　機處檔》，16720號。

㊳　《宮中當》，第2773箱，122包，28461號。乾隆三十九年三月二十
　　日，江西巡撫海成奏摺。

㊴　《宮中當》，第2715箱，165包，40457號。乾隆四十六年十二月二
　　十五日，署直隸總督英廉奏摺。

㊵　《宮中當》，第2715箱，167包，40832號。乾隆四十七年二月十二
　　日，直隸總督鄭大進奏摺。

㊶　《文獻叢編》，上冊，〈天主教流傳中國史料〉，頁1。此論係以
　　五百里寄出。《清高宗純皇帝實錄》，卷一二二一，頁3。亦載此
　　項廷寄，文意俱同，惟教犯劉志虞，《文獻叢編》作劉志唐。

㊷　《文獻叢編》，上冊，〈天主教流傳中國史料〉，頁8。

㊸　《上諭檔》（台北，國立故宮博物院）。乾隆五十年春季分，是年
　　二月二十日，大學士阿等字寄成都將軍保、四川總督李。

㊹　《上諭檔》。乾隆五十年夏季分，四月二十八日，軍機大臣奏呈西
　　洋教案物件清單。

㊺　《清高宗純皇帝實錄》，卷一二四○，頁14。乾隆五十年十月甲申
　　上諭。又日人杉村勇造著《乾隆皇帝》，頁20。謂各省拏獲之西洋
　　人計十八名，內六名卒於獄，餘十二名釋放，許其居留北京。

㊻　《宮中當》，第2774箱，197包，48696號。乾隆五十一年閏七月十

三日，陝西巡撫永保奏摺，詳列查抄陝西教案內杜興智、曾貴、劉西滿、劉多明我等犯家產數目。又同檔48732號，閏七月二十七日，江西巡撫何裕城奏摺，覆奏估變神甫艾球三之田畝房產價值。

㊼ 《乾隆帝傳》，結論，頁275。

㊽ Paul A. Cohen, "China and Christianity, The Missionary Movement and The Growth of Chinese Antiforeignism," 1860-1870. Harvard University Press. Cambridge, Massachusetts, 1963.

㊾ 呂實強著《中國官紳反教的原因（1860-1874）》，《中央研究院近代史研究所刊⒃》（台北，中央研究院近代史研究所，民國五十五年八月），頁6。

㊿ 《上諭檔》。乾隆五十年春季分，三月二十四日，大學士公阿等署兩廣總督孫。

(51) 《乾隆帝傳》，結論，頁283。

(52) 《宮中當》，第2774箱，203包，50436號。乾隆五十二年三月十七日，江西巡撫何裕成奏摺。

(53) 郭廷以撰〈近代西洋文化之輸入及其認識〉，《大陸雜誌史學叢書》，第一輯，第七冊，頁260，一文指出「康熙之後，中西文化之聯繫，竟爲中斷。」

(54) 中國近代史教學研討會主編《中國近代史》（台北，幼獅書店，民國五十六年十月），頁15。略謂禁教結果，從此中國人更不瞭解西洋各國，不瞭解西方科學，此即西學中斷導致之結果。

(55) 《宮中當》，第2769箱，135包，31716號。乾隆四十二年六月九日，明亮等奏摺。

(56) 《軍機處檔》，2713箱，13包，2629號。乾隆十七年十月初一日，兩廣總督阿里袞奏摺錄副。

(57) 《宮中當》，第2773箱，128包，29732號。乾隆三十九年九月初三

日，兩廣總督李侍堯奏摺。

㊺　《清高宗純皇帝實錄》，卷一四三五，頁12。乾隆五十八年八月己
　　卯，致英王敕諭。

㊾　郭廷以撰〈近代西洋文化之輸入及其認識〉，《大陸雜誌史學叢書》，第
　　一輯，第七冊，頁261。

清代義和拳源流考

一、前　言

　　近數十年以來，中外史家對中國史的研究，其方向已漸由上層社會的王公大臣轉移到下層社會的市井小民，惟就明清時期而言，下層社會的問題早已引起朝廷的注意。滿洲入關以後，秘密社會的活動，日趨積極，清廷屢頒禁令，制定律例，清初諸帝，對於取締秘密宗教及禁止異姓結盟，俱不遺餘力。秘密宗教是屬於多元性的信仰結構，教派林立，舉凡白蓮教、青蓮教、羅祖教、大乘教、無為教、混元教、青陽教、紅陽教、白陽教、長生教、三元教、收元教、先天教、八卦教、九宮教、老理會、天理教、榮華會、一炷香教、如意教、清茶門教、龍天門教、義和門教、大成教、儒理教、摸摸教、衣法教、牛八教、斗母教、緣明教、子孫教等等，名目繁多，不勝枚舉，其中或為白蓮教的本支，或為其餘裔別派，但亦有與白蓮教無關者，並非都由白蓮教轉化衍生而來，各教派因時空背景、生態環境及內部成員的差異，其宗教信仰的濃淡或迷信程度，彼此不同，並非所有教派都含有降神附體、吃符念咒及刀鎗不入的「邪術」。

　　佛教與道教盛行後，已成為公開的信仰，為社會各階層所接受，也得到朝廷的承認。秘密宗教依附民間的信仰而創生，並吸取儒釋道的思想而另立教派，以下層社會的群眾為基礎，聚眾傳教，朝廷恐其圖謀不軌，對統治政權構成威脅，且其教義並不以傳統觀念為取向，而視之為異端邪教，直省督撫等為杜亂源，多

奉行禁令，嚴加取締，各教派不能公開活動，只能在下層社會裡
滋生發展。因此，秘密宗教雖擁有群眾，但其宗教團體，並未得
到官方的承認，而成爲不合法的組織，正因各教派俱未得到官方
的認可，對官方而言就是一種秘密性質的宗教，在下層社會中卻
傳佈甚廣，因此，對下層社會而言，似不必強調其秘密性質。各
教派除具有宗教福利外，仍有其社會功能，或勸人焚香念經，祈
求消災邀福，或教人坐功運氣，以便卻病延年，或傳習拳棒功夫，
俾能防身自衛，並非各教派都假藉「邪術」煽惑「愚民」以從事
「反抗政府，奪取政權」的活動。

　　清季庚子事變後，義和團的問題，開始引起世人的注意，中
外學者對於義和拳的研究成果，頗值重視，但仍有一些問題尚待
商榷，例如義和拳的起源開始於何時？義和拳與梅花拳有何關係？
義和拳與義和門教的關係又如何？義和拳是否爲秘密宗教？嘉慶
年間的義和拳與光緒年間的義和拳是否雷同？義和拳如何演變而
來？其性質如何？這些問題，迄今仍聚訟紛紜，本文僅就現存清
代檔案，對上述問題，提出一些淺見，俾有助於清代秘密社會史
的研究。

二、義和拳的起源

　　義和拳究竟始於何時？起自何地？諸家說法不一。李希聖氏
撰「庚子國變記」一文謂「義和拳者，起自嘉慶時，有嚴禁，犯
者凌遲。」①路遙氏撰〈義和團運動初期鬥爭階段的幾個問題〉
一文中認爲「義和拳在乾嘉年間本爲離卦教系統」②。日本左原
篤介氏等輯《拳事雜記》探討義和團的起源時指出「義和拳之名
萌芽於乾隆年間，當時凡入其教者，均稱爲離宮頭殿眞人郜老爺
門下，所謂郜老爺者，係首先傳教之河南商邱縣人郜生文，已於

乾隆三十六年犯案正法。」③就現存檔案所見，義和拳的名稱是在乾隆年間始正式出現，惟其地點不在河南商邱。

　　乾隆四十三年（1778）十一月間，山西壺關縣民人張九錫供出山東冠縣地方有民人楊姓聚集多人，倡立「義和拳邪教」，邀請村人，每人出錢三、五百文，教學「邪拳」云云。山東巡撫國泰隨即選派員弁改裝前往冠縣察訪，並委按察使于易簡立即前赴冠縣督同東昌府知府胡德琳嚴拏首夥各犯。張九錫被押解過保定時，經審訊供出楊姓者，名叫四海，住居冠縣碗兒莊，離小灘鎮二十五里。國泰接准直隸總督周元理咨文後即轉飭于易簡等按照所供住址姓名捕拏。于易簡率同濟南府知府呂爾昌、東昌府知府胡德琳、撫標遊擊保倫等於十一月二十八日前往冠縣，將四鄉村莊煙戶底冊逐細翻查，並無碗兒莊，但有垛莊，俗名垛兒莊，查有楊治明一戶，離縣城二十五里。楊治明又名楊四海，于易簡等將楊四海及其子楊玉珩、楊玉常拏獲，搜查其住房，查出不全四書、詩經、易經、武經及賣酒肉賬目等，並未查出經咒邪術神像。據楊四海供稱：

> 現年六十四歲，本名楊治明，於四十一年捐納監生，因平素鄉鄰向監生借用物件，不甚作難，人以和氣呼爲四海，父親楊樹財，死過多年了，大兒子楊玉忠，年四十歲，十月內赴江西販磁器去了，二兒子楊玉珩，年三十六歲，在家做莊農，三兒子楊玉常，年二十七歲，是三十五年進的武生，家有地三項，開酒舖，並賣蠟燭，兒子從前宰過豬。父親在日，原會幾著拳，借此防夜，看守門戶，是有的。監生自小跟父親種地閒話教過我一著半著，我並沒有學，如今都記不得了。監生在家種莊稼，並不結交匪人，也不知什麼義和拳。監生祖遺原址一項多地，到監生手裡勤苦

　　過活，又做賣酒燭生意，所以又添了一項多地，實沒有聚
　　眾斂錢的事，那張九錫並元城縣的童姓，都不認得④。

由前引供詞可知楊樹財在日，確會拳腳功夫，但楊四海並未供出
義和拳名目。乾隆四十三年十二月初九日，清高宗於寄信上諭中
卻稱「楊四海之父既經會拳，其人必非安分之徒，或曾經招人學
習，以致有義和名色亦未可定，伊子亦斷無不隨同學習之理，所
供未必可信，恐係畏罪支飾。」因此，命軍機大臣寄信國泰提集
楊四海等嚴加確究，一方面傳諭欽差刑部侍郎胡季堂等即將原告
張九錫詳悉研訊，據張九錫供稱：

　　我所控義和拳邪教，因三十二、三年上，我在元城、冠縣
　　一帶做小買賣時，就聽得傳說元城、冠縣有人收徒教習拳
　　棒，名義和拳，那時我沒有在意，也不曾打聽他們姓名，
　　到三十九年十月間，我販城到元城縣小灘地方馬踠滋店內
　　住歇，與馬踠滋並他兒子及他侄孫馬惟芳說閒話，提及義
　　和拳的事，馬惟芳等說他們龍化莊有鄰居童國林向日教習
　　拳棒，自從王倫事後，官府查拿教習拳棒的人甚緊，如今
　　害怕也不敢收徒了，還說有瞿貫一也住龍化莊，是童國林
　　同學弟兄，也收徒弟，瞿貫一的子侄俱各考武，現在請的
　　是山東冠縣武生楊姓教學弓箭，那楊姓武生的父親名叫楊
　　四海，也是拳棒教師，都是義和拳教內的人，他們收徒教
　　習，每人給錢三、五百文不等，所教的拳，能百步打人。
　　十一月裡到冠縣賣城，聞得人說果有楊四海，住居垛兒莊，
　　收徒教拳，如今把拳教也歇手了，他的兒子果有個武生，
　　與馬惟芳們所說相同，今年我在京控告河工派料，並內黃
　　搶奪的事，呈內寫著有幾款甚大之過惡不敢跪報字樣，問
　　官向我追問，我就把義和拳供出，並說出童姓、楊姓為首

的話，那翟貫一忘記供指。至於楊四海、童國林、翟貫一，我並不認識，也沒到過他們家裡，馬畹滋已經死了，他兒子的名字記不得了是實⑤。

張九錫在乾隆三十二年（1767）已聽說義和拳收徒教習拳棒，欽差侍郎胡季堂等認為必須將楊四海所收門徒是何姓名？義和拳名色因何而起？是何解說？詳細指出，方足以詰究，故又再四細訊張九錫，據供稱：

> 他們所收徒弟姓名數目，實不能知，因何叫做義和拳名色？我當日沒有細問，也不知是義和？義合？想來是取義氣和合的意思，我先雖曾聽見有義和拳，卻不知是何人？這童國林等為首的名姓及斂錢聚眾的事，都是馬畹滋父子並馬惟芳向我說的，馬畹滋雖死，現有他兒子同馬惟芳可以查訊得的等語⑥。

「義和」或「義合」二字是取「義氣和合」之義，張九錫所供雖得自傳聞，但當時已出現義和拳則是事實。乾隆四十三年十二月十六日，山東巡撫國泰等馳赴冠縣，督同按察使于易簡等嚴訊楊四海及其子楊玉常，仍供稱楊樹財在日，原會拳棒，「不過防身」，並無收徒斂錢之事。欽差侍郎胡季堂等亦提訊張九錫，供出乾隆三十九年十一月間到冠縣販城，有同縣鄉親李第三在冠縣西門裡開張油舖，李第三曾向張九錫告知義和拳之事。李第三又名李之傑，國泰接到胡季堂移咨後即密傳李第三到案，據供稱：

> 三十九年冬間，張九錫販賣土城到伊舖內住歇兩天，那時冠縣知縣把楊四海拏去，伊往看熱鬧，聽說因會拳棒，回來告訴張九錫的，伊與楊四海不認識，平日也沒有聽見楊四海會拳棒教徒弟的事是實⑦。

國泰指出張九錫聽聞李第三告知義和拳之時，即係知縣拘拏楊四

海審訊之際，期日相符，所以張九錫所供聽聞楊四海會拳，其事並非無因，於是復密差幹練員弁四路暗訪，旋訪出冠縣人李鳳德、劉宗尼二名，俱係楊四海表姪，先後拘拏到案。李鳳德供出幼時曾向楊四海學拳，劉宗尼曾見楊四海比架勢。隨即提楊四海面加質訊，楊四海始不能抵賴，實係向其父楊樹財學會打拳，拳名叫做「紅拳」，並非義和拳名色，因開酒舖，久不習拳，又因查拏嚴緊，所以捐監遮掩。國泰旋又拘拏邱縣人楊士增到案審訊，供認曾向縣境社科村李八十學過兩著梅花拳。刑部侍郎胡季堂等再度提訊張九錫，據供稱：

> 這義和拳三字，係我從前在冠縣聽得人説王倫是義和拳，其實是義和？是義合？我原不知道的是實，至於冠縣楊四海因聞他家離元城不遠，他兒子又在翟貫一家教過弓箭，所以牽告在內⑧。

對照前引楊四海、楊士增、張九錫等人的供詞，可知楊樹財在日所教的拳名，稱爲「紅拳」，楊士增所習練的拳名，叫做「梅花拳」，王倫所傳授的拳名，就是「義和拳」。王倫是山東壽張縣人，傳習清水教，兄弟四人，王倫居長，其次爲王眞、王樸、王淑，乾隆三十九年（1774）八月間，王倫等率衆起事，襲壽張，破陽穀，陷堂邑，分趨臨清、東昌等州縣，壽張縣捐納吏目杜安邦曾被王倫黨掠去，於脫出後稟稱「王倫等實係白蓮邪教」⑨。山東巡撫徐績具摺時亦指出「此案實由壽張縣黨家佔人王倫爲首，倡立白蓮教名色，傳授咒語運氣，起意聚衆謀反。」⑩王倫平日敬奉眞武，稱天爲「無生父母」，素習煉氣拳棒，揚言將有四十五天劫數，即使神仙亦逃不過，唯有入道運氣不吃飯的人纔能避過劫數，天下開黃道者有七十二家，將由一家來收元，王倫是眞紫微星，就是收元之主。王倫平日替人治病，救人運氣，習練拳

棒。在各徒弟中凡習學煉氣不吃飯者稱爲「文徒弟」，其演習拳棒者則稱爲「武徒弟」，王倫所傳的拳腳功夫，據張九錫供稱係「義和拳」。王倫起事前曾封梵偉爲軍師，梵偉俗姓郭，自幼出家，在南台顯慶寺念佛，學會過陰。王倫又封王經隆爲正元帥，據王經隆供稱王倫所傳咒語，若遇對敵打仗時，口誦「千手攔萬手遮，青龍白虎來護著，求天天助，求地地靈，鎗礮不過火，何人敢當我」等語，就不怕鎗礮刀箭⑪。捐納吏目杜安邦亦稟稱「賊人常時前後混喊鎗礮不過火，及攻臨清之日，賊人跑回亂喊說此處出了能人了，遠見城上有穿紅的女人，城牆抹了黑狗血，破了法，鎗礮竟過火了。」軍機大臣曾將黑狗血一節訊問各教犯，據教犯李旺供稱「這是頭一次攻臨清西門的事，這一次，王貴在前，攻城時，城上施放鎗礮，王貴的眼被打瞎，跑轉回來，說是城上有女人破了法了。那時我也遠遠望見城上有兩個披著頭髮的女人，一個騎在城垛上溺尿，這一次我們的人被鎗打死的很多。」⑫又據教犯孟燦供稱「攻臨清時，聽見王倫說，城上有穿紅的女人，光著下身，抹著血溺尿，把我們的法破了。」鎗礮不過火，就是鎗礮不入，不怕刀箭，清水教藉刀鎗不入的「邪術」以迷惑徒衆，清軍亦以邪制邪，王倫終於兵敗自焚。秘密宗教各教派多有教習拳棒的活動，其目的在防身自衛，王倫傳習清水教，教人念誦咒語，教中又習練義和拳，山東巡撫國泰等以義和拳爲一種「邪教」。

三、梅花拳與義和拳的性質

從名稱而言，梅花拳與義和拳同樣是一種拳腳功夫的名稱，秘密宗教不僅傳習義和拳，亦傳習梅花拳，梅花拳名稱的由來，據山東巡撫張汝梅於光緒二十四年四月移咨總理衙門文稱：

> 光緒二十四年四月二十日，本部院行次曹州，接據東昌府

　　知府洪用舟稟稱：光緒二十四年四月初四日、初八等日接
　　奉排札，以訪聞冠縣與直省接壤之區，近有新立義民會名
　　目，傳單直隸、江蘇、河南各省勾結黨羽，欲與洋教爲難，
　　並承准總署電開欽奉諭旨，飭令豫爲之防（中略）。至新
　　立義民會名目，雖係傳訛，亦屬有因，蓋梅花拳本名義和
　　拳，直東交界各州縣地處邊疆，民強好武，平居多習爲拳
　　技，各保身家，守望相助，傳習既眾，流播遂遠，豫、晉、
　　江蘇等省亦即轉相傳授，聲氣廣通，歷年春二三月民間立
　　有買賣會場，習拳之輩，亦每趁會期傳單聚會，比較技勇，
　　名曰「亮拳」，鄉間遂目爲梅花拳會。上年梨園屯民教構
　　釁，牽涉梅拳。本年正二月間，謠言來有洋兵，梅拳遂又
　　醞集，以致遠近驚惶，民教震恐，當經卑府傳到拳首趙三
　　多剴切開導，曉以利害，即將梅拳解散，並令再傳單聚會，
　　自羅法網。自是以後，各路拳民間或聚會亮拳，遂諱言梅
　　拳，仍舊立義和名目，道路傳聞異詞，即因義和之名，訛
　　爲義民會⑬。

山東巡撫張汝梅認爲習拳的人於春間梅花開放時亮拳，因此鄉民
稱之爲梅花拳，但梅花拳的原意似因其拳式或拳法而得名，非因
亮拳季節而命名。張汝梅又指出「梅花拳本名義和拳」，其後因
民教震恐，「諱言梅拳，仍舊立義和名目。」光緒二十五年（
1899）八月，李牧奉命密查直隸、山東拳民問題，據稟稱「運
河以北，人多習拳，新立義民會，舊名義和團，改名梅花拳。」
⑭戴玄之教授亦謂「義和團之源流，是由梅花拳演變而來，梅花
拳是由義和拳演變而來。」⑮路遙氏採信張汝梅的說法云「一八
九八年冠、威、邱等地，以趙三多爲首的這支梅花拳改名爲義和
拳，這是義和拳運動時期最早出現的義和拳名稱，它是屬於乾卦

的。」⑯惟乾嘉年間義和拳已奉嚴旨查禁，各教派多諱言義和拳，梅花拳既因民教震恐欲蔽官方耳目，何以又「仍舊立義和名目」，以引起官方的注意？而且梅花拳與義和拳的拳法招式是否相同，亦待查考，因此，張汝梅的說法，仍待商榷。就現存檔案而言，梅花拳與義和拳同為秘密宗教各教派所傳習，梅花拳的出現不一定晚於義和拳，乾隆年間已查獲梅花拳及義和拳，彼此之間，不必認為是一脈相承的發展，梅花拳是由義和拳演變而來的說法，似乎同樣尚待商榷。嘉慶年間，梅花拳與義和拳的名稱同樣存在，例如嘉慶十九年（1814）十一月間，山東臨清州人劉四即劉五訓，又名劉洛吉，素習梅花拳，劉四及其子劉九思被拏獲，解赴省城，劉四旋即病故⑰。由此可知梅花拳與義和拳，並非同一種拳法，彼此之間，似無直接關係。

　　義和拳，又作義合拳，除清水教傳習義和拳外，其他教派亦有傳習義和拳者，例如老天門教傳習的拳腳，稱為義合拳，嘉慶二十年（1815），直隸拏獲教犯葛立業，據供稱：

> 小的年五十二歲，係故城縣青罕莊人，父母早故，並無伯叔兄弟妻子，也沒房產，向推小車度日，葛文治是小的族叔祖，在景州居住，他是老天門教劉坤的武門徒弟，傳習義和拳腳，十八年七月內，葛文治到青罕莊招小的為徒，即在伊徒馬十家拜葛文治為師，教小的念真空家鄉無生父母八字真言，每日早上向東，午時向南，下晚向西，朝太陽磕頭，叫小的勾引年輕有錢的人入教習拳。馬十收現在山東恩縣充當壯頭之李義兒為徒，學習拳棒，小的因窮苦沒人聽信，未曾招得，到八月十五日，葛文治有信叫小的去，告訴小的說河南滑縣白蓮教造反了，我們都是一家人，給小的白布斜角小旗一面，上寫「奉天開道」四字，又教

　　小的「得勝」二字口號，約會白蓮教們反來時就拏白旗到
宋躍隴家相幫，若有人查問口號說「得勝」二字，就認成
一家，可免殺害，小的當時應允，到九月內官兵勤辦反賊，
葛文治被山東拏獲究辦，小的聽聞畏懼，就將白旗燒燬，
逃至故城縣孫禿子家藏匿，隨後又逃往各處推門討喫，不
敢回家，並沒一定住址，也沒知情容留的人，今被拏獲，
　　不敢狡賴，小的實沒到滑縣助逆，也不知道各逆犯下落⑱。
老天門教與白蓮教互通聲氣，「都是一家人」，學習義合拳的也
是武門徒弟。天理教亦傳習義合拳，嘉慶七年（1803），山東
德州人王進忠曾拜董立本為師，入天理教，每日學習拳棒。嘉慶
二十一年（1816）四月，王進忠供稱：

　　我係山東德州人，年四十二歲，我父親早故，跟我母親張
氏同兄弟王世烈、王世鷔在本州城內二郎廟地方居住，從
前跟官，如今閒著，我記不得年分，有冠縣民人任四係逆
犯林清的師弟，恩縣民人馮彥係逆犯王倫手下人李翠的徒
弟，與直隸故城縣民人曹貴等到德州邀同糧道衙門糧書劉
西園、德州衛書吏焦梅占在本州地方設立天理教，引誘本
州快役馮義、田明、得生、魁武、郭有旺、羅秀生，並民
人穆秀等每日在劉西園家學習義合拳棒，運氣念咒，念的
是「秉聖如來、接聖如來係離卦奉上命所委高陳楊靳任李
弟子一代前人所為萬事萬應理到就行」等言句。至嘉慶七
年間，有教中人董立本叫我入教，我問他有什麼好處？他
說自有好處，我也入他們的教，就拜董立本為師，每日學
習拳棒念咒，我們時常聚會。至十八年九月，教匪滋事以
後，我們就不敢時常聚會，每年春秋二季，教頭任四到本
州向教中人斂錢預備公用，那時我不知底細，沒有出首。

自十八年九月教徒滋事，我恐任四等也要滋事，將我連累，我原要赴本省首告，因他們勢力甚大，所以沒有出首。本年四月初九日，在家內寫了教中人的名單一紙來京，要將他們首告。十八日，我走至成府地方，官人將我盤獲的，我母親兄弟並無入教的事，至我所首告的邪教人犯內，惟任四、馮彥、劉西園、曹貴、焦梅占五人，俱係最要的大頭目是實⑲。

天理教除教人運氣念咒外，亦傳習義合拳。據王進忠弟王進孝指出劉西園所教義合拳，又名六儻拳。「儻」以即「趟」的同音字，意即招數番次，六儻拳猶如六趟拳或六番拳。山東冠縣所查獲的「八番拳」其性質與六儻拳相近，嘉慶二十年（1815）五月初七日，冠縣知縣黃湘寧帶同丁役拏獲赴小屯集趕集的教犯郭洛雲，據供稱：

> 冠縣西河口人，年三十九歲，嘉慶二、三年間，向冠縣甘集人張洛焦學習金鐘罩，又向邱縣辛店人尚際亭學習八番拳。尚際亭故後，又向邱縣丙家莊人馮世禮學習鎗棍刀法。八年間，我到臨清州趕廟會，合素識的臨清州人劉洛常會遇，見他同了兩箇人在茶舖裡吃茶，當向詢問，一名劉玉瓏，是饒陽縣支窩村人，向做鑿磨生理。一名尚洛載，是深州代疃人，向來縫皮，說起都會拳棒，因此，講成相好，劉玉瓏、尚洛載邀我到他們家去教金鐘罩，應允走散。那年九月裡，我找到深州地方與劉玉瓏撞遇，邀我到尚洛載家裡，他們兩人向我學金鐘罩，劉玉瓏已經學會，尚洛載並未學會。十六年四月，劉玉瓏到我家裡，說起他會坐功運氣，能出元神，知過去未來的事，跟他學習的人甚多，叫我也跟他學習，我就應允，劉玉瓏燒香，我向上磕頭，

劉玉瓏叫念訣，是「道由心學心向家，傳香焚玉爐心存，
帝前仙佩臨軒靈，陳官告竟達九天。」還念「真空家鄉，
無生父母，現在如來，我祖速至」四句，又教我打坐運氣。
我問他的師父是誰？他說是饒陽人朱玉，並沒說出住何村
莊劉玉瓏說這教名爲如意門，見人稱爲「在裡」二字就知
是同教。他徒弟共有多少？是何名姓？並沒向我告訴，就
說每月每人送他小禮錢三十文，每季送他大禮錢二百文（
下略）⑳。

郭洛雲分別拜師學習金鐘罩、八番拳，然後學習如意門教。嘉慶
二十一年（1816）二月間，在山東樂陵縣屬小宋家莊拏獲劉玉
隆，饒陽縣人，當即郭洛雲所供劉玉瓏，據供曾拜大新莊陳茂林
爲師，學會拳棒、金鐘罩，嘉慶十八年（1813）九月間，由饒
陽縣逃至山東樂陵縣屬張五才莊，改名劉汝榮，在莊民呂亭家長
住，賣演八卦拳，繪畫老虎賣錢度日㉑。乾嘉年間，因取締秘密
宗教，先後查出紅拳、義和拳、義合拳、梅花拳、六償拳、八番
拳、八卦拳等，主要爲山東、直隸一帶各教派所傳習，此外一般
鄉民亦有習拳防身者，因官方查禁各名目的拳腳功夫，以致民間
防身自衛的拳棒活動也同時遭受禁止。各教派傳習的拳法，並不
限於義和拳、梅花拳，而且就官方查獲的各種拳法，亦非「同爲
離卦之分支」，各教派所傳習的拳法，彼此之間，似非同一宗派
或分支。

四、義和拳與義和門教

乾嘉年間，白蓮教及其他秘密教派雖傳習義和拳，但義和拳
在本質上並非「邪教」。嘉慶年間所破獲的秘密宗教，名目繁多，
其中義和門教就是一種秘密宗教。義和門教與義和拳，在名稱上

雖雷同，但義和門教是否因傳習義和拳而得名？仍缺乏直接史料。
就嘉慶年間而言，義和拳與義和門教，仍不可混爲一談。嘉慶二
十年（1815）五月，直隸拏獲傳習義和門教的教犯葉富明等人，
經審明定擬：

> 葉富明籍隸青縣，種地度日，與季八素相交好，葉富明之
> 父葉長青在日，係習祖傳老君門離卦教，又名義和門，每
> 日在家三次朝太陽，燒香磕頭，誦念無字眞經歌訣，練習
> 打坐運氣工夫，並與人按摩治病，並未傳徒，亦無不法經
> 卷圖像，葉富明旋亦入教，嘉慶九年十一月內，葉長青病
> 故，葉富明仍習其教，並不與人治病，至十二年間，葉富
> 明傳教與季八，此外並無另有匪人來往，亦無別有徒眾。
> 迨後季八轉傳滄州人湯四九，嗣湯四九因鼻不透氣，難練
> 坐功，遂爾中止㉒。

直隸滄州地方，除湯四九外，岳輔等亦拜季八爲師，入義和門教，
學習坐功運氣，嘉慶十八年（1813）十一月內，岳輔等被滄州
知州莊詠查拏。青縣人吳永滿無服族姪吳久治祖傳義和門離卦教，
嘉慶十四年（1809），吳久治勸令吳永滿拜從爲師入教，學習
坐功運氣，及好話歌詞，吳永滿旋又收同縣人尤明爲徒。嘉慶二
十年（1815）十一月間，吳永滿、尤明等被拏獲，直隸總督那
彥成繕摺具奏，略謂：

> 直省傳習邪教源流，惟臣與盛泰少知梗概，今欽奉諭旨，
> 謹據臣等所知略爲陳敘。查當日據獲到教匪各供滑縣鬧事
> 之人，俱係震卦教，凡有在教者，均稱爲東方震宮王老爺
> 門下，其王老爺係首先傳教之山東荷澤縣人王中，已於乾
> 隆三十七年犯案正法：林清徒黨多係坎卦教，凡有在教者，
> 均稱爲北方元上坎宮孔老爺門下，其孔老爺係首先傳教之

山東寧陽縣人孔萬林，亦已於王中案内正法；至大乘教、
金丹八卦教、義和門、如意門等教，凡有在教者，均稱爲
南方離宮頭殿眞人郜老爺門下，其郜老爺係首先傳教之河
南商邱縣人郜生文，已於乾隆三十六年犯案正法㉓。

離宮即離卦教，義和門教屬於離卦的系統，那彥成所述，與葉富
明的供詞，彼此相合，葉富明傳習的老君門離卦教，就是義和門
教。直隸故城縣葛文治傳習的是老天門教，教中習練義合拳，但
老君門教與教天門教是兩個教派，老君門教雖又名義和門教，但
是否習練義和拳？因缺乏直接史料，尙難論斷。嘉慶二十年十一
月初三日，那彥成具奏時，卻於摺中稱「故城縣葛立業傳習義和
門拳棒。」竟將義和拳與義和門教混爲一談，而稱之爲「義和門
拳」，義和拳與義和門教遂被視爲同一種組織的秘密教派，後世
不查其原委，俱沿襲那彥成的說法。那彥成原奏云：

> 查愚民私相傳習邪教，一時原難稽查，是在地方官時刻留
> 心，於曾犯數案之犯，曾經習教之家，不動聲色，嚴密稽
> 查，務使不驚不擾，隨案究其源流，庶可斷其傳習，臣仰
> 荷皇上昇以畿輔重任，秉承指示，夙夜實力整飭，不敢稍
> 存疏懈，斷不肯令邪慝復明，釀成巨案，除陸續拏獲滑縣
> 潛逃從逆各犯，並林清案内應行緣坐餘黨不敘外，其離卦
> 一教仍未改悔之案，如所獲安平縣傳習離卦教之楊俊等究
> 出首先傳教吳二瓦罐之子仍稱少當家之吳洛雲，並其徒大
> 頭四路運等一案，交河縣傳習一炷香離卦教之齊聞章等搜
> 出違背十王經卷一案，滄州吳久治、路老等傳習佛門教一
> 案，青縣季八、葉幅明等傳習義和門教一案，又青縣邊二
> 從習白陽教，預知逆情一案，景州葛錫華等從習離卦教，
> 預知逆情一案，祁州邢士魁等傳習如意教，搜獲妄造表名

掛號總冊一案，故城縣葛立業傳習義和門拳棒，預知逆情
一案，均經訊明，教名雖別，俱係離卦教之子孫徒黨，逐
起奏明，分別凌遲斬遺在案㉔。

葉幅明即葉富明，傳習「老君門離卦教」，又名義和門教，葛立
業所傳為「老天門教」，教中習練「義合拳腳」，並非義和門教，
那彥成將老天門教列入八卦教中的離卦教系統內，又將義合拳與
義和門教合而為一，於是出現了「義和門拳棒」，義和拳遂成為
「離卦教之子孫徒黨」了。

　　羅惇融氏撰〈拳變餘聞〉一文謂「義和拳源於八卦教，起於
山東堂邑縣，舊名『義和會』。」又謂「天津、北京，拳匪本分
二系，皆出於『義和會』，其後皆稱『義和團』。」㉕「教」與
「會」有時是通用的，例如老理會、榮華會等都是秘密宗教，惟
就現存檔案而言，查無「義和會」的名稱，文中「義和會」，當
係「義和門」之訛。光緒二十五年（1899）九月，吳橋縣知縣
勞乃宣氏輯〈義和拳教門源流考〉一編，刊印成冊，頒示士民。
勞氏認為「義和拳一教為白蓮教之支統，其源出於八卦教之離卦
教。」㉖又謂「按義和拳一門，乃白蓮教之支流，其教以練習拳
棒為由，託言神靈附體，講道教拳，詭稱念誦咒語，能禦槍礮，
有祖師及大師兄、二師兄等名目，其為邪教，形跡顯然。」㉗勞
氏採信了那彥成的說法，認為義和拳就是白蓮教的支流，源出離
卦教。戴玄之教授著《義和團研究》一書已指出「嘉慶年間的『
義和拳』、『義和門離卦教』，與光緒年間的『義和拳』是否同
源？又是問題。」㉘探討義和團的源流，似乎不宜單從名稱的演
變加以解釋，庚子事變時期的義和團，其性質及內容，均極複雜，
追溯義和團的起源時，義和門也是不可忽視的教派，與其說義和
團是由義和拳、梅花拳輾轉演變而來，不如說是由義和門拳而得

名。光緒二十六年（1900）四月，山東巡撫袁世凱於「奏覆拳
民私團官練」一摺略謂：

> 伏查義和拳即離卦教中所稱之義和門，與白蓮教同出一源，
> 止有拳會之名，本無鄉團之目。嘉慶年間，黨徒甚熾，原
> 任直隸督臣那彥成欽奉仁宗睿皇帝諭旨，查禁捕治，懲之
> 甚嚴，當時亦辦之甚晰，此風漸戢，相去日久，官吏安於
> 無事，防範稍疏，餘孽復萌，浸滋浸長，至上年遂復公然
> 傳習，入其教者，雖名為習拳練技，實乃演誦符咒，詭稱
> 神靈附體，舞槍操棒，形類瘋癲。其附體則託以王禪、楊
> 戩、武松、黃飛虎、羅吒諸名號，其魁桀則加以老祖師、
> 大師兄、二師兄諸稱謂，分設拳廠，引誘游手少年，嘯聚
> 其中，入廠者，並須輸貲，又以輸貲之多寡，入廠之先後，
> 定其名稱之尊卑。如欲赴某村訛搶，則分送傳單，先期徵
> 召，迨齊集後，逐一吞符誦咒，焚香降神，雜遝跳舞，為
> 首者指揮部署，附會神話，以誑其眾，至臨陣對敵，各插
> 一小黃旗，又以紅黃巾帶裹頭束腰，胸際佩黃紙符，其頭
> 目手執黃旗，或身著黃袍，背負神像，其徒眾分持槍刀，
> 及鳥槍抬礮，群向東南叩頭，喃喃作法，起而赴門，自謂
> 無前，會中簿冊，以紅布為之分別，登載有總辦統領、打
> 探巡營、前敵催陣及分編哨隊各名目，其充總辦統領者，
> 皆險鷙教師，充前敵催陣者，皆兇橫匪類，騎馬當先，往
> 來督戰，其名隸哨隊者，皆丁壯少年，或有入其會而不肯
> 附從為匪者，即焚掠其家，割其兩耳，甚至置諸死地，部
> 勒頗嚴，多有十四、五歲幼童始被其煽誘，繼為其脅從者
> （下略）㉔。

義和門是一種秘密宗教，義和團的宗教迷信成分亦極濃厚，袁世

凱在原摺中指出「拳會與鄉團不同類」，認為義和拳並非鄉團。
光緒二十年（1900）二月十五日，總理衙門將嚴禁義和拳經過，
分別照會各國駐京公使，並抄送署理山東巡撫所編〈勸諭百姓各
安本分勿立邪會歌〉，其歌詞如下：

朝廷愛百姓，百姓尊朝廷，上下相維繫，地義與天經，山
左禮義邦，鄒魯古風存，庠校崇正學，民俗歸樸醇，紳耆
資董率，邪說詎掀騰，陸程接江皖，瀛海通析津，遊匪日
充斥，異術遂爭鳴，昔傳白蓮教，並有義和門，蔓延各州
郡，黨羽日縱橫，縱橫釀巨禍，芟夷斷葛藤，相去數十年，
舊事重翻新，義和名未改，拳會禍更深，神拳與紅拳，名
目亦相仍，惟有大刀會，門戶顯區分，其實皆邪術，妖妄
不足憑，傳貼聚徒眾，飛符召鬼神，言能避槍炮，又可禦
刀兵，血肉薄金石，析理殊未真，大抵奸黠輩，立會歛錢
銀，外匪乘機入，久輒滋亂萌，前鑑尚云遠，近事已堪徵，
二十二年夏，刀會索然興，袞沂連淮泗，處處叢荊榛，匪
首劉士端，妖術冠等倫，更有曹得禮，會中迭主盟，黨徒
咸敬服，奉之如神明，一朝被弋獲，延頸就官刑，迨後拳
會起，頭目更紛紛，一名于清水，一名朱紅燈，勾同楊照
順，妖僧即心誠，分股糾黨羽，千百竟成群，先只搶洋教，
後並搶民人，先只拒團練，後並拒官軍，焚殺連市村，擄
掠到雞豚，星星火不滅，燎原勢將成，三犯次第獲，梟首
縣茌平，格斃徐大香，槍子透胸襟，並斃諸悍匪，屍骸棄
郊坰，既云有符咒，何以失厥靈，既能避槍炮，何以損厥
身，可見騰邪說，祇是惑愚氓，愚氓被蠱惑，欲罷竟不能，
本院初蒞此，聞之憫於心，未肯用刀兵，玉石恐俱焚，緝
捕歸州縣，保衛責防營，再三申禁令，劗諭各莊村，刀會

須止絕，拳會須封停，脅從須解散，首要須殲擒，莊長具切結，容隱坐知情，未及三閱月，獲犯數十名，派員細推鞫，得情猶哀矜，罪案分輕重，大戎而小懲，但期真改悔，何忍過苛繩，朝廷愛百姓，聖訓仍諄諄，怨爾蹈故輒，導爾出迷津，慮爾傷身命，戒爾睦鄉鄰，詔書真寬大，讀之當涕零，執迷終不悟，何以答帝閽，我朝恩澤厚，為爾敬數陳，地畝不增賦，人口不加丁，差徭不添派，工役不繁增，黃河趨東海，大工重水衡，籌撥修防費，何止億萬金，偏災偶入告，丁糧輒緩征，截漕資賑濟，發帑救湮淪，天恩厚若此，圖報當感恩，本院撫此土，敬顧廣皇仁，嫉惡如所仇，好善如所親，但論曲與直，不分教與民，民教皆赤子，無不親拊循，爾輩同鄉里，還須免忿爭，忿爭何所利，讎怨苦相尋，傳教載條約，保護有明文，彼此無偏倚，諭旨當敬遵，遵旨劉切諭，俾爾咸知聞，爾亦有父母，爾亦有弟昆，工商爾可作，田園爾可耕，各人安本分，里社豐樂亨，何苦信邪說，受累到而今，出示已多次，昏迷應早醒，再如墮昏迷，法網爾自攖，首領懼不保，家業將盡傾，父母老淚枯，兄弟哭失聲，作孽自己受，全家共難辛，捫心清夜思，夢云驚不驚，從此早回頭，還可出火坑，倘能獲匪首，捉拏解公庭，並可領賞犒，趁此立功勛，聖朝明賞罰，雨露即雷庭，本院恤民隱，勸諭亦殷殷，殷殷再三告，爾等其敬聽，都是好百姓，當知遵朝廷㉚。

前引歌詞指出義和門與白蓮教，俱為邪教，義和拳、神拳、紅拳的名目，亦相仍未改，揚言能飛符召鬼神，刀槍不入，聚集徒眾，大刀會起事後，義和拳的勢力更加龐大。由於列強的侵略日甚一日，國民生計日益艱難，社會上的游離分子與日俱增，於是在民

教衝突的導火線下終於出現了大規模的排外群眾運動。羅惇融氏撰〈拳變餘聞〉一文謂：

> 毓賢以山東曹州府知府至藩司，繼李秉衡爲巡撫，山東大刀會仇視西教，毓賢獎借之，匪首朱紅燈倡亂，以滅教爲名，毓賢命濟南府盧昌詒查辦，匪擊殺官兵數十人，自稱「義和拳」，建保清滅洋旗，掠教民數十家，毓賢庇之，出示改爲「義和團」，匪樹毓字黃旗，掠教民，焚教堂，教士屢函乞申理，總署保護，毓賢均置不問，匪勢愈熾㉛。

大刀會與義和門或義和拳，在庚子年以前已經存在，並非同一組織，但當義和團的名稱出現以後，下層社會的群眾，包括大刀會、紅拳、神拳、義和拳和義和門等各教派在強烈排外情緒的激勵下，接踵加入了義和團的行列，其勢愈熾。

五、結　語

　　明清時期，由於社會經濟的變動，人口壓迫的現象日趨明顯，下層社會的問題，更加嚴重，其中秘密宗教與秘密會黨的活動，在性質上都是屬於一種群眾運動，各教派或各會黨源遠流長，其初起時，力量微不足道，其行動亦往往被人忽視，時日長久後，勢力日益龐大，終於醱成巨案，形成澎湃的群眾運動，對傳統社會及統治政權構成了嚴重的威脅，也形成了極大的破壞作用。近代中國的社會變動，實非一朝一夕的結果，涓涓不塞，終成江河。其中義和拳的源流，正是不可忽視的一股力量，其起源問題實在不宜忽視。就乾隆年間而言，義和拳僅是一種拳腳功夫的名稱，它與紅拳、梅花拳性質相同，不限於秘密宗教傳習演練，鄉間百姓亦有習練者，其後義和拳漸漸成爲習練義和拳的一群人或團體的同義語，其宗旨不外是防身自衛而已，傳習義和拳者實不限於

白蓮教，但因白蓮教傳習義和拳，地方大吏遂將義和拳視同邪教，嚴加取締。嘉慶年間，由於破獲義和門邪教，義和拳與義和門教因其名目雷同，而被人混為一談，義和門是邪教，義和拳也成了邪教，於是習練義和拳的人群與傳習秘密宗教的教派，被視為一體，而稱之為義和門拳，或簡稱義和拳，義和拳遂正式成為一種秘密宗教的教派名稱。

　　鹿完天氏撰〈庚子北京事變紀略〉文中附錄「義和拳倡亂原由論」，略謂：

　　　義和拳倡亂，人謂肇自康、梁、剛毅、毓賢等，而僕曰，不然。推其由來，實有一大故焉，蓋中土人心，不明天道，不知眞理，不諳鬼神，不識禍福，素為歷代禪官野史異端邪說所迷惑，民智不開，民心多虛，甚至士林宦達，率多昧昧從事，恆乞憐於魑魅魍魎，妄邀福祿，此今日義和拳所由起也㉜。

所謂「中土人心，不明天道，不知眞理，不知鬼神」云云，非客觀之論，惟下層社會由於「民智不開，妄邀福祿」，以致秘密宗教芟而復生，則頗值注意。

　　共同的信仰與利益是維繫秘密社會的中心力量，秘密宗教，教派林立，名目繁多，彼此各不相統屬，但由於各教派的教義相近，具有共同的思想，其成員主要為下層社會各行業為生計所迫的群眾，凡入教者，享有多項宗教福利，當任何一個教派聚眾起事後，各教派由於「都是一家人」，而同時並起。「義和」的本義就是「義氣和合」或「義氣相尙」，自乾嘉年間以來，山東、直隸所屬各州縣對義和拳或義和門久已成為家喻戶曉的名稱，標舉義和拳或義和團都同樣具有極大的號召力量，最容易喚起下層社會的共鳴。庚子事變時期的義和團就是包括習練紅拳、梅花拳、

神拳、義和拳的拳民及大刀會、義和門等各教派的群衆，是下層
社會各種組織的混合體，於是紅拳、梅花拳、神拳、義和拳、大
刀會、義和門教等一方面可以說是義和團的主要成員，另一方面
也被認爲是義和團的前身或別名。有清一代，歷朝君主取締秘密
宗教不遺餘力，義和拳改爲義和團後，義和團遂成爲官方承認的
合法團體，更助長了其聲勢。李劍農氏著《中國近百年政治史》
一書謂「因法國公使的責問，乃召毓賢入京，命袁世凱爲山東巡
撫，袁世凱力勸，把朱紅燈捕獲殺了，山東的拳黨就轉入直隸去
了。」㉝據稱袁世凱採「暗施壓力，明不言勸」策略，頗具成效，拳
民無法在山東活動，乃轉向直隸發展㉞。拳民入京，固然是由於
拳民在山東無法立足，但自嘉慶年間以來，直隸地方義和拳及義
和門的勢力已極龐大，當山東義和拳改爲義和團後，直隸地方的
拳會亦接踵蠭起，袁世凱勸辦山東拳會後，拳民蔓延日廣，近代
中國的憂患逼出了義和團，由於義和團的排外運動釀成八國聯軍
之役而更加深了中國的憂患。

【註　釋】

① 李希聖氏撰〈庚子變記〉，《義和團文獻彙編》（台北，鼎文書局，
　　民國六十二年九月）㈠，頁11。

② 路遙撰〈義和團運動初期鬥爭階段的幾個問題〉，《中國近代史論
　　文集》（台北，中華書局），下冊，頁676。

③ 佐原篤介、浙東漚隱同輯〈拳事雜記〉，《義和團文獻彙編》㈠，
　　頁237。

④ 《軍機處檔・月摺包》，第2764箱，103包，21914號。乾隆四十三
　　年十二月初五日，國泰奏摺錄副。

⑤ 《軍機處檔・月摺包》，第2764箱，103包，22154號。乾隆四十三

年十二月二十日，胡季堂等奏摺錄副。

⑥　同註⑤。

⑦　《軍機處檔・月摺包》，第2764箱，104包，22341號。乾隆四十三年十二月二十七日，國泰奏摺錄副。

⑧　《軍機處檔・月摺包》，第2764箱，104包，22384號。乾隆四十四年正月初五日，胡季堂奏摺錄副。

⑨　《清高宗純皇帝實錄》（台北，臺灣華文書局），卷九六八，頁。乾隆三十九年十月辛巳朔，上諭。

⑩　《東案檔》（台北，國立故宮博物院），上冊，頁83。乾隆三十九年九月十二日，寄信上諭。

⑪　《東案口供檔》，頁2。乾隆三十九年，王經隆供詞。

⑫　《東案口供檔》，頁5。李旺供詞。

⑬　戴玄之〈冠縣犁屯教案〉，《義和團研究》（台北，文海出版社，民國五十六年十一月），頁9。

⑭　〈拳案雜存〉，《拳案三種》（台北，台聯國風出版社，民國五十九年九月），卷中，頁10。

⑮　《義和團研究》，頁9。

⑯　《中國近代史論文集》，下冊，頁677。

⑰　《宮中檔》，第2723箱，91包，16934號。嘉慶十九年十一月十八日，陳預奏摺。

⑱　章佳容安輯《那文毅公初任直隸總督奏議》，卷三八，頁73。嘉慶二十年九月初三日，奏為拏解葛立業摺。

⑲　《軍機處檔・月摺包》，第2751箱，1包，47235號。嘉慶二十一年四月二十三日，英和奏摺錄副。

⑳　《那文毅公初任直隸總督奏議》，卷四〇，頁3。嘉慶二十年五月二十五日，拏獲郭洛雲審明事。

㉑　《那文毅公初任直隸總督奏議》，卷四〇，頁31。

㉒　《宮中檔》，第2723箱，97包，18583號。嘉慶二十年五月初七日，那彥成奏摺。

㉓　《那文毅公初任直隸總督奏議》，卷四二，頁7。嘉慶二十年十一月初三日，奏為查拏教犯摺。

㉔　《那文毅公初任直隸總督奏議》，卷四二，頁9。

㉕　羅惇融撰〈拳變餘聞〉，《中國近百年史資料》（台北，中華書局，民國五十五年六月），頁538。

㉖　〈拳案雜存〉，卷中，頁6。

㉗　勞乃宣輯〈義和拳教門源流考〉，《義和團文獻彙編》㈣，頁438。

㉘　《義和團研究》，頁3。

㉙　《袁世凱奏摺專輯》㈠，（台北，國立故宮博物院，民國五十年十月），頁46。

㉚　英國倫敦公共文書館（Public Record Office）藏清廷教會，FO 230, NO 144.

㉛　《中國近百年史資料》，頁547。

㉜　鹿完天撰〈庚子北京事變紀略〉，《義和團文獻彙編》㈡，頁433。

㉝　李劍農著《中國近百年政治史》（台北，台灣商務印書館，民國五十四年十月），上冊，頁202。

㉞　中國近代史教學研討會主編《中國近代史》（台北，幼獅書店，民國五十六年十月），頁279。

奏為荼獲沿習祖傳老君門教之犯審明定擬恭
摺具奏仰祈

聖鑒事竊據青縣荼獲習教傳徒之李八即李文升
一犯前經提省審訊係同縣人葉富明傳授將
李八擬遣咨明刑部核結一面飭緝葉富明去
後嗣據青縣荼獲解省飭訊葉富明供詞狡展
提同李八質審仍不承認李八供出伊徒滄州
人湯四九亦知葉富明傳授伊教隨行提來省
委據保定府知府阿霖審明定擬由桌司盛泰
審解前來奴才親提研鞫緣葉富明籍隸青縣
種地度日與李八素相交好葉富明之父葉長

青在日係習祖傳老君門離卦教又名義和門
每日在家三次朝太陽燒香磕頭誦念無字真
經歌訣練習打坐運氣工夫並與人按摩治病

真隸總督奴才那彥成跪

《宮中檔》那彥成奏摺（局部）

清代臺灣土地開發與族群衝突

一、前　言

移墾社會的形成及其發展，與人口流動有著密切的關係。在清代人口流動現象中，福建和廣東就是最突出的兩個省分，其人口流動方向，除了向海外移殖南洋等地外，主要是向土曠人稀開發中的鄰近邊區流動。臺灣與閩粵內地，一衣帶水，土曠人稀，是開發中的邊疆地區，可以容納內地的過剩人口。明末清初以來，閩粵民人渡臺覓食者，接踵而至，生聚日眾。清廷領有臺灣後，臺灣土地制度發生了重大的變化，鄭氏時代的官田、屯田等名目，都被廢除，准許私人開墾，並佔有土地，同時致力於撫番工作，生界原住民歸化的番社，與日俱增。但清廷對原住民的治理政策，不同於雲貴等地區的苗疆。清初以來，在苗疆改土歸流，雷厲風行，廢除土司，准許漢人進入苗疆墾荒。但清廷在臺灣依舊維持番社的體制，並未進行類似苗疆改土歸流的措施。清廷一方面獎勵墾荒，准許私人開墾，併佔有土地，一方面禁止內地移民越界墾荒。閩粵移民渡海來臺後，紛紛爭墾番界，或租地耕種，或任意侵佔，而掀起了墾荒高潮。有清一代，臺灣社會經濟的變遷，最引人矚目的就是流寓人口的急遽增加，耕地開發面積的顯著擴大，族群衝突案件的頻繁發生。

以論代史，不是史學研究的客觀態度。檔案資料的發掘與利用，可以帶動歷史的研究。有清一代，檔案資料，浩如煙海，近數十年來，由於清代文獻檔案的不斷發現與積極整理，使清代史

的研究，逐漸走上新的途徑。清代臺灣史是清代歷史的一部分，含有部分檔案資料，雖然所佔比重不大，但是探討臺灣歷史，仍然必須熟悉和利用清代檔案資料。

國立故宮博物院現藏清代檔案，約有四十萬件，都是第一手的直接史料。按照民國初年清宮原先存放的地點，大致可以分為《宮中檔》、《軍機處檔》、《內閣部院檔》、《史館檔》等四大類。《宮中檔》的內容，主要是清康熙年間以來歷朝皇帝親手批發和軍機大臣奉旨代批的滿漢文奏摺及清單、夾片等附件。有的奏摺奉硃批，有的奏摺奉墨批，還有奉藍批的，因其中奉硃批的奏摺，為數最多，所以習稱硃批奏摺。雍正初年以來，直省外任文武大員例應將所奉批發奏摺繳回中央。因繳回的御批奏摺存放宮中懋勤等處，所以稱為《宮中檔》。

雍正七年（1729），因用兵於西北準噶爾，於戶部設立軍需房，專辦補給軍需事宜。雍正十年（1732），因鑄頒辦理軍機處印信，軍需房改稱辦理軍機處，簡稱軍機處，其經辦文移，不限於軍機事務，《軍機處檔》就是軍機處經辦各類文移的總稱。其內容，主要分為月摺包和檔冊兩大類。月摺包的內容，主要是直省外任官員奏摺錄副存查的抄件及部院大臣未奉硃批的原摺。此外，還有咨文、揭帖、照會、知會、稟文、供詞、清單、諭旨、國書及地圖等等，文書種類較多，有上行文書、平行文書、下行文書的分別。

除月摺包外，各種檔冊的數量，亦相當可觀。依照檔冊的性質，大致可以分為目錄、諭旨、專案、奏事、電報等類。例如諭旨類的上諭檔內含有朱一貴、柴大紀等人的供詞，《臺灣檔》是屬於專案類的檔冊，內含諸羅縣改名嘉義縣清單、臺灣原住民入京觀見及賞賜物件清單等。《月摺檔》是屬於奏事類的檔冊，逐

日抄錄奏摺，按月裝訂成冊。

《內閣部院檔》主要包括：盛京移至北京的滿洲舊檔；內閣承宣的文書；皇帝起居注冊；內閣例行公事檔冊；官書典籍等類。例如各科史書、外紀檔等是屬於例行公事的檔冊，抄錄了各類的文書。《史館檔》包括清代國史館及民初清史館的檔案，除紀、志、表、傳稿本外，還含有爲纂修紀、志表、傳而徵集的各種傳包資料，例如沈葆楨、丁日昌、劉銘傳等傳包，都含有相當珍貴的臺灣史料。

現藏《宮中檔》的奏摺原件，《軍機處檔》月摺包的奏摺錄副，《月摺檔》及內閣《外紀檔》的奏摺抄件，主要是來自直省地方大吏的上行文書，含有相當豐富的地方史料，對區域史或地方史的研究，都可提供較珍貴的直接史料。其中閩浙總督、福建巡撫、福州將軍、福建布政使、福建水師提督、福建陸路提督、福建臺灣鎮總兵官、巡視臺灣監察御史或給事中，杭州織造及廣東督撫等人的奏摺，都含有頗多涉及臺灣史研究的原始檔案，這些奏摺及其錄副抄件，都是古文書，可以反映清代臺灣各族群的社會生活及社會衝突案件。

此外，乾隆年間繪製的《職貢圖》畫卷，也含有臺灣原住民瑰麗的民俗彩繪圖像，並附滿漢文圖說。本文僅就院藏清代檔案探討清代臺灣土地開發與族群衝突的由來，藉以反映移墾社會的特徵。

二、清代臺灣移墾社會的族群結構

清代人口的流動現象，最明顯的特徵，是屬於離心流動，主要是人口因壓力差而產生流動的規律。已開發人口密集地區，形成了人口高壓地區，開發中地曠人稀地區，則爲人口低壓地區，

於是過剩人口大量從高壓地區快速流向低壓地區。清聖祖康熙、世宗雍正年間（1662-1735），閩粵地區的人口壓迫問題，已極嚴重，人多米貴的現象，尤爲普遍。閩粵沿海地區愈來愈多的過剩人口，因爲生計艱難而成爲流動人口。其流動方向，除移殖南洋等地國外移民外，主要爲國內移民，或由閩粵東南沿海流向西北山區，或移至閩粵鄰省，或東渡一衣帶水的臺灣。這一人口流動現象，對閩粵鄰省及臺灣地區的社會變遷，都產生了相當大的作用。

在閩粵內地漢人大量移殖臺灣以前，島上雖有原住民分社散處，但因土曠人稀，可容納內地的過剩人口。明朝末年，鄭芝龍等人入臺後，獎勵拓墾，閩省泉、漳等府民人相繼冒險渡臺墾殖荒陬。荷蘭人佔據臺灣後，爲發展農業，增加蔗糖的生產，由於勞力的需要，積極招徠漢人的移殖，內地漢人渡海來臺者，更是絡繹不絕。據統計，在荷蘭統治末期，臺灣漢人男丁有二萬五千人，婦孺九千人，合計三萬四千人。鄭成功驅逐荷蘭人，收復臺灣後，實施寓兵於農的政策，聽民開墾，漢族移民，顯著增加，開闢日廣。由於鄭氏時代的大量開墾，正好提供了內地漢人一個落地生根的理想地方。據統計，鄭氏時代移殖臺灣的內地漢人已增至十二萬人①。除鄭氏軍隊以以外，新增移民約二、三萬人。從族譜資料可以看出，這時期從閩南各地已有三十餘姓移居臺灣②。

清廷領有臺灣後，由於鄭氏文武官員、士卒及部分移民的返回原籍，在臺漢族人口曾一度減少至七、八萬人。但由於清廷對臺灣仍保存郡縣制度，設立府治，領臺灣、鳳山、諸羅三縣，並劃歸廈門爲一區，置臺廈道，臺灣府隸屬於福建省，實施和福建內地一致的行政制度。因此，康熙中葉以後，閩粵沿海漢人過臺

開墾者，遂與日俱增，臺灣人口迅速成長，食指眾多，不僅臺地米價日昂，且將減少接濟內地的米穀數量。清廷鑒於臺郡生聚日眾，恐有人滿之患，爲了及早限制臺灣人口的過度膨脹，於是嚴禁內地民人偷渡臺灣。

康熙五十三年（1714）十一月十五日，福建巡撫覺羅滿保進呈滿文奏摺，原摺有一段內容說：「臺灣縣地方狹窄，方圓不足五十里；鳳山縣地方，寬近五十里，長近四百里；惟諸羅縣地方雖寬五十里、百里不等，長卻近千里。其地雖有三十六社番人及從內地前往之人立庄種地者甚多，惟據稱因地方大，未墾之地尚多，田地亦肥云云。是以奴才囑令新調往諸羅縣知縣周鍾瑄盡力招工開墾。」原摺奉康熙皇帝硃批云：「知道了，臺灣地方廣開田地，聚集之人眾多，但爲眼前計而已，日後福建地方無窮禍患將由此而生矣，爾等應共同詳議，不可輕馳。」③但因閩粵民人貪臺地肥饒，故爭相渡臺墾荒。

雍正十年（1732）五月，廣東巡撫鄂彌達具摺時已指出閩粵民人在臺立業者多達數十萬人④。乾隆年間（1736-1795），臺灣府各廳縣戶口，已經編定保甲，其漢族與原住民的人丁實數，亦另款具報。依據臺北國立故宮博物院典藏《宮中檔》奏摺及《軍機處檔·月摺包》奏摺錄副等資料，可將乾隆朝臺灣全郡人口數列出簡表如下：

乾隆年間臺灣人口總數簡表

年　　份	人　口　數	備　　註
乾隆二十一年（1756）	660,147	
乾隆二十八年（1763）	666,040	
乾隆二十九年（1764）	666,210	
乾隆　三十　年（1765）	666,380	
乾隆三十二年（1767）	687,290	
乾隆三十三年（1768）	691,338	
乾隆三十八年（1773）	765,721	
乾隆四十二年（1777）	839,803	
乾隆四十三年（1778）	845,770	
乾隆四十四年（1779）	871,739	
乾隆四十五年（1780）	888,516	
乾隆四十六年（1781）	900,940	
乾隆四十七年（1782）	912,920	
乾隆四十八年（1783）	916,863	
乾隆五十三年（1788）	920,836	
乾隆五十四年（1789）	932,420	
乾隆五十五年（1790）	943,414	

資料來源：國立故宮博物院典藏《宮中檔》、《軍機處檔‧月摺包》。

　　乾隆二十八年（1763）十二月，巡察臺灣給事中永慶等具摺指出，「臺地自開臺以來，多係閩廣人民寄居，迄今百餘年，生息蕃衍，占籍陸拾餘萬，番民歸化者柒拾餘社。」⑤是年，據福建巡撫定長奏報臺灣府屬實在土著、流寓及社番男婦大小丁口共六六六、○四○名口⑥。對照簡表可知永慶與定長奏報臺灣府

人口總數是相符的。由前列簡表約略可知乾隆朝臺灣人口變遷的概況，從乾隆二十九年（1764）起，每年平均約增加一七○人，乾隆三十三年（1768）分，增加四、○四八人，乾隆四十三年（1778）分，增加五、九六七人，乾隆四十七年（1782）分，增加一一、九八○人，可以了解乾隆中葉以降，臺灣人口逐年增加的速度極為迅速。鄧孔昭撰〈清政府禁止沿海人民偷渡臺灣和禁止赴臺者攜眷的政策及其對臺灣人口的影響〉一文對臺灣人口的統計作了較精密的估算。原文指出，在康熙二十三年（1684）至乾隆四十七年（1782）之間，臺灣總人口增加八十四萬，其中有四十二萬以上是屬於移民形成的增加，平均每年使臺灣人口增加大約四、三○○人；乾隆四十七年（1782）至嘉慶十六年（1811）之間，臺灣人口增加近九十九萬人，其中六十六萬人屬於移民增加，平均每年使臺灣人口增加二二、七三三人，有一半以上都是由於大陸移民而造成的⑦。

　　清代臺灣人口，大部分屬於移入人口，所增加的男女，基本上是屬於偷渡的流動人口。林爽文領導天地會起事以後，大學士阿桂具摺指出，「臺灣為五方雜處之區，本無土著，祇因地土膏腴，易於謀生，食力民人挈眷居住，日聚日多，仰蒙聖澤涵濡，生齒繁盛。雖係海外一隅，而村庄戶口，較之內地郡邑，不啻數倍。人數既多，每年開報丁口，俱係任意填寫，並不實力清查。前聞府城被賊攻擾時，惟恐賊匪潛為內應，清查城內民數，共有九十餘萬，而臣等現在檢查臺灣縣民冊內祇開十三萬七千餘口，數目迥不符合，人數既眾，版籍難憑。」⑧乾隆年間，民冊丁口，既與實際人數不符，其版籍難憑，可想而知。

　　清廷禁止偷渡臺灣，以抑制臺灣人口的成長，對清代臺灣人口的構成，產生了極大的影響，包括人口構成中性別比例的嚴重

失調。隨著性別比例失調，又造成了人口出生率的降低，以及勞動力年齡人口的比例始終較高。勞動力年齡人口的比例較高，說明當時有較多的人口可以投入勞動生產和創造物質財富，而需要他們撫養的人口則相對減少。這對物質財富的積累及當時臺灣社會經濟的發展，確實是有益處的。換句話說，這種能夠積累更多物質財富及經濟發展較快的社會環境，又進一步吸引了閩粵沿海人民向臺灣的遷徙。⑨這或許可以解釋雍正、乾隆時期閩粵沿海人民向臺灣快速流動的主要原因。

清代臺灣移墾社會的形成及族群的分佈，都與臺灣的自然地理有密切關係。福建總督高其倬具摺時指出，「臺灣地勢，背靠層山，面向大海。其山外平地，皆係庄民及熟番居住，各種生番，皆居深山之中，不出山外。」⑩福建巡撫勒方錡具摺時說得更詳盡，其原摺有一段敘述云：

> 查臺地人民，約分五類：西面瀕海者，閩漳、泉人爲多，興化次之，福州較少；近山者則粵東惠、潮、嘉各處之人，號爲客民；其一則爲熟番；又其一則新撫之番，名之曰化番，即後山各社稍近平坦處也；至於前山後山之中脊深林邃谷，峭壁重巒，野聚而獸處者是爲生番。此五類之人，除生番外，其四類多有從西教者，異時爲患，何可殫言，而就目前論之，惟生番未馴教化，其熟番、化番各社親習漸久，尚能就我範圍，誠使撫馭有方，大可助後山防務⑪。

按照福建巡撫勒方錡的分類，臺灣族群主要可分爲閩人、客民、熟番、化番、生番五類，分佈於不同的自然環境裡，有其生態特徵。福建臺灣鎮總兵官王郡具摺時，對生番、熟番的分佈，也有簡單的描述。他指出，「臺灣自我朝開闢以來，則有生熟貳番，其向西一帶山腳服役納課者爲熟番，而分散居山不入教化者爲生

番。是此生番無布帛可衣，少穀黍而食，種類非一，分社以居。」⑫

　　臺灣各社原住民的生計及其活動，頗受清朝君臣的重視。例如康熙五十六年（1717）四月間，閩浙總督覺羅滿保曾遣千總前往臺灣尋覓善跑番子。同年七月十八日，覺羅滿保進呈滿文奏摺，略謂千總自臺灣帶到馬大番子十名，俱係臺灣諸羅縣所屬北路熟番。據稱，該處番子自幼即習跑，以快速且耐遠為尚。因臺灣地方盡是沙土，一日可跑二百里，來至內地，因地多石子路，未必能跑二百里。番子所用弓箭、鏢鎗，俱以竹子隨意拴造，粗陋無力。其獵犬雖然跑得不快，但咬物有力。覺羅滿保隨即挑選番子七名、獵犬四隻，由千總護送入京⑬。覺羅滿保進貢清單中開列了頗多臺灣方物，包括：番茉莉六十桶，牙蕉四桶，刺竹五桶，番檨秧四桶，黃梨秧四桶，番薯秧四桶，番稻穗四箱，五色鸚鵡一架，白斑鳩二對，綠斑鳩一對，番雞一對，番鴨二對，臺猴四對，臺狗四隻⑭。其中「臺狗」四隻，覺羅滿保試過，能捕鹿。康熙皇帝批示說：「不及京裡好狗」。雍正五年（1727）三月間，臺灣南路鳳山縣港東番社土官所進呈的土產，包括：番豬、番氈、番雞、藤籠、篾番簽、青檳榔等。地方大吏進貢臺灣土產，雖然只是曝背獻芹，但也可以反映臺灣地方情形，已經受到清朝官方的重視。

　　乾隆年間，清軍平定林爽文亂事後，臺灣內山原住民屋鰲總社華篤哇哨等大小頭目七名，阿里山總社阿吧哩等大小頭目九名，大武壠總社樂吧紅等大小頭目六名，傀儡山總社加六賽等大小頭目八名，奉旨進京覲見。乾隆皇帝分別在京師西廠小金殿、重華宮、紫光閣等地筵宴，並賞賜物件。其中〈布疋衣帽清單〉，包括：回子花布、紅花氆氌、彩色布、印花布、八絲緞、五絲緞、綾、騷鼠帽、官用緞面灰鼠皮補掛、羊皮蟒袍、紬襖、緞靴、布

襪、絲線帶毛巾、紅氊大掛等。〈食物清單〉，包括：鹿、豬、
羊、麂子、野雞、魚、掛麵、小棗、哈蜜瓜乾、磚茶、鹽、糖、
煙等。〈賞賜物件清單〉，包括：瓷器、玻璃器、螺鈿匣、鼻煙
壺、鼻煙等物。瓷器中包括瓷盤、瓷碗、瓷鼻煙瓶等，此外，還
有皮漆碗、漆茶盤等物。乾隆五十五年（1790）七月十六日，
《上諭檔》記載臺灣內山原住民進貢清單，內含胎鹿皮一百張，
豹皮四十張，番錦一百疋，千年藤五匣，沙連茶五匣等等。道光
年間，閩浙總督劉韻珂履勘水沙連內山各社時，各原住民進獻的
物件包括：活鹿、鹿筋、鹿角、鹿皮、鹿脯、番餑、番布、雛雞、
雞卵等等。閩浙總督劉韻珂原摺有一段描述：

> 各生番所用器械，祇有鐵矛、鳥槍、弓矢三項。鐵矛以竹
> 木爲柄，長僅四、五尺，其運用時，但知兩手握柄，直向
> 前戳，並不諳縱橫撥刺之法。使放鳥槍，必須用架，且一
> 出之後，若再裝藥下子，燃火勾機，必遲至半刻之久，方
> 能完竣。弓矢則以竹子爲之，弦用苧繩，發矢不能及遠，
> 著物亦不能深入。內山並無虎狼，打牲全恃猛犬。若憑技
> 藝，十不獲一，即其逞兇殺人，亦祇伺單身入山樵採者，
> 而暗傷之，並不敢出山肆虐⑮。

由各社原住民所進貢的土產，可以反映臺灣原住民的經濟生活；
從地方大吏的履勘番情，則有助於了解清代族群融合的過程。

　　乾隆年間，謝遂所繪製的《職貢圖》畫卷，是一套瑰麗民俗
畫史。畫卷中含有臺灣生熟各社原住民的圖像及滿漢文圖說，有
助於了解他們的社會生活及藝術傳統，例如彰化縣水沙連等社一
圖，其圖說內容云：

> 水沙連及巴老遠、沙里興等三十六社，俱於康熙、雍正年
> 間先後歸化。其地有大湖、湖中一山聳峙，番人居其上，

石屋相連，能勤稼穡，種多麥豆，蓋藏饒裕。身披鹿皮，
績樹皮橫聯之，間有著布衫者。番婦挂圓石珠于項，自織
布為衣，善織屬，染五色狗毛，雜樹皮，陸離如錦。婚娶
以刀斧甑之屬為聘。雖通舟楫，不至城市，或赴竹腳寮社
貿易。歲輸穀十五石三斗，皮稅四兩三錢⑯。

水沙連等社原住民能紡紗織布，陸離如錦，色彩豔麗，充分表現
了他們的藝術傳統。劉韻珂在閩浙總督任內曾渡臺親赴水沙連各
社履勘。道光二十七年（1847）四月十四日，劉韻珂從福建蚶
江登舟放洋。次日，由鹿港口上岸。五月十三日，在彰化縣屬南
投換坐竹輿，由集集舖入山。五月二十日，至內木柵出山，由北
投一帶回抵彰化縣城，計八日之間，將水沙連各社親赴履勘，並
將體察情形，具摺奏聞，節錄原摺一段內容如下：

查水沙連內山係屬總名，而田頭、水裡、貓蘭、審鹿、埔
裡、眉裡六社附於中，在彰化之東南隅，南以集集舖為入
山之始，南投係其門攔，北以內木柵為番界之終，北投係
其鎖鑰。自集集舖東行十里為風谾口，又五里為水裡坑，
由水裡坑南行三里，折西登雞胸嶺，過嶺五里為竿蓁林，
又五里為竹林子，又五里為田頭社，越社南之蠻丹嶺東行
五里為水裡社，由水裡東北行五里為貓蘭社，又五里為審
鹿社，又二十里為埔裡社，社名茄冬里，里北十餘里為眉
裡社，由埔裡社西行十里為鐵砧山，山南有溪水一道，過
溪後仍西行二十里為松柏崙，十五里為內國社，五里為龜
紫頭，十里為外國姓，五里為太平林，五里為樸屯園，由
樸屯園南行五里為內木柵，又二里為北投。以上自集集舖
起至內木柵止，計程一百五十五里，均係約略計算，並未
施弓步，較外間驛路，不啻倍之。內田頭社約可墾地七、

八百甲，生番大小男婦二百八十八丁口，番寮八、九十間。水裡社約可墾地三、四百甲，生番大小男婦四百三十四丁口，番寮八、九十間。貓闌社約可墾地七、八百甲，生番大小男婦九十五丁口，番寮三十餘間。審鹿社約可墾地四千餘甲，生番大小男婦五十二丁口，均已遷附水裡社居住。埔裡社約可墾地四千餘甲，其社南之一千餘甲，先經熟番私墾，間有生番自墾之地，均係畸零小塊，不成片段，且俱將稻穀撒於地內，聽其生長，並非插種法，秧苗皆稀散細弱，難其秀實，現住生番大小男婦二十七丁口，熟番約共二千人。眉裡社約可墾地二千餘甲，現住生番大小男婦一百二十四丁口。統計六社約可墾地一萬二、三千甲，各社地均有溪流，可資灌溉，且日晡露濃，浸人衣袂，入夜更重，近山之地，亦無虞旱乾。其間懸崖仄磴者，爲風谾口，古木連陰者，爲竿蓁林，幽皇夾道者爲竹林子，壁立千仞，俯瞰群峰者，爲雞胸嶺，爲松柏崙。至水裡社之日月潭，南北縱八、九里，橫半之水色，紅綠平分，四周層巒疊翠，潭心孤峙一峰，名珠子山，高里許。頂平如砥，可容屋十數椽，番倉數十間，依山繞架。潭東溪源，四時不竭，水邊漁簏，零星隱約於竹樹間，是其山水之清奇，實爲各社之名勝，而平原曠野，局勢天開，壤地毗連，周圍六、七十里，一望無盡者，則埔裡、眉裡二社，尤爲各社之冠。臣躬親閱歷，雖平險殊途，山澤異地，然均有道路可通，並無阻塞之處，惟南路之雞胸嶺，北路之松柏崙，山勢高聳，引重維艱，而南有八仙嶺一路，可以開闢，北有溪水一道，可以疏通，亦無虞間隔。若夫埔裡、眉裡兩社之東，有觀音山一座，列岫拱環，山下悉屬曠土，與社

西之鐵砧山，遙相映對。萬霧溪繞其北，史老溪圍其南，其西來之水，均灌注史老溪，直達鐵砧山下，與萬霧溪合流，而西歷彰化之大肚溪，匯入於海。其合流處所，灘石峻嶒，水勢較淺，加以潴鑿，舟楫即可通行，此臣履戡水沙連六社番地之實在情形也。而六社番情，則又有大可見者，方臣甫至南投時，即有田頭社生番三、四十人匍匐出迎，及入山以後，又有水裡、貓蘭、審鹿、埔裡、眉裡五社各生番或十數人，或數十人，間段跪接，一見臣輿，均各爭先恐後，用手挽扶。每至一社履勘時，各生番即盡率其族眾俯伏道旁，不敢仰視。內有薙髮著衣履者十之七八，餘尚披髮跣足。男番以番布或鹿皮二塊護其下體前後；女番以番布數幅裹其下體，上身亦被服番布而襟袖粗具，亦有布質襤褸不能蔽體者。其乳哺之嬰番，多用布條縛繫於胸背間，身無寸縷⑰。

閩浙總督劉韻珂所述水沙連內山各社原住民以鹿皮護體等語，與《職貢圖》畫卷圖說身披鹿皮云云，是相合的。水沙連等社雖產稻穀，但並非插種之法，而只是將稻穀撒在泥土裡，任其生長，以致秧苗稀疏細弱，產量不大。劉韻珂在水沙連履勘期間，曾經接受原住民的邀請，乘坐蟒甲小舟遊覽日月潭。他在奏摺中描繪泛舟情形。「各番於歡呼感謝之後或扶攜老幼，逕自回社，或奔走前後，擁護而行，並於臣路過水裡社之日月潭邊爭請乘船遊覽。番俗以大木分為兩，開刳其中，而毫無增益，呼為蟒甲船，木質堅如鐵石，長者二丈有奇，短亦丈餘，或八、九尺，闊三、四、五尺不等。臣因番情真摯，未便過拂，又欲遍勘全社形勢，即徒步登蟒甲。各番等即以七、八人盪槳行駛，踴躍歡騰，到處涉歷，其親愛之忱，毫無虛飾。」

　　臺灣各社原住民的婚姻習俗，反映了母權制社會的特徵，其嫁娶習俗，與漢族不同。福建巡撫趙國麟等具摺時曾指出臺灣北路大甲西、沙轆、牛罵等社的婚俗是「親姪作婿，堂妹爲妻，生子歸嫁，招婿同於娶媳，顛倒牽混，與內地倫紀，迥不相同。」⑱以姪爲婿，堂妹爲妻，是一種族內婚，對家庭倫常稱謂，產生了很大的變化。謝遂繪製《職貢圖》畫卷圖說對鳳山縣放縤等社原住民的婚俗，描述說：「婚娶名曰牽手，女及笄，搆屋獨居，番童以口琴挑之，喜則相就」。「番童」除了口琴外，也吹鼻簫。《職貢圖》畫卷彩繪諸羅縣簫壠等社原住民「能截竹爲簫，長二、三尺，以鼻吹之。」原住民也有折齒的習俗，例如哆囉嘓社男女成婚後，俱折去上齒各二顆，彼此謹藏，以示終身不改之意。郁永河著《裨海紀遊》一書亦記載臺灣原住民女兒長成後，父母使居別室中，少年求偶者，吹鼻簫，彈口琴，女兒擇所愛者，乃與挽手，鑿上顎門牙旁二齒，彼此交換⑲。原住民除婚娶時折齒外，於出草殺人後，亦有折齒的習俗。福建巡撫丁日昌具摺時亦指出，「該生番向例俟秋冬間即須出草殺人，能割取首級者，衆人稱爲英雄，即敲折一齒，以爲號，番俗方肯以女妻之。」⑳

　　臺灣內山生界原住門的黥刺習俗，是一種文身舊俗，主要是在身體上的臉面、手臂、腿腳等處刺字或刺畫圖案花紋。身體上不同部位的文身，代表著不同的意義。《職貢圖》畫卷圖說對彰化縣內山生界原住民婦女的紋面習俗有一段描述說：「番婦針刺兩頤，如網巾紋，亦能績樹皮爲罽。」原住民婦女在臉部兩側面頰針刺點青。閩浙總督劉韻珂具摺時，對水沙連生界原住民的文身習俗，描述較詳。他說：「男番眉心間，有刺一王字者，體畫較粗，而女番之眉心頷頦多各刺一小王字，且從口旁刺入兩頰至耳垂，又灣環刺下如蝶翅狀，所刺行數，疏密不一，所塗顏色，

黃白亦不同。詢知番女許字後始刺兩脥，遵祖制也。」㉑孫國璽
在福建分巡臺灣道任內具摺時，曾對南路鳳山縣山豬毛等社生界
原住民黥刺的原因加以描述，「凡番子殺漢人，則刺人形於手背，
殺番子，則刺人形於腿腳，又刺花。」㉒福建巡撫劉世明具摺時
也有類似的描述，其原摺有一段內容說：

> 各野番俱供，凡殺一漢人，即於上身刺一人形，殺一番子，
> 即於下身刺一人形，並花樣。今驗所獲野番，除已死礁留
> 一名，驗明刺有人形外，又驗一名加難武力氏左肋刺大花
> 痕二條，人形四個。右肋刺花痕三條，人形五個，右腿刺
> 花樣八個，右手膊有舊刀傷痕。當據武洛社土官礁巴丁質
> 認，昔年被其殺伊兄弟，巴丁曾用刀格傷手可證，即該兇
> 番，亦經認不諱。又驗加洛同左右手背各刺人形三個，左
> 腿刺人形一個，右腿刺人形三個，有柳福質認該番係山裡
> 目社生番土官的小廝，屢次下山殺人，回去就迎社飲酒等
> 語。況在其社內現經搜出割去紅孕等頭顱，更無可疑。又
> 驗何難武里右手背刺人形兩個，背上兩手俱刺花紋，左腿
> 刺人形兩個㉓。

山豬毛等社生界原住民殺死他人後，即針刺人形。所刺人形的位
置，各不相同，凡殺一漢人，即於上身刺一人形，或在左右肋，
或在左右手背，並刺花痕。生番若殺死熟番，則刺人形於下身，
或在左腿，或在右腿，並刺花樣。內山生界原住民身上人形圖案
花樣數目的多寡，就是他殺人的紀錄。

　　臺灣族群，除生番、化番、熟番外，主要為閩粵移民。閩浙
總督崔應階具摺奏稱：

> 臺灣一郡，除番子之外，絕無土著之民，俱係外來流寓，
> 內閩人約數十萬，粵人約十餘萬。熟番統計百十社，不及

萬丁。伊等極其馴良，奉公維謹，偶有差遣，亦皆不辭勞苦，勇往向前，設臺地盡係熟番，竟可無為而治。粵民多屬耕種為活，但貪得好勝，衛護同鄉，眾心齊一，間有並無恆產游手好閒者，亦十居二、三，既無恆業，易致為匪。至於在臺閩民，多半好勇鬥狠，聚散無常，惟利是務，恩不可結，法不可威，所謂狼子野心，最難約束。其間有地土家室者，尚為知自愛，而游手之徒，罔知顧忌，無所不為㉔。

引文中所稱流寓人口，就是指閩粵外流的流動人口。福建總督高其倬具摺時已指出臺灣府所屬四縣之中，臺灣一縣，皆係老本住臺之人，原有妻眷。其諸羅、鳳山、彰化三縣，皆係新住民。他指出，「現今三縣之人，閩粵參半，亦不盡開田耕食之人，貿易者有之，雇工者有之，飄蕩寄住全無行業者有之。即耕田之人，亦有二種：一種係自墾田土，自身承種者；一種係承種他人田土為其佃戶者。但佃戶之中，又自不同，亦有承種田數甚多，且年久者，亦有承種甚少，且年淺者。」㉕閩粵移民渡臺後，或開田耕食，或從事貿易。其中置有田地者，稱為業主，業主招募流民，種地研糖，稱為佃丁，又叫做雇工㉖。福建巡撫鐘音具摺時，對閩粵移民的生計，及其社會適應問題，有一段敘述如下：

臺灣一郡，孤懸海外，人民煙戶，土著者少，流寓者多，皆係閩之漳、泉，粵之惠、潮，遷移赴彼，或承贌番地墾耕，或挾帶貲本貿易，稍有活計之人，無不在臺落業，生聚日眾，戶口滋繁。而內地無業之民，視臺地為樂土，冒險而趨，繹絡不絕。請照以往者有之，私行偷渡者有之。到臺之後，或倚親戚而居，或藉傭工為活，或本無可倚，在彼遊蕩者，亦實蓄有徒，奸良混雜，莫可辨別㉗。

閩粵移民渡海入臺之初，除了極少數可以倚靠親戚而居外，大都
缺乏以血緣紐帶作爲聚落組成的條件，通常是採取祖籍居地的關
係，依附於來自同祖籍同姓或異姓村落，而形成了以地緣關係爲
紐帶的地緣村落。同鄉的移民遷到同鄉所居住的地方，與同鄉的
移民共同組成地緣村落。基於祖籍的不同地緣，益以習俗、語言
等文化價值取向的差異，早期東渡臺灣的閩粵移民，大致分爲泉
州籍移民、漳州籍移民及廣東籍客家移民等三個族群，其聚落遂
形成所謂的泉州庄、漳州庄及廣東客家庄，以地緣爲分界。譬如
臺灣南路鳳山縣下淡水港東、港西等里，主要爲廣東籍移民所建
立的客家庄。彰化縣快官庄、番仔溝、溪州庄、鹿仔庄、過口庄、
秀水庄、中庄、沙連保、柯仔坑等庄，以泉州籍移民居多，稱爲
泉州庄。至於過溝仔，三塊昔、大里杙、坊橋頭、瓦窯庄、林杞
埔、許厝寮、半線保、馬芝麟保、大崙、半路店、大肚、下保、
苦苓腳、山仔腳、南勢庄、竹頭崎庄，四張犁等庄，則以漳州籍
移民居多，稱爲漳州庄。諸羅縣境內笨港一帶的北港爲泉州庄，
南港爲漳州庄，但插居南港的泉州籍移民，爲數卻極衆多。淡水
廳因治所遷至竹塹，所以又習稱竹塹廳。現存《淡新檔案》中含
有同治十三年（1874）分淡水廳境內各庄人丁戶口清冊，有助
於了解各庄地緣村落的分佈情形，爲了便於說明，先將各庄的名
稱、座落地點，列出簡表如下。

同治十三年分淡水廳閩粵各莊分佈表

座　落	閩　籍　村　莊	粵籍村莊	錯處村莊	合計
竹塹城	東門、西門、南門、北門			4
東廂	東勢、下東店、大陂坪、牛路頭、麻園堵、二十張犁、沙崙、六張犁、鹿場、番仔寮、隘口、五塊厝、頂下嵌、五股林、石壁潭、山豬湖、猴洞、橫山	柴梳山、九芎林、鹿寮坑、十股林。	埔仔頂、白沙墩、八張犁。	25
西廂	隙仔、南勢、牛埔、茇仔林、虎仔山、浸水、三塊厝、羊寮、香山、洴水港			10
南廂	巡首埔、溪仔底。			2
北廂	水田、湳仔、金門厝、舊社、麻園、頂溪洲、新庄仔、白地粉、溪心壩、崁頂、鳳鼻尾、紅毛港、蠔殼港、笨仔港、鳳山崎。	大溪墘、芝葩里。		17
東北廂	新社、豆仔埔、大茅埔、烏樹林、婆老粉、楊梅壢。	枋寮、新埔、五份埔、六股、石崗仔、鹽菜硼、三洽水、大湖口、崩坡、頭重溪。		16

西北廂	崙仔、沙崙仔、樹林頭、苦苓腳、棟梆、油車港、船頭、南北汕、下溪洲、魚寮。			10
中港保	山寮、後厝、中港街、湖底、海口、上下山腳、崁頂、塗牛口、二十份、隆恩、蘆竹南、茄苳。	斗換坪、三灣。		14
後壠保	山仔頂、後壠街、海豐、芒花埔、高埔、南勢、打哪叭。	嘉志閣、貓裡、蛤仔市、芎蕉灣、銅鑼灣		12
苑裡保	北勢窩、竹仔林、塗城、榭苳、房裡。	吞霄、苑裡、日北。		8
大甲保	大甲、馬鳴埔、中和、牛稠坑、月眉、營盤口、大安街、海墘厝、田心仔、蘊寮、水汴頭、番仔寮。			12
桃澗保	中壢、赤崁、桃仔園、大湳、新興。	龜崙口、安平鎮、員樹林仔。		8
海山保	風櫃店、潭底、樟樹窟、尖山、大姑崁、三角湧、	柑園。		9

	橫溪、彭厝。		
擺接保	枋寮、員仙仔、火燒庄、柏仔林。	洽水坑。		5
大加納保	艋舺、三板橋、林口、錫口街、搭搭攸、奎府聚、大隆同。			7
拳山保	秀朗社、木柵、萬順寮、楓林。	大坪林、頭重溪。		6
石碇保	水返腳、康誥坑、五堵、暖暖、四腳亭、遠望坑。			6
興直保	陂角店、中塭、和尙州、武勝灣、三重埔、關渡、八里坌、島嶼寮、長道坑。			9
芝蘭保	劍潭、角溝、芝蘭、大屯社、石門汛、金包裡、野柳、雞籠街、三貂、燦光寮、丹裡、獅球嶺。	毛少翁社、淇里岸、北投、嘎嘮別。	雞北屯社、長潭堵。	18
總該	152	37	5	194

資料來源：《淡新檔案》（臺北，國立臺灣大學，民國八十四年）㈢，頁328。

由前列簡表可知《淡新檔案》戶籍清冊是按閩籍、粵籍村庄

統計丁口的。淡水廳境內包括：竹塹成內四門，城外東廂、西廂、南廂、東北廂、西北廂及中港等保，共194庄，其中閩籍村庄共計152庄，約佔百分之七十八，粵籍村庄共計37庄，約佔百分之十九，閩籍和粵籍錯處村庄共計 5庄，約佔百分之三。在錯處村庄中閩籍庄和粵籍庄的庄數，與戶數及人口數的百分比，都相近。原清冊記載閩籍移民共5,284戶，計20,112人；粵籍移民共1,155戶，計4,699人，閩粵籍移民共計6,439戶，24,811人。閩籍戶數約佔百分之八十二，粵籍戶數約佔百分之十八。閩籍人口數約佔百分之八十一，粵籍人口數約佔百分之十九，其庄數與戶數及人口數的百分比是相合的，其清冊對臺灣移墾社會的地緣村落的研究，確實提供了相當珍貴的資料。

　　陳孔立著《清代臺灣移民社會研究》一書根據《問俗錄》的描述，概括了臺灣移民社會的基本特點，包括：在人口結構上，除了少數原住民以外，多數居民是從大陸陸續遷移過來的，人口增長較快，男子多於女子。在社會結構上，移民基本上按照不同祖籍進行組合，形成了地緣性的社會群體；一些豪強之士成為業主、富戶，其他移民成為佃戶、工匠，階級結構和職業結構都比較簡單。在經濟結構上，由於處在開發階段，自然經濟基礎薄弱，而商品經濟則比較發達。在政權結構上，政府力量單薄，無力進行有效的統治，廣大農村主要依靠地方豪強進行管理。在社會矛盾方面，官民矛盾和不同祖籍移民之間的矛盾比較突出，在一定程度上掩蓋了階級矛盾㉘。誠然，在臺灣移墾社會裡，番漢之間，以及不同祖籍族群的矛盾，確實相當突出，反映了族群由衝突到融和的過程。

三、閩粵移民爭墾番界與族群衝突

　　鄭成功驅逐荷蘭人後，將臺灣各社原住民的稅課，按社地寬狹，以定派銀的多寡，稱爲社餉。清初領有臺灣後，土地制度發生了重要變化，鄭氏時代的官田、屯田及文武官田等名目，都被廢除，准許私人開墾，並佔有土地，而確立了土地私有制，包括官地、民地及番地。閩粵移民相繼東渡，或爭墾番界，抽藤吊鹿，或向番社租地耕種，年貼社餉。富豪之戶及各衙役多任意開墾，隱匿錢糧。雍正初年，福建總督高其倬具摺奏稱：

> 臺灣田土，向當臺灣初定之始，止臺灣一縣之地，原有人戶錢糧，故田土尚爲之清楚。其諸羅、鳳山二縣，皆係未墾之土，招人認墾，而領兵之官，自原任提督施琅以下，皆有認佔，而地方文武，亦佔做官庄。再其下豪強之戶，亦皆任意報佔，又俱招佃墾種取租。迨後佃戶又招佃戶，輾轉頂授，層層欺隱。按其賦稅，每田一甲，不過內地之十餘畝，而納八石有餘之粟，似種一畝之田而納十畝之粟，類若田少賦種。然佃戶之下，皆多欺隱，佃戶下之佃戶，又有偷開，至業主不能知佃戶之田數、人數，佃戶又不能究其下小佃戶之田數、人數。實則種百畝之地，不過報數畝之田，究竟糧少田多，是以家家有欺隱之產，人人皆偷開之戶。若欲清查海外嚴疆，恐其滋變，相延愈久，清理愈難⑲。

地方文武，認佔官庄，豪強之戶，任意報佔，隱匿錢糧。巡視臺灣監察御史索琳等訪察臺灣郡田糧積弊之後，亦具摺奏聞。原摺略謂：

> 臺灣全郡，盡屬沙壤，地氣長升不降，所有平原，總名草地，有力之家，視其勢高而近溪澗淡水者，赴縣呈明四至，請給墾單，召佃開墾。其所開田園，總以甲計，每田一甲，

約抵內地之田十一畝有零，仍分上中下三則取租，上田每
甲租穀八石八斗，中田每甲租穀七石四斗，下田每甲租穀
五石五斗。上園每甲租穀五石，中園每甲租穀四石，下園
每甲租穀二石四斗。此循鄭氏當日徵租舊額，開臺之後，
地方有司即照此額徵糧，業戶以租交糧，而無餘粒，勢不
得不將成熟田園，以多報少。訪聞有以十甲之田園，而止
報四、五甲者，此業主欺隱之弊也。至於佃丁自食代耕，
且備牛種，若果照甲還租，便鮮餘利，勢又不得不從傍私
墾，以瞞業主，訪聞有墾至二十甲而止還十甲租穀者，此
又佃丁欺隱之弊也。輾轉相矇，遂至百甲田園完糧者不過
二、三十甲，此通臺相沿之大弊也⑩。

業主固然欺隱田糧，自食代耕的佃丁，更是輾轉相矇，以多報少，
弊端叢生。

　　臺灣的官庄，就是清初領有臺灣後文武各官私墾田園，收取
租息自用的庄田。其中藍張興庄，位於貓霧捒社境內，是私墾番
界鹿場荒埔而形成的一個官庄，舊名張鎮庄。這裡原來由原住民
納餉銀二百四十兩，禁止漢人開墾。康熙四十九年（1710），
臺灣鎮總兵官副將張國報墾其地，代替原住民納餉，招墾取租，
立戶陞科。因該庄是由臺灣鎮張國報墾，所以稱為張鎮庄。但因
張鎮庄逼近生界原住民鹿場，每當秋東草枯水涸之際，原住民便
出草擾害。康熙五十八年（1719）九月間，張鎮庄佃民被生界
原住民殺死九命，經閩浙總督覺羅滿保檄飭燬棄張鎮庄，逐散佃
民，開除課額。張鎮庄地方，原屬諸羅縣所管，康熙六十一年（
1722），諸羅縣知縣孫魯到任後，親赴張鎮庄地方，立石為界，
不許漢人擅自進入。

　　張鎮庄被燬棄後，即成荒埔。雍正二年（1724），張鎮庄

地方改隸彰化縣。福建水師提督藍廷珍轉典張鎮庄，令管事蔡克俊前往招墾，自立庄戶③，墾熟田畝計四百九十一甲，每甲計田十一畝，收租六石，每年共收佃民租穀二千九百四十六石②。張鎮庄因中經燬棄，後來又經藍廷珍復興招墾，所以改稱藍興庄。但因藍、張二家都是業主，故又稱藍張興庄。由於私墾越界問題日趨嚴重，番漢衝突案件，遂層出不窮。福建總督高其倬具摺時，曾針對藍張興庄的存廢問題提出他的看法，節錄原奏一段內容如下：

> 彰化一縣，新經設立，田土錢糧，俱爲有限，其所管有藍張興一庄，其地向係番人納餉二百四十兩，原任總兵張國，原認墾其地，代番納餉，招墾取租，數年之前，提督藍廷珍轉典其庄，現聚墾種田土者已二千餘人，地方文武官因生番到其處殺人，以爲開田惹番，意欲驅逐墾户，以地還番。臣細思詳問，以爲此處若不令開墾，當禁之於始，今已有二千餘人，又有墾出之地，一經驅逐則此二千有餘失業之人，俱在海外，置之何所？但若聽業主私據，佃户混佔，不於起初清理，又必似諸、鳳二邑之流弊。臣意欲將此田總行清查，所有田畝，令各墾户報出認賦，即爲永業。各墾户當初開未定之時，又聞驅逐，自無不聽從。俟報明查清，不必照諸、鳳二縣之例，以一甲之田定粟八石，止照內地，照其畝數，以定糧數，量寬其力，以下則起科，大約可得一千、二千兩額賦，或再稍多，亦未可定，竟將原納二百四十兩之番餉題請開除，藍、張二家總不許罷佔，並趁量田之時，兼查人户，編清保甲，更立四界，令官嚴查，不許墾户侵耕出外，似屬一勞永逸，久長可行③。

藍張興庄墾種田地的墾户既有二千餘人，實不便驅逐，福建總督

高其倬奏請以下則起科，並開除番餉，使藍張興庄成為漢族移民
合法的耕地，一方面不許藍、張二家業主霸佔，一方面嚴禁墾戶
侵耕出外。

　　閩省地方大吏多主張開墾荒地，以盡地利，同時也極立避免
開田惹番，不許墾戶越界私墾。巡視臺灣監察御史索琳等具摺奏
稱：

> 北路彰化一帶係新設，地稍偏遠，臣等見多未闢之土，亦
> 宜召民開墾，以盡地利，而益國賦。案查淡水同知臣王汧
> 經詳稱，北路虎尾溪以上閒原寬曠，其召民開墾之法，毋
> 許以一人而包佔數里地面，止許農民自行領墾，一夫不得
> 過五甲。十夫連環互保，內擇誠實之人為長，定限三年，
> 比照內地糧額起科。一夫為匪，並坐九人；一夫逃亡，逋
> 課九人，覓補攤賠，使其互相稽察。再如熟番場地，向有
> 奸棍認餉包墾，久假不歸之弊，若任其日被侵削，番眾無
> 業可依，必至退處山內，漸漸變為生番，宜令大社留給水
> 旱地五百甲，中社留給水旱地四百甲，小社留給水旱地三
> 百甲，號為社田，以為社番耕種牧獵之所，各立界牌，將
> 田場甲數四至，刊載全書，使日後勢豪，不得侵佔。其餘
> 草地，悉行召墾，並限三年起科㉞。

限制墾戶包佔地面，並為原住民保留社田，都具有正面的意義。
然而墾戶佃丁貪得無厭，得寸進尺，爭相越界侵墾番地，以致番
漢衝突，屢見不鮮。為了便於說明，可就雍正朝臺灣番漢衝突案
件，列出簡表如下：

雍正年間臺灣番漢衝突案件分佈表

年　月　日	衝突地點	廳　縣	案　情　摘　要
3 年 8 月 4 日	打廉庄	諸羅縣	八月初二日，打廉庄民李諒等同往水沙連山口濬通水道。初四日，李諒等先回至投斷山腳，李諒被生番鏢死，割去頭顱。
3 年 8 月 17 日	藍張興庄	彰化縣	八月十七日三更時分，生番數十人到藍張興庄放火，殺死佃丁林愷等八人。
3 年 9 月 10 日	武勝灣社	淡水縣	社丁林送等五人被兇番射死。
3 年 10 月 9 日	東勢	彰化縣	彰化縣民李化、柯左二人同往東勢山砍木，水裡等社生番鏢死李化，割去頭顱，柯左帶傷走脫。
3 年 10 月 14 日	武勝灣社	淡水廳	淡水廳秀朗社兇番殺死武勝灣社丁林宋等五人。
3 年 10 月 16 日	武洛社	彰化縣	武洛社熟番貓力父子到山邊砍竹，貓力被生番鏢死，割去頭顱，其子走脫。
3 年 10 月 20 日	南勢庄	彰化縣	十月二十日夜間，生番突入貓霧捒南勢庄，鏢死支更庄民林逸等二人。
4 年 2 月 18 日	大武郡保新庄	彰化縣	二月十八日夜間，大武郡保新庄練總李雙佃丁葉陣等十一人被兇番殺死，燒屋三十九間，焚死耕牛十八隻。

4 年 3 月 7 日		彰化縣	二月初七日夜間，船匠曾謙被野番殺死。
4 年 3 月 20 日	大里善庄	彰化縣	三月二十日夜間，大里善庄民黃賢亮等十一人被水沙連生番殺死，燒屋八座，焚斃耕牛九十八隻。
4 年 4 月 4 日	鎮平庄	彰化縣	佃民江長九等二人被野番殺死。
4 年 4 月 11 日	柴頭井庄	彰化縣	四月十一日夜間，柴頭井庄民賴阿秀等被野番殺死，燒屋三十二間，焚斃水牛十八隻。
4 年 6 月 17 日	石榴班庄	諸羅縣	六月十七日早，諸羅縣庄民陳登攀等五人前往斗六東埔地方採收芝麻時，被水沙連生番殺死。
4 年 8 月 22 日	新東勢庄	鳳山縣	鳳山縣港西里新東勢庄佃民邱連發家傭工人邱雲麟往埔種作，被生番殺害，割去頭顱。
4 年 10 月 2 日	東勢	彰化縣	南日社熟番十一名同往東勢山邊砍木修整番厝，被內山生番五十餘人突出殺死仔木等四名，割去頭顱三顆，箭傷二名。
4 年 10 月 8 日	阿蜜里庄	彰化縣	十月初八日初更時分，有生番二十餘人各帶弓箭鏢槍到彰化縣貓羅社阿蜜里庄殺死佃丁邱未，割去頭顱，鏢傷佃丁林福等人。
4 年 10 月 12 日	藍張興庄	彰化縣	十月十二日二更時，生番數十人至北勢藍張興庄殺害管事許元泰

			、甲頭余廷顯各一人，佃民盧友臣等八人，俱割去頭顱。
4 年 10 月 15 日	南北投鎮	彰化縣	南北投鎮竹腳寮丁壯林三，民壯宋八在水沙連河邊被生番殺死，割去頭顱及左手腕，奪去七十二號鳥槍一桿。
4 年 11 月 10 日	快官庄	彰化縣	初十日初更，生番數十人到彰化縣境內快官庄，燒屋十間，殺死庄民陳平等四人，俱割去頭顱，焚斃牛四隻。又到藍張興庄殺死外委許元太及庄民十人。
4 年 11 月 13 日	半線庄	彰化縣	十三日一更時分，半線庄被生番焚燒茅屋四間，殺死探親民人林喜，割去頭顱。
4 年 11 月 18 日	枋寮	鳳山縣	枋寮界外傀儡生番鏢傷砍柴民人陳六姐等三人，次日，陳六姐傷重身故。
5 年 3 月 17 日	阿猴社	鳳山縣	三更時分，阿猴社番丁巴陵等六名，被山豬毛、北葉二社傀儡生番殺害，俱被割去頭顱，番寮被燒。
5 年閏 3 月 10 日	加走庄	鳳山縣	傀儡生番殺害加走庄砍柴民人陳義。
5 年閏 3 月 13 日	東勢庄	鳳山縣	二更時分，鳳山縣懷忠里東勢庄糖廍被兇番放火殺害民人蘇厚等二人，割去頭顱，鏢傷蘇文等二人。

5 年閏 3 月 15 日	新東勢庄	鳳山縣	二更時分，傀儡生番至新東勢庄殺害民人謝文奇等二人，割去頭顱，並鏢傷賴南應等三人。
5 年 5 月 12 日	竹塹庄	淡水縣	竹塹庄民兪毓惠等三人入山砍鋸枋桷，俱被右武乃、合歡山生番殺死，割去頭顱。
6 年 12 月 28 日	長興庄 竹葉庄	鳳山縣	長興庄管事邱仁山帶領佃民入山開圳，放水灌田，被傀儡生番殺死十二人。同日夜間，生番又追至竹葉庄殺傷佃民張子仁等二人，焚燒草寮牛隻。
7 年 2 月 1 日	田尾庄	鳳山縣	是日夜間，傀儡生番潛至山腳田尾地方將車草的茄藤社番男婦五名殺死，又殺死上淡水開埔的番婦一口，擄去幼番一名，又殺死下淡水小幼番一名，焚燒草寮，燒斃牛隻。
7 年 2 月 3 日	阿猴社	鳳山縣	阿猴社熟番巴寧因往山尋看茅草遇一傀儡生番藏在草裡，被巴寧鏢死。
9 年 12 月 24 日	沙轆	彰化縣	牛罵社熟番十二人駕車到大甲西社，被兇番射傷巡兵二人，兇番圍燒沙轆同知衙署，殺死衙役三、四人，箭傷三人。
9 年 12 月 29 日	貓霧捒庄	彰化縣	大甲西社兇番在貓霧捒各庄焚燒房屋，殺傷居民。

10年5月11日	桃仔園 新庄	淡水廳	龜崙社熟番焚燒社丁郭生房屋，射殺郭生等五人，又焚燒桃仔園庄、新庄等處民房，截搶公文。
10年閏5月2日	彰化縣署	彰化縣	南大肚等社兇番圍燒彰化縣城臺灣道典史等衙署。
10年閏5月8日	貓霧捒庄	彰化縣	大甲西社兇番大肆焚殺貓霧捒各庄。
10年閏5月12日	快官庄	彰化縣	十一日，大甲西社兇番直抵彰化縣治東北西三面，大肆焚殺，十二日，又焚殺快官庄。
10年閏5月17日	中港	淡水廳	十七日晚沙轆等兇番數百名搶奪中港商船二隻，殺死船員七名。
10年閏5月21日	南日庄	淡水廳	沙轆等社兇番燒燬南日營盤。
10年6月11日	快官庄	彰化縣	北路兇番殺傷柴坑仔、快官庄居民。

資料來源：《宮中檔雍正朝奏摺》，臺北，國立故宮博物院。

　　雍正皇帝在位十三年（1723-1735），簡表中所列番漢衝突案件共計三十八起，平均每年約三起。案件地點分佈於諸羅、彰化、鳳山三縣及淡水廳，其中諸羅縣境內共二起，約佔百分之五，彰化縣境內共二十一起，約佔百分之五十五，鳳山縣境內共八起，約佔百分之二十一，淡水廳境內共七起，約佔百分之十九，這種分佈現象說明雍正年間彰化縣地區已經是新的拓墾重心，另一方面反映鳳山縣和淡水廳境內的開發拓殖已經相當活躍。番漢衝突

的原因，主要是由於墾戶佃丁的越界私墾番地，例如開通水道，引水灌田；入山砍柴或砍竹；佃丁採收農作物等。墾戶佃丁的房屋、耕牛，多被焚燒，受害者頭顱，多被割去。福建巡撫潘思榘具摺時，對臺灣族群衝突的由來，有一段分析如下：

> 竊以寧謐海疆，全在安輯臺灣，而安輯臺灣，必須番民得所，故於受事之後，刻刻留心，每遇自臺回至內地人員，靡弗詳加諮詢。近年以來，調臺文武各官，尚知檢束，換班兵丁，亦頗畏法。該地流寓多，而土著少，流寓之人，俱係粵東惠潮，閩省漳泉等府人民。惠潮之人，列庄而居，戶多殷實，不致流於匪僻；漳泉之人，窮窘而散處，或代人傭作，或佃人地畝，或搭蓋寮廠，養鴨取魚以資生。甚至覬覦生番田土，侵墾番界，大抵不肖生事之輩，多出於漳泉。其土著熟番，素為安分。至生番僻處山後，性狠而愚，以殺人頭多者為大家。因該地奸民抽藤弔鹿，入其界內，侵其田土，致被殺害，原非無故而肆橫㉟。

惠潮漳泉各府移民因侵墾生番田土，以致常被殺害。因地方文武及漢人爭相越界墾荒，使原住民不得其所，而導致嚴重的族群衝突。

據藍張興庄鄉保稟報，雍正三年（1725）八月十七日三更時分，有生番數十人到藍張興庄放火，殺死佃丁林愷等八人，拾有番鏢、番箭、番刀等物。八月二十日，諸羅縣知縣孫魯奉命署理彰化縣知縣，同日即接獲藍張興庄鄉保稟報。孫魯隨即前往藍張興庄相驗，查明藍張興庄因逼近生界原住民鹿場，所以原住民不時出入，不令民人開墾。孫魯查明放火燒屋殺害佃丁的是貓霧捒社生番，孫魯原稟內指出，「查勘該地，原屬鹿場。今藍提督又往開墾，未免有礙，林愷等之被殺，明係自取。」㊱同年十月

二十日夜間，又有生番突入貓霧捒南勢庄放鏢殺死支更庄民林逸、朱宣二人。同年八月初二日，諸羅縣打廉庄佃民同往水沙連口濬通水道。八月初四日，曾寶、李諒二人先行回到投斷山腳，李諒被生番鏢死，割去頭顱，曾寶走脫。

雍正四年（1726）十一月初十日初更時分，生番數十人到彰化縣境內快官庄焚燒茅屋，共九間，殺死庄民陳平等四名，俱被割去頭顱。十一月十二日二更時分，生番數十人至北勢藍張興庄，殺害庄民。被殺害的民人包括管事許元泰、甲頭余廷顯各一名及佃民盧友臣等八名，合計共十人，俱被割去頭顱。據佃民林明等稟報，十一月十三日一更時分，半線庄亦被生番焚燒茅屋四間，殺死探親民人林喜，割去頭顱。

閩粵內地移民渡臺後，與各社原住民，原以土牛為界，其逼近內山生番各隘口，則設有隘寮，由地方官派撥熟番常川看守。但因漢人佔墾荒地，也常引起熟番的不滿。例如水沙連地方，介於諸羅與彰化兩縣交界，原來是荒埔，漢人戴澤等在水沙連荒埔開墾，雍正四年（1726），戴澤轉賣給武舉李潮龍管業。其後因通事陳蒲亦赴縣署請墾，互相爭控，經彰化縣勘斷分管。但由於前後荒埔遼闊，日開日廣，綿長三十餘里，橫亙十餘里，墾熟田園一千五百七十餘里，大小村落二十四庄，男女戶口二千餘人，番民雜處，常滋事端㊲。

雍正九年（1731）十二月間，彰化縣大甲西、牛罵、南大肚等社原住民大肆焚毀，據被大甲西社拿去的番婦供稱：「聽見他土官蒲氏講，張太爺起造衙門，撥番上山取木料，每條木要番一百多名，又撥番婆駛車，番婆不肯，通事就拿藤條重打，十分受不得苦，故此作歹的。」㊳供詞中的張太爺，即淡水同知張弘章。據高山等報稱，同知張弘章稟性躁率，以致激變番民。據北

路營參將靳光翰報稱：「同知張弘章，衆番恨入骨髓，二十四日，被番人追至綏斯寮，章飛馬得脫。有守備王樊回至半線，見百姓數百將張弘章圍住辱罵，經王樊喝止。」㉟福建漳州鎮總兵官初有德將淡水同知張弘章激變番衆的原因，分析具摺奏聞，節錄要點如下：

> 查得臺灣土番，久入版圖，素沐聖恩，早已懾服心志，相安寧貼，已非一日。今不意如此兇頑猖獗，不能改悔歸誠者，蓋因承平日久，地方官恣肆漸生。聞得淡水同知張弘章起蓋衙署，派令土番男婦做工，逐日勞苦，抑勒不堪。其衙役人等，又將少年番婦有姿色者兜留夜宿。再聞得該汛兵丁及民社遊巡地方，經過番社，需索土番飯食。夫文員擅役土番，縱容衙胥不法，汛防兵丁民壯復騷擾番社，以致番衆懷恨，此激變之所由來也㊵。

淡水同知衙署的起蓋，反映臺灣北路的拓墾，確實頗有成效，起蓋衙署是移墾社會的必要工程。但由於地方文武擅役土番，騷擾凌虐，引起番衆的公憤，使番漢族群的矛盾更加激化。

　　乾隆年間，閩粵移民越界私墾的問題，乃極嚴重。閩浙總督喀爾吉善等具摺時已指出除了藍張興庄以外，藍廷珍子姪人等均在附近置產報墾。其孫藍日仁倚藉昔年聲勢，不安本分，仍在彰化縣地方呼朋引類，自稱田主，擅將內山原住民地界任意侵佔，給人耕種，每年抽取租銀，稱爲犁頭，以致遠方無賴之偷渡過臺賃種荒田，又結交廳縣衙役及附近奸徒，包庇分肥，益無忌憚。喀爾吉善密飭臺灣道書成查拏，據書成稟稱，藍廷珍之孫藍日仁原在彰化大姑婆界內報墾有業，後因希圖射利，貪取犁頭，遂將毗連番界內荒地擅自批撥當地棍徒林順良等耕重，廳縣衙役孫瑞、林傳等通同一氣，彼此分肥。因肆無忌憚，任意私墾，以致族群

衝突案件，仍然層見疊出。

羅漢門分爲內門和外門，居臺灣南北兩路之中，內門離臺灣府城七十餘里，外門又離內門二十餘里，僻處內山原住民地界，外門以東過下淡水溪，即爲生番地界。內山番社甚多，每於秋深水涸草枯之際，生界原住民即涉溪至沿邊一帶庄寮，或焚燒寮房，或戕殺佃民。閩浙總督喀爾吉善細加訪察後具摺指出，「外門東北，地名東方木燒羹寮界外荒埔，皆可墾作田園，無業游民，時時覬覦，前往私墾，屢經嚴拏禁止。實緣該地與生番僅隔一溪，內地民人在彼立庄開墾，生番以逼近彼社，慮加擾害，即時出焚殺。」㊶爲避免番漢衝突，福建督撫飭令嚴禁私墾，在生番界內的荒埔鹿場，即使有土可耕，有泉可引，亦不許漢人越界墾種。同時規定靠近內山生界的荒埔，雖在定界之外，也禁止漢人居住耕種。但因閩粵移民與日俱增，界內禁墾荒埔，多被漢人搭寮居住，漸次墾闢，番漢衝突案件，就是漢人越界私墾過程中的產物。易言之，越界侵墾是因，番漢衝突是果。例如彰化內凹庄柳樹湳一帶的西邊有北投、南投等社，是界內熟番；東邊是水沙連，共二十八社，其中二十四社每年僅納鹿餉，不與界內熟番一體當差，是屬於界外熟番，其餘四社則爲生番。

乾隆十六年（1751）十二月初八日夜間，突有原住民數十人擁入內凹庄，焚燒茅屋八間，殺死賴、白二姓男婦共二十二口，俱被割去頭顱。十二月初九日夜間，原住民百餘名到柳樹湳庄，放火焚燒營盤，殺死汛兵七名，殺傷五名。十二月十一日，原住民又在南投、北投等庄殺死漢人數十名，內有一家十二口，被殺十一人。據通事張達京率同副通事葉福、賴春瑞等分頭查訪後稟稱，漢人兵丁被殺，是斗截社生番爲首，帶領眉加臘社、截仔社生番出山焚殺。但據內凹庄被焚殺逃脫老人向知縣程運青稟稱，

焚殺漢人的原住民，實係熟番，老人曾親見熟番頭包青布，身穿青白番衣，能說漳泉土音，並非生番，而是地方文武嫁禍生番。把總王友具稟時指出，因內凹庄民賴相、賴蔭、白惜等平日佔墾水沙連草地起釁，致被殺害全家二十二名。柳樹湳汛地逼近南北投社番出入弔鹿處所，以致被焚殺。福州將軍新柱奉命暫署福建巡撫印務，新柱具摺時指出起釁根由是因庄民簡耕等向熟番租地墾種，並未納租，以致熟番不甘，率眾戕殺㊷。

閩粵移民固然越界私墾內山生番荒埔，同時也向熟番租地墾種。因此，不僅生番焚殺漢人，熟番也常與漢人發生衝突。熟番與生番，多結為親戚，熟番偶有私仇宿怨，即暗中勾引生番出山焚殺㊸。通曉番語的漢人，進入內山後，散髮改裝，娶番女為妻，稱為番割，他們也常帶領生番出山劫奪。巡視臺灣監察御史禪濟布對番漢衝突的由來，提出他的看法：

> 細查歷年生番傷人緣由，皆因一、二無知愚民，貪圖小利，入內山溪岸，非為樵採竹木，便是開掘水道，甚至踞其鹿場，而募丁耕種，無非自取其禍，以戕厥命，況番性雖嗜殺，不過乘黑夜，值雨天，潛雨天，潛伏伊近界草間，窺伺人伴稀少，突出鏢殺，取人首飾金，以稱好漢，從不敢探越內地有剝刮殺掠之患㊹。

樵採竹木，開掘水道，募丁耕種，都是移墾社會的開發工作，對生態環境影響頗鉅。福建巡撫毛文銓對番漢衝突的原因，也提出類似的說法。其原摺指出：

> 推原生番一種，向不出外，皆潛出於伊界之中，耕耘度活，內地人民不知利害，或因開墾而佔其空地開山，或因砍伐而攘其藤梢竹木，生番見之，未有不即行殺害，釀成大案者。為今之計，惟有清其域限，嚴禁諸色人等，總不許輒

入生番界內，方得無事。歷任督撫諸臣亦無不頻加禁飭，
總難盡絕。今臣已檄行道府移會營員，務令逐一查明，在
於逼近生番交界之間，各立大碑，杜其擅入㊺。

閩粵內地移民因開墾而侵佔生番空地，或入山砍柴抽藤，所以遭
遇生番殺害。地方大吏雖然檄飭立碑爲界，頻加禁飭，但漢人不
顧禁令，無不越界私墾。福建總督高其倬針對番漢衝突的問題，
提出了幾項措施，其原摺略謂：

番人焚殺一節，此事情節中有數種：一則開墾之民侵入番
界，及抽藤弔鹿，故爲番人所殺，此應嚴禁嚴處漢人，清
立地界，不應過責番人；一則番社俱有通事，通事刻剝，
番人憤怨，怨極遂肆殺害，波及鄰住之人。或舊通事與新
通事爭佔此社，暗唆番人殺人，此應嚴查僉准通事之地方
官及嚴懲通事，而番人殺害無辜者，亦應兼行示懲；一則
社番殺人數次，遂自恃強梁，頻行此事，殺人取首，誇耀
逞雄，此應懲創番人，以示禁過。臣再四詳思治番之法，
最先宜查清民界、番界，樹立石碑，則界址清楚，如有焚
殺之事，即往勘查。若係民人入侵番界耕種及抽藤弔鹿，
致被殺死，則懲處田主及縱令侵入番界之保甲鄉長店主。
如漢民並未過界，而番人肆殺，則應嚴懲番人。但向來非
不立界，而界石遷移不常，又數里里許，方立一通石碣，
若遇斜曲山溪之處，量界既難，移那亦易，未爲妥協，以
行令臺灣文武，又與新府縣面說，令會同徹底踏查清楚，
隨其地勢，或二十步、三十步，即立一碣，大字書刻，密
密排布，不可惜費，既定之後，非經有故另詳，不許擅移
尺寸。界址既清，庶生事之時，係番係民，清查有憑，懲
處庶可得實㊻。

爲避免番漢衝突,清查界址,添建隘寮,勘築土牛,樹立碑碣,都是重要的防範措施。同時在治罪條例上規定凡民人私入番境,杖一百;如在近番處所抽藤弔鹿伐木採樵者,杖一百,徒三年。如有偷越番界運貨者,失察之專管官降調,該管上司罰俸一年。臺地民人不得與番民結親,違者離異治罪,地方官參處㊼。其目的,主要在於減少番漢衝突的頻繁發生。

　　番漢衝突以外,閩粵移民亦因開發土地動輒械鬥,或是閩粵分類械鬥,或是漳泉分類械鬥,甚至同籍而鬥,有清一代,臺灣械鬥案件層見疊出,大都與移墾社會的不穩定有密切的關係。其起因,主要是由於墾戶或開墾集團對於社會資源的爭奪,或因爭墾荒地,或因爭奪水利灌溉,各墾戶互相凌壓,以致族群衝突案件,層出不窮。同時又由於分類械鬥的頻繁發生,而造成族群分佈的變化,或各地區移殖人口的移動。例如彰化大甲地區大規模的移墾,主要是始自康熙中葉以後,閩籍移民林姓、張姓等人由鹿仔港北上開墾,粵籍移民邱姓等則率衆開墾九張犁、日南、鐵砧山腳、大安等荒埔。雍正年間,粵籍移民開拓柳樹湳,漳州籍移民林姓等率領族人自大里杙南下向平埔族租得土地,建設村落。其後因分類械鬥,粵籍移民聲勢較弱,於是遷入東勢。內地漢人初至岸里社時,曾以割地換水方式,與原住民訂立墾約,出資興建下埤水圳,以二分圳水歸原住民灌溉。前後有粵籍移民張性、李姓等人率領族人鄉親大肆拓荒。乾隆年間,粵籍移民在岸里社北庄等地拓墾,形成以廣東嘉應州移民爲核心的地緣村落。其後因閩粵分類械鬥頻仍,粵籍移民遷居銅鑼、大湖等地,而形成了粵籍客家庄地緣村落。

　　閩粵移民常因爭墾荒埔,而滋生事端,例如淡水廳界外烏樹林、黃泥塘二處,因逼近內山,生番出沒堪慮,經淡水同知段玠

召募鄉勇二十名，分隘防守。其烏樹林一處，是粵人張昂爲鄉勇首，給予牌戳，許墾就近荒埔，以抵作衆鄉勇口糧。其武陵、馬陵二處埔地，接近烏樹林，原本是霄裡社通事鳳生的產業。乾隆四十三年（1778）及四十五、六等年，鳳生將兩處埔地先後招漢佃閩人林淡、李探、蕭朝際、賴力等合股開墾，議明限年成熟，定額納租。張昂以武陵埔地先經其族張淑攀向鳳生故父知母六認墾，出有壓地番銀三十圓未還，揹不退地，藉稱原作鄉勇口糧，分向武陵、馬陵兩埔墾丁閩人李華、顏沃、林淡、陳輝等抽租爭鬥。張昂等赴淡防廳呈控，經同知馬鳴鑣訊明張淑攀墾種一年花息，足抵壓租，斷令退還，另查埔地撥給。後經查明張昂已於黃泥塘墾有埔地，口糧充裕，毋庸另撥，斷結在案。

乾隆四十八年（1783）七月十六日，佃丁閩人李華等邀集股夥在武陵埔分地。張昂藉詞守隘，向李華等抽分口糧，李華不依，爭鬧而散。次日，股夥董生之子董醇即董郎以張昂現住隘寮，亦係股業地基，倡言拆寮，免其藉口抽租。同一天，張昂同各鄉勇護衛庄民，入山樵採。董郎即乘間糾同股夥林振等十五人各用山豬鏢、棍棒等前往拆寮。張昂回寮後即率鄉勇張研等向李探較論，打傷董郎。七月十八日，林淡轉告其兄林雲。林雲糾同股夥族親王海等二十一人分路伏截，殺死張昂等四人，並燬屍滅跡。林雲等犯經審擬後，俱被就地正法[48]。由於閩粵民人爭抽墾租而導致連殺四命，焚屋燒屍，支解滅跡的慘劇。

在分類械鬥過程中，各移墾集團多扮演了重要的角色。例如福建漳州府龍溪縣人翁雲寬東渡臺灣後，在諸羅縣境內開墾，陸續墾成田庄十六處，家道富足。乾隆四十七年（1782）九月間，漳、泉兩府移民大規模分類械鬥，到處焚搶，漳籍移民逃難，躲入翁雲寬庄內。翁雲寬令管事陳楚仁分米煮粥，資給日用。咬狗

竹等庄是翁雲寬所開聚落，被泉籍移民施斌、吳妹率眾強搶。翁雲寬庄佃羅瓦等人，也出庄搶殺。翁雲寬以縱佃焚搶的罪名，於乾隆四十八年（1783）九月十二日中風監斃㊾。

　　彰化縣境內大里杙庄也是漳州籍林姓移民開墾的聚落，在彰化漳、泉分類械鬥期間，同樣扮演了重要的角色。大里杙距離內山水沙連生番各社約有二十多里，可墾荒地廣大。康熙年間，有漳州人林愻因隻身無食，渡臺營生，頗有積蓄，後來入墾大里杙，漸成聚落。大里杙東倚大山，南繞溪河，橫長各約五里，可容萬餘人。乾隆年間，大里杙庄林姓族人已有二、三千人。福建水師提督黃仕簡認為大里杙庄林姓族人是漳、泉分類械鬥的首惡，必須大加懲創。其原摺奏稱：

> 黃添等因泉人眾多，恐難抵禦，私約漳庄大里杙林姓於八月二十九日出庄，連攻番仔溝、過溝仔、新庄仔、鹿仔港等庄，俱被阻回，已有解散之勢，又係已正法之漳匪黃添等私留大里杙庄民守護保庄。大里杙庄民林慊即林士謙於九月初六日復糾眾出庄，四鄉羅漢腳，從而附和。其在逃番仔溝庄泉人謝笑藉詞幫護，鹿仔港等庄鄉親亦黨眾互鬥，乘機搶殺，從茲此散彼聚，延及貓霧捒之犁頭店，葫蘆墩、沙轆、大肚街、牛罵頭，並大武郡、燕霧、東西螺、海豐港、布嶼稟等處各保庄，肆害月餘，漳邑被擾大小村庄約二百餘處，據控殺命者已有數百命，甚至殺死把總林審。是大里杙之漳匪與番仔溝之泉匪，作惡實甚。而大里杙漳匪首先聽邀攻庄，尤為起事首惡，若不大加懲罰，實無以儆兇惡，而安良善㊿。

大里杙庄是漳州庄，番仔溝等處是泉州庄，漳、泉分類械鬥期間，各分氣類的地緣村落，都扮演了十分重要的角色。大里杙不僅成

爲漳州籍移民的避難所，同時也是小刀會、添弟會逸犯的逋逃所。林爽文領導天地會起事以後，漳州籍移民的勢力迅速膨脹，彰化境內北庄神岡、牛罵頭地方的粵籍移民，因勢力單薄，而移居南坑庄、葫蘆墩、東勢角等地。其後又因嘉慶年間的分類械鬥而遷至貓裡地方。嘉慶十年（1805），粵籍客民黃祈英隻身來臺，進入中港溪斗換坪，開始與原住民交換物品，漸漸取得原住民信任，並取番婦，從番俗，改名斗乃。他後來邀同鄉張大滿、張細滿等入山，約爲兄弟，亦各娶番女。嘉慶二十五年（1820），黃斗乃等開墾三灣荒埔。其後又沿中港溪進入南庄開墾，黃斗乃藉著原住民的保護，越過土牛界限，進入番界墾闢荒埔。但因閩人蔡阿滿曾向淡水廳納餉領墾三灣、南庄一帶荒埔而爲墾首，並帶領族人定居土牛口，於是建立土牛庄，閩籍移民和粵籍移民既因開墾形成勢力，遂種下道光六年（1826）分類械鬥的禍根(51)。

四、臺灣後山開發與族群衝突

臺灣土地的開發；與臺灣的地理特徵，有著密切的關係。福建巡撫丁日昌曾把臺灣比喻爲一條魚，他說：「臺灣地勢，其形如魚，首尾薄削，而中權豐隆，前山猶魚之腹，膏腴較多，後山則魚之脊也。」(52)清代前期，臺灣土地的開發，主要集中於前山平原或荒埔。清代後期，一方面由於前山開發，已經日漸飽和，一方面由於日本及西方列強的覬覦臺灣，爲建設海防，鞏固疆域，朝野都已注意到臺灣在國防上的重要戰略地位。同治末年，日本藉口琉球海難事件，出兵牡丹社等地，派遣輪船運送糧食衣物，接濟日軍，日本船隻自風港航行到枋寮，測水深淺。當清朝驛夫賫遞公文前往琅璚，行經平埔時，竟爲日軍所阻，最後由間道旁達。刺桐腳庄民，則勾結日軍進攻龜紋社。

在北路方面，有日人前往岐萊地方租地蓋屋。西洋人亦至內山遊歷、伐木，美國駐廈門領事恆禮遜曾親往水沙連遊歷多日，厚給民番衣食物件，有些洋人到水沙連照相繪圖。水沙連、秀姑巒等地，已建有教堂，信教民番，與日俱增。日本及列強的舉動，嚴重的威脅到清朝在臺灣的主權。臺灣後山的開發，就是始自同治十三年（1874）日本琅璚之役，清廷爲了先發制人，始議開發後山。翰林院侍講張佩綸具摺時已指出，「臺灣野番可使生，生番可使熟，早宜綏來開拓，以廣帡幪。道光年間，閩浙督臣劉韻珂曾上其策，格於部議，使當日綢繆未雨，何至有日本之事哉！」⑤⑶辦理臺灣等處海防大臣沈葆楨具摺奏稱，「臣等曩爲海防孔亟，一面撫番，一面開路，以絕彼族覬覦之心，以消目前肘腋之患。」⑤⑷臺灣後山的開發，就是因外患而促成的。福建巡撫丁日昌查勘臺灣北路後山後，具摺奏稱，「我之所以撫番者，原以杜洋人覬覦之端，若不大舉創辦，收入版圖，萬一洋人復重利餌番，曰吾取地於番也，非取地於中國也，我復何說之辭？故爲目前計，得番地，不足以爲益；不得番地，不足以爲損。爲大局計，得番地則可永斷葛藤，不得番地，則恐難息窺伺。」⑤⑸開發後山，就是取地於番，爲大局計，得番地，始能杜色列強覬覦之端。

臺灣後山，南起恆春、八瑤灣，北至蘇澳，約六、七百餘里，番社林立，約計數百社。劉銘傳具摺指出，「臺灣生番，橫亙南北七百餘里，盡佔腹心之地，與民地處處毗連，每年戕殺生命至千餘人之多，匪盜藉番地以出沒，聚眾搶刦，土豪藉防番以斂費養勇抗官，號令不能行，賦稅不能清。從前官斯土者，相率苟安，生番殺人，坐視不問。臣忝膺斯土，握領重兵，紳民稟報生番殺人，不能置之不問。全臺如人之一身，生番橫亙南北四路，聲氣不通，譬如人之血脈不通，呼吸不靈，百病叢生，且內患不除，

何以禦外。」�56想要打通後山，必須開路撫番。

同光年間，臺灣後山的開發，分爲北中南三路展開，都是以開路方式，逐漸開通後山的。在清代前期，閩粵流動人口扮演了重要的角色。同光時期，官兵尤其是淮軍扮演了重要的角色。南路自社寮至卑南爲止。共紮振宇四營，綏靖軍一營，由總兵官張其光、同知袁聞柝主持，自同治十三年（1874）九月間越崑崙坳而東。同年十月初七日，官兵至諸也葛社。十月二十日，抵卑南，計程數十里。總兵官張其光別開射寮一路，其工程分爲兩處：一自山前盆其湖開至鹿力社界，計二十餘里；一自山後大烏口開至春望巖；計三十餘里，即在春望巖搭蓋草寮，分兵扼守，並逐段開通，直過卑南。

北路自蘇澳至新城，共十三營半，水師一營，由提督羅大春主持，自同治十三年（1874）九月十八日起程，九月二十五日，至大濁水溪，過大清水溪、大魯閣。十月十三日，抵新城。十月十四日，至岐萊、花蓮港之北，北路是後山橫走秀姑巒、加禮宛之道。自蘇澳至新城計山路二萬七千餘丈，自新城至花蓮港計平路九千餘丈，合計二百里，沿途建築碉堡，分佈勇營捍衛。中路自牛輥轆至璞石閣爲止，共紮二營半，由南澳鎮總兵吳光亮主持，自同治十三年（1874）五月初九日起至八月初八日止，所開之路包括鐵門洞、八月關、八母坑、架扎、雙峰仞、粗樹腳、大崙溪底、雅托等處，共計七十九里，沿途設立塘坊卡所十處，由副將吳光忠等各率所部填紮。後山中路以璞石閣、水尾爲適中之地，北可控制岐萊、秀姑巒，南可聯絡卑南。

督辦福建船政候補京堂署理福建巡撫吳贊誠，由陸路查勘卑南等處情形。光緒三年（1877）五月十二日，吳贊誠自恆春縣城東北行，過射麻、里萬、里得、八瑤、阿眉等社，路旁都是水

田，民番雜居耕作。出八瑤灣後北至知本社。其中巴郎衛一處，地段較寬，由土人林讚承墾，漸成村落。途經大烏萬、諸也葛、大貓貍、知本四大溪，於同年五月二十八日行抵卑南。吳贊誠具摺指出，卑南周圍百餘里，有八個番社，八個番庄，一個民庄，由綏靖均一營分紮各處。自大坡以南，除阿眉社原住民自種田地外，還有客民陳雲清、吳加炳、潘元琴等開墾已成的熟田。當地平埔族雖不習耕，但向來都有捕鹿、牧牛的場所，其中卑南寮就是各平埔族游牧的公地。在璞石閣一帶，也有民庄，粵閩雜居，意即粵籍和閩籍移民的錯處村落⑤。

　　官兵開發後山，工程浩大，十分艱辛。尤其是後山疫氣盛行，幾乎是十勇九病。沈葆楨具摺時已指出，淮軍將領，「披荊斬棘之勞，炎瘴毒霧之酷，驀山越澗之奇險，含沙射影之難防，其艱苦更非血戰中原者比。」⑧他又說：「各將士披荊斬棘，冒瘴衝煙，顛躓於懸崖荒谷之中，血戰於毒標飛丸之下。」⑨可謂危苦萬狀。福建巡撫丁日昌具摺指出，南路恆春縣所轄下十八社番情，較之鳳山縣所轄上十八社，雖稍馴順，「惟生番無論長幼，俱配槍刀，槍係土造，雖用火繩，頗有準頭，而擦磨滑亮，光可鑑人，較之營兵所用舊式火鎗，幾勝數倍，而且如番目所帶係新武士乃得後膛洋鎗。」⑥後山各社生番恃險抗拒官兵。據福建巡撫丁日昌指出，「臺灣南北中三路，類皆鳥道羊腸，生番時常截殺，故每開一路，必駐數營之兵以守之。」⑥據臺灣道夏獻綸等稟報，「後山加禮遠及加禮宛番眾中通豆欄、木瓜各番，夜則暗攻營壘，日則伺殺軍民。」福建巡撫丁日昌具摺時亦稱，豆欄社乘機殺人，並將首級賣給木瓜等社。獅頭等社生番戕害遊擊王開俊、總兵官張其光所部哨官把總謝受業等。

　　淮軍提督唐定奎等分路進剿各社生番，光緒元年（1875）

三月十七日，唐定奎計畫進剿南路竹坑等社，由統帶武毅左軍提督張光亮出竹坑山前爲中路，管帶左軍左營游擊陳有元，管帶右營游擊何迪義等爲左右兩路，管帶武毅親兵副將總兵章高元等由竹坑山後進攻，以抄其背，並斷其外援。兵勇步步爲營，因無磚石，所以購買麻袋數萬個，攜帶前進，遇敵即就地囊括立壁。當兵勇途經草叢時，番眾突起。兵勇使用連珠陣法，且戰且進，攻佔番寮，見有大堆骷髏，都是陣亡士卒及民人骨骸。兵勇乘勝進軍內外獅頭等社，首先攻破龜紋社所屬本武社，焚其草寮五、六十所。四月十六日，兵勇中左右三路併力合圍內獅頭社，戰況激烈，自卯至巳，統計斬殺「悍番」六、七十名，轟傷二百餘名，奪獲槍刀三百餘件，搜查草寮，抄出福靖左營旗幟十餘面，握礮十桿，番槍百餘桿，刀斧千餘柄，火藥百餘斤，鵁苧數百石，髮辮二十餘條，焚燬草寮二百餘間。同日，官兵三路進攻外獅頭社，自卯至辰，連破五卡，至巳時攻克外獅頭社，焚燬草寮一百餘間。進剿內外獅頭社期間，陣亡淮勇十二名，受傷四十餘名⑫。福建巡撫丁日昌曾率同臺灣府候補道周懋琦等巡查南路，由鳳山經枋寮、刺桐腳。這裡就是淮軍進剿獅頭社時駐軍之處，統計淮軍困於瘴疫，病死於此地的人數，包括官弁九十餘人，兵勇三千餘人。丁日昌等一行，隨後轉赴柴城、恆春、瑯璚。這裡就是同治十三年（1874）日軍紮營之地，淮軍在這裡歿於瘴疫的，也有一千餘人。當丁日昌到北路後山蘇澳巡查時，據稟總兵張陞階新帶兩營在蘇澳駐紮，不及月餘，病者已二百餘人，死者十餘人。總兵宋桂染疫病故，提督彭楚漢、羅大春、總兵吳光亮等先後患病，其兵勇喪亡者不下二、三千人。蘇澳地區的生番，亦極猖獗，當勇丁赴市買米回至蘇澳五里亭時，竟被生番狙殺九名⑬。當北路後山加禮宛社生番分路圍攻鵲子舖營堡時，副將陳得勝，接仗受

傷，參將楊玉貴力戰陣亡。閩浙總督何璟具摺時已指出，「加禮
宛半係熟番，向與附近之十六股庄農民暨農兵營鄰近，雖中藏叵
測，尚未至顯然攻殺，此次據稱因營勇買米口角起釁。」⑭同光
時期的族群衝突，最顯著的特徵是原住民與兵勇的衝突案件屢見
不鮮。開發後山，固然費重瘴深，兵勇非病即死，但若棄之不顧，
則恐爲外國所佔，後患更深。因此，臺灣後山的開發，實有它不
得已的苦衷。

五、結　語

　　有清一代，臺灣移墾社會的形成及土地的開發，都與臺灣的
地理特徵，有著密切的關係。臺灣位於清朝東南方，孤懸於外海，
與閩粵內地一衣帶水。臺灣中央山脈縱貫南北，將全島劃分爲東
西兩部份，形成不對稱的條狀層次結構，形狀如魚，首尾薄削，
西部爲前山，面向閩粵內地，很像魚腹，膏腴肥沃；東部爲後山，
爲山脈所阻隔，好似魚脊。因地理位置的便利，早期渡海來臺的
內地漢人，主要是從福建泉州府屬廈門出海，對渡臺灣南部鹿耳
門。清廷領有臺灣後，臺灣府隸屬福建省。乾隆年間，永德奏准
開設鹿仔港，對渡蚶江。福康安等奏准開設淡水八里坌，對渡福
州府屬五虎門南臺。鹿耳門、鹿仔港、八里坌等港口，都在西部
海岸，對臺灣西部前山的開發，產生了重要的作用。

　　閩粵兩省地狹人稠，是清代人口壓迫最嚴重的地區，同時也
是人口外流最爲頻繁的兩個省分。閩粵流動人口渡海入臺後，篳
路藍褸，墾殖荒陬，經過先民的慘澹經營，於是提供內地漢人一
個適宜安居和落地生根的海外樂土。臺灣從康熙二十三年（
1684）歸入清朝版圖至光緒二十一年（1895）割讓於日本止，
僅二百年的開發史，開墾耕地面積卻達八百五十萬畝，人口激增

至三百七十餘萬，行政建置擴展爲一省三府，一直隸州，四廳，十一縣，臺灣開發成果的顯著，與閩粵人口的流動，臺灣地理的特徵，清廷政策的調整，都有十分密切的關係。但因臺灣孤懸外海，其人文景觀卻自成一區，在社會、經濟方面的發展，都經歷過非常顯著的變化，同時建立了十分複雜的土地制度及租佃關係，而形成臺灣獨有的特點。

清代臺灣的土地開發，大致可以分爲前後兩個階段。從康熙二十三年（1684）清廷領有臺灣至同治十二年（1873），計一百九十年爲前期，是第一個階段，閩粵移民紛紛東渡臺灣，偷渡盛行，絡繹不絕，開發的土地，主要在臺灣西部前山平原荒埔，拓墾方向，先由府城、臺灣縣向北、向南拓墾，在康熙、雍正年間，南路鳳山，北部諸羅等地，都成了拓墾重心。乾隆初年以來，彰化平原也成了拓墾重心。乾隆末年，由於淡水八里坌的開設口岸，對臺灣北路或淡水廳的開發，產生了促進的作用，嘉慶、道光年間以來，淡水廳遂成爲新的拓墾重心。這一時期的移墾社會，最顯著的特徵，是族群結構的多元化，原住民社會因生態環境及文化背景的認知差異，被區分爲內山生界未歸化的生番，生界已歸化的化番，以及平埔熟番。至於來自閩粵地區的流寓人口，多分佈於前山地區，採取祖籍居地的地緣關係，依附於相同祖籍的同鄉村落，而形成了泉州庄、漳州庄、廣東客家庄。由於清廷的消極治臺政策，各族群之間，出現了嚴重的矛盾及尖銳的對立。清廷爲抒解人口壓力，而獎勵墾荒，准許私人開墾，並佔有土地。但同時又頒佈渡臺禁令，嚴禁偷渡，不准攜眷過臺。並禁止內地移民進入番社越界墾拓荒埔。閩粵移民不顧禁令紛紛爭墾番界，抽藤弔鹿，或向熟番租地耕種，甚至任意侵佔。原住民爲保護生存空間而不惜訴諸武力，番漢衝突案件，遂層出不窮，反映地方

官對禁止漢人越界私墾及保護番社的缺乏公信力。番漢衝突案件同時也反映清代臺灣土地制度的不夠健全，豪強富戶任意私墾，欺隱偷開的情形，極為普遍，各移墾集團之間，同鄉的意識，相當強烈，彼此常有互相欺凌，以大吃小的現象。無論是番漢衝突，或是泉漳械鬥及閩粵械鬥，多有顯著的分類意識。但閩粵移民與原住民的族群衝突，主要是起於內地人口流動所造成的社會衝突現象，並非種族歧視。同光時期，由於列強的加緊侵略，爭奪在華利權，清廷為救亡圖存，開始重視邊防，並先後展開各項新政措施，建設海防，移民實邊。朝野也都注意到臺灣的重要戰略地位，其治臺政策也開始大幅度的調整，於是沈葆楨等人在臺灣積極開發後山，伐山開道。他們認為開山而不先撫番，則開山無從下手。欲撫番而不先開山，則撫番仍屬空談。欲開山撫番，則必須增派營勇，募丁屯墾，能戰而後能守，能守而後能耕。因此，臺灣後山的開發，以及族群的衝突，勇丁都扮演了重要的角色。由於後山的開發，開始打開後山封閉的原住民社會，加速他們的內地化，消除番害，以便推動海防建設，即所謂開山而後臺灣安，內安而後可言海防建設，清廷治臺政策的調整，雖然是外鑠的，但就穩定東南局勢，保全臺灣而言，清廷治臺政策的大幅調整，臺灣後山的積極開發，確實具有時代的意義。有清一代，臺灣社會經濟的變遷，確實不能忽視臺灣族群關係問題及土地開發的過程。

【註　釋】

① 陳紹馨著，《臺灣的人口變遷與社會變遷》（臺北，聯經出版公司，1985年9月），頁31。

② 陳孔立著，《清代臺灣移民社會研究》（福建，廈門大學出版社，

1990年10月），頁7。

③　《宮中檔康熙朝奏摺》，第九輯（臺北，國立故宮博物院，1977年6月），頁436。康熙五十三年十一月十五日，福建巡撫覺羅滿保奏摺。

④　《明清史料》（臺北，中央研究院，1972年3月），戊編，第二本，頁107。

⑤　《宮中檔乾隆朝奏摺》，第十三輯（1983年12月），頁63。乾隆二十八年十二月十五日，巡察臺灣給事中永慶等奏摺。

⑥　《宮中檔乾隆朝奏摺》，第十九輯（1983年11月），頁488。乾隆二十八年十一月初三日，福建巡撫定長奏摺。

⑦　鄧孔昭撰，〈清政府禁止沿海人民偷波臺灣人口的影響〉，《臺灣研究十年》（福建，廈門大學，1990年10月），頁262。

⑧　《明清史料》，戊編，第四本，頁308，大學士阿桂等奏摺。

⑨　《臺灣研究十年》，頁266。

⑩　《宮中檔雍正朝奏摺》，第六輯（1978年11月），頁527。雍正四年九月初二日，閩浙總督高其倬奏摺。

⑪　《月摺檔》，光緒七年二月初三日，福建巡撫勒方錡奏片。

⑫　《宮中檔雍正朝奏摺》，第十一輯（1978年9月），頁221。雍正六年九月初一日，福建臺灣鎮總兵官王郡奏摺。

⑬　《宮中檔康熙朝奏摺》，第九輯，頁629。康熙五十六年七月十八日，閩浙總督覺羅滿保奏摺。

⑭　《故宮臺灣史料概述》（臺北，國立故宮博物院，1995年10月），頁271。

⑮　《月摺檔》，道光二十七年九月十六日，閩浙總督劉韻珂奏摺。

⑯　謝遂繪製，《職貢圖》（臺北，國立故宮博物院），卷二。

⑰　《宮中檔》（臺北，國立故宮博物院），第2731箱，69包，10796

號，道光二十七年八月十六日，閩浙總督劉韻珂奏摺。

⑱　《宮中檔雍正朝奏摺》，第二十三輯（1979年7月），頁696。雍正
　　十二年十一月初六日，福建巡撫趙國麟等奏摺。

⑲　郁永河著，《裨海紀遊》（臺北，臺灣銀行經濟研究室，1959年4
　　月），頁4。

⑳　《月摺檔》，光緒二年十二月二十二日，福建巡撫丁日昌奏摺。

㉑　《宮中檔》，第2731箱，69包，10796號，道光二十七年八月十六
　　日，閩浙總督劉韻珂奏摺。

㉒　《宮中檔雍正朝奏摺》，第十二輯（1978年10月），頁845。雍正
　　七年四月十一日，福建分巡道孫國璽奏摺。

㉓　《宮中檔雍正朝奏摺》，第十三輯（1978年11月），頁103。雍正
　　七年五月初一日，福建巡撫劉世明奏摺。

㉔　《軍機處檔・月摺包》（臺北，國立故宮博物院），第2771箱，71
　　包，10889號，乾隆三十四年九月二十四日，閩浙總督崔應階奏摺
　　錄副。

㉕　《宮中檔雍正朝奏摺》，第八輯（1978年6月），頁473。雍正五年
　　七月初八日，福建總督高其倬奏摺。

㉖　《宮中檔雍正朝奏摺》，第十一輯（1978年9月），頁124。雍正六
　　年八月十八日，巡視臺灣監察御史夏之芳等奏摺。

㉗　《宮中檔乾隆朝奏摺》，第十二輯（1983年4月），頁478。乾隆二
　　十年九月十一日，福建巡撫鐘音奏摺。

㉘　陳孔立著，《清代臺灣移民社會研究》（福建，廈門大學出版社，
　　1990年10月），頁19。

㉙　《宮中檔雍正朝奏摺》，第六輯（1978年4月），頁831。雍正四年
　　十一月初八日，漸閩總督高其倬奏摺。

㉚　《宮中檔雍正朝奏摺》，第八輯（1978年6月），頁682。雍正五年

八月十二日，巡視臺灣監察御史索琳等奏摺。

㉛　《宮中檔雍正朝奏摺》，第五輯（1978年3月），頁280。雍正三年
　　十月十六日，巡視臺灣監察御史索琳等奏摺。

㉜　《宮中檔乾隆朝奏摺》，第十四輯（1983年6月），頁20。乾隆二
　　十一年三月二十日，福建巡撫鐘音奏摺。

㉝　《宮中檔雍正朝奏摺》，第六輯，頁832。雍正四年十一月初八日，
　　漸閩總督高其倬奏摺。

㉞　《宮中檔雍正朝奏摺》，第八輯（1978年6月），頁684。雍正五年
　　八月十二日，巡視臺灣監察御史索琳等奏摺。

㉟　《宮中檔乾隆朝奏摺》，第一輯（1982年5月），頁21。乾隆十四
　　年三月十二日，福建巡撫潘思榘奏摺。

㊱　《宮中檔雍正朝奏摺》，第五輯（1978年3月），頁589。雍正四年
　　二月初四日，福建巡撫毛文銓奏摺。

㊲　《軍機處檔·月摺包》，第2740箱，48包，6683號，乾隆十六年四
　　月二十四日，福建臺灣鎮總兵李有用奏摺錄副。

㊳　《宮中檔雍正朝奏摺》，第十九輯（1979年5月），頁308，雍正十
　　年正月十四日，巡視臺灣兵科堂印給事中高山等奏摺。

㊴　《宮中檔雍正朝奏摺》，第十九輯，頁401，雍正十年二月初三日，
　　管理福建海關事務郎中準泰奏摺。

㊵　《宮中檔雍正朝奏摺》，第二十輯（1979年6月），頁337，雍正十
　　年七月二十日，福建漳州鎮總兵官初有德奏摺。

㊶　《軍機處檔·月摺包》，第2740箱，33包，4749號，乾隆十四年八
　　月十八日，閩浙總督喀爾吉善奏摺錄副。

㊷　《宮中檔乾隆朝奏摺》，第二輯（1982年6月），頁341。乾隆十七
　　年三月二日，福州將軍暫署福建巡撫印務新柱奏摺。

㊸　《宮中檔乾隆朝奏摺》，第八輯（1982年12月），頁356。乾隆十

九年閏四月二十五日，福建按察使劉慥奏摺。

㊹ 《宮中檔雍正朝奏摺》，第五輯（1978年3月），頁448。雍正三年十二月初二日，巡視臺灣監察御史禪濟布奏摺。

㊺ 《宮中檔雍正朝奏摺》，第五輯，頁390。雍正三年十月十九日，福建巡撫毛文銓奏摺。

㊻ 《宮中檔雍正朝奏摺》，第八輯，頁470。雍正五年七月初八日，福建總督高其倬奏摺。

㊼ 《月摺檔》（臺北，國立故宮博物院），同治十三年十二月初五日，閩浙總督李鶴年等奏摺抄件。

㊽ 《宮中檔乾隆朝奏摺》，第五十八輯（1987年2月），頁64。乾隆四十八年十一月初三日，福建臺灣道楊廷樺奏摺。

㊾ 《宮中檔乾隆朝奏摺》，第五十九輯（1987年3月），頁821。乾隆四十九年閏三月二十六日，閩浙總督富勒渾奏摺。

㊿ 《宮中檔乾隆朝奏摺》，第五十四輯（1986年10月），頁585。乾隆四十七年十二月二十八日，福建水師提督黃仕簡奏摺。

(51) 陳運棟編，《頭份鎮志初稿》（苗栗，頭份鎮志編纂委員會，1979年10月），頁21。

(52) 《月摺檔》，光緒三年三月二十五日，福建巡撫丁日昌奏摺抄件。

(53) 《月摺檔》，光緒三年十月初二日，翰林院侍講張佩綸奏摺抄件。

(54) 《沈葆楨傳包》（臺北，國立故宮博物院典藏清代國史館檔），李殿林纂輯，沈葆楨奏稿。

(55) 《月摺檔》，光緒二年十二月二十二日，福建巡撫丁日昌奏摺抄件。

(56) 《月摺檔》，光緒十二年五月初八日，臺灣巡撫劉銘傳奏摺抄件。

(57) 《月摺檔》，光緒三年七月二十八日，督辦福建船政候補京堂吳贊誠奏摺抄件。

(58) 《月摺檔》，光緒元年五月十一日，沈葆楨等奏摺抄件。

㉙　《月摺檔》，光緒元年一月十六日，沈葆楨奏摺抄件。

㉚　《月摺檔》，光緒三年二月二十七日，福建巡撫丁日昌奏摺抄件。

㉛　《月摺檔》，光緒三年三月二十五日，福建巡撫丁日昌奏摺抄件。

㉜　《月摺檔》，光緒元年五月十一日，沈葆楨等奏摺抄件。

㉝　《月摺檔》，光緒二年十二月二十二日，福建巡撫丁日昌奏摺抄件。

㉞　《月摺檔》，光緒四年九月初十日，閩浙總督何璟等奏摺抄件。

信仰與生活

——從現藏檔案資料看清代臺灣的民間信仰

一、前　言

　　我國傳統文化與傳統信仰，大致可以分爲上下兩個層次，上層文化是傳統社會的主導文化，可以稱之爲「顯文化」；下層文化即民間文化，是傳統社會的文化潛流，可以稱之爲「隱文化」①。民間文化的內涵，不只是民間的風俗習慣，還包含其背後的價值觀念與信仰體系②。民間信仰雖然是宗教信仰，但它不具備宗教的組織制度、教義教規，並無教派名稱，因此，我們要注意到在傳統社會的文化潛流之中，存在著民間信仰與民間宗教的區別。

　　民間信仰對民間文化的影響，主要表現在衣食住行及思想觀念各個方面。由於地理背景及社會發展階段的差異，我國各地區的民間信仰，其發展進程，極不平衡。臺灣孤懸外海，地處海疆，清廷領有臺灣後，閩粵移民，渡臺拓墾者，與日俱增。由於臺灣早期移墾社會的人文背景較爲複雜。《淡水廳志》記載清代臺灣的民間信仰，內容頗詳，節錄要點如下：

> 淡地膏沃，易生財，亦易用財。凡遇四時神誕，賽愿生辰，搬演雜劇，費用無既。又信鬼尚巫，蠻貊之習猶存。有曰菜堂，吃齋拜佛，男女雜居。有爲客師，遇病禳禱，曰進錢補運，金鼓喧騰，晝夜不已。有爲乩童，扶輦跳躍，妄

示方藥，手執刀劍，披髮剖額，以示神靈。有爲紅姨，託
名女佛，探人隱事，類皆乘間取利，信之者牢不可破。最
盛者莫如石碇堡，有符咒殺人者，或幻術而恣淫，或劫財
而殞命，以符灰雜以煙茗檳榔間食之，罔迷弗覺，顛倒至
死③。

茱堂吃齋拜佛、乩童降神附身、紅姨通靈牽亡、符咒殺人、幻術
恣淫等等都是民間信仰，也是構成民衆精神生活與民間文化的重
要內容。但因民間信仰是屬於「潛文化」，或「隱文化」，其活
動較少受到官府的重視，因而始終沒有得到系統而全面的記述與
梳理。本文撰寫的宗旨，主要是就現存檔案資料，對清代臺灣民
間信仰活動，進行浮光掠影的考察，儘管現存檔案資料極爲零散，
又很不全面，也缺乏系統，但就研究早期臺灣民間信仰而言，已
經是彌足珍貴了。

二、占卜決疑的社會影響

巫術是一種古老的文化，巫術活動在民間信仰中佔有十分重
要的位置，幾乎所有的民間信仰內容，都不可避免地具有巫術特
點。我國民間信仰的巫術活動，源遠流長，在一定程度上影響或
左右著人們的物質和精神生活，譬如問卜占卦、測字算命等等，
人們期待神靈附身，以超自然的力量，達到預言休咎或吉凶禍福
的效果。

占卜就是術數家預測吉凶禍福的一種傳統方法，術數家被認
爲是具有超自然能力的靈媒，根據占卜工具上顯示的信號等判斷
吉凶禍福，認爲那種信號，就是鬼神的意志，人們根據這樣得來
的信息，作爲人們行爲的指針。占是觀察，卜是以火灼龜，就其
裂紋，以預測未來。灼龜觀兆，精微深妙，變化無窮，古法久已

失傳。後世民間流行的龜卦、錢卦、米卦、六壬、拆字、占候、星命、鳥占、草占、夢占等，多具有占卜的作用。龜甲蓍草雖然枯骨乾草，但古人相信由明通公溥無適無莫的靈媒或術士，卜以靈龜，筮以神蓍，即能通天地，愜鬼神，以定吉凶，反映古人已將占卜徵兆看作是神鬼對人們的啓示或警告。對於古人或原始社會的人們而言，占卜術是爲了要克服不安或不確定的感覺，並且把它予以合理化的辦法。占卜術之所以源遠流長，主要是它具有某些對於人們的精神狀態往往產生正面的影響。有清一代，臺灣卜卦、拆字、算命的盛行，就是內地民間文化的派生現象。其中拆字，隋代稱之爲破字，宋代叫做相字，後人習稱測字，是把字形拆開其偏旁點畫而離合參互他字，以預卜吉凶禍福。《後漢書・五行志》有一段記載說：

> 獻帝踐阼之初，京師童謠曰：「千里草，何青青。十日卜，不得生。」案千里草爲董，十日卜爲卓。凡別字之體，皆從上起，左右離合，無有從下發端者也。今二字如此者，天意若曰：「卓自下摩上，以臣陵君也。青青者，暴盛之貌也。不得生者，亦破亡。」④

董字拆爲千里草，卓字拆爲十日卜，就是拆字或測字以預卜吉凶禍福的占卜方法。

　　我國占卜之術，流傳久遠，不僅形式和內容多樣化，問卜的項目也非常廣泛。舉凡征戰、農事、祭祀、婚姻、治病等等，多以占卜預測行動的後果。推算個人的命運用占卜，國事的決疑也常求之於占卜。臺灣早期移墾社會裡，閩粵內地的游民渡海來臺後，從事卜卦算命者，不乏其人。乾隆末年，林爽文領導天地會起事以後，許多術士也投入了天地會的陣營。其中林茂是福建漳州府平和縣人，遷居臺灣後，與董喜是鄰舍。董喜充當林爽文的

軍師，他邀林茂到彰化大里杙林爽文的家裡，加入天地會。天地
會起事後，林茂被捕。據林茂供稱：「董喜係林爽文軍師，他會
算命，眾人稱他為董仙。」⑤陳梅原籍福建泉州，渡海來臺後，
寓居笨港，倚靠算命起課度日。陳梅被捕後供稱：「我素日起課，
不過借此度日，不能靈驗。後來入了林爽文的夥，亦曾替他起過
課，我總說是吉利，這都隨口答應。」⑥因為陳梅常為林爽文起
課算命，總說是吉利，所以陳梅也被封為軍師。閩人連清水渡海
來臺後，寄居鳳山縣，平日替人測字算命為生，每占一卦，約收
二、三十文不等。乾隆五十一年（1786）十二月，漳州籍移民
王周載投入鳳山縣莊大田領導的天地會陣營，莊大田封他為北門
大將軍。乾隆五十二年（1787）二月，王周載勸令連清水替莊
大田測字起課，要連清水占卜出陣打仗是否能得到勝利。連清水
被捕後供稱：

> 我係鳳山縣人，年四十一歲。家裡有父親連錦志，年六十
> 歲；母親郭氏，年五十八歲。我平日算命測字為生，有漳
> 州人王周載，素日原與我相好。上年十二月內，有賊匪莊
> 大田在鳳山一帶搶劫，到今年二月十二日，我在鳳山縣門
> 口，遇見王周載。他說他於去年十二月內從了莊大田打仗，
> 封他做北門大將軍，叫我替他起一課，問出陣可能得勝。
> 我測了一個田字，我說是好的。他給了我五百大錢，並說
> 事成之後封我為巡檢，他就去了，以後總沒見面。我仍舊
> 在鳳山城內測字度日。到二十三日，有官兵將我拿獲，說
> 我同王周載相好，又會測字，一定是他們軍師了，是實⑦。

會黨的成員，主要是下層社會的市井小民，或販夫走卒，測字算
命是常見的一種行業。會黨出兵打仗，也要起課測字，連清水便
隨手一占，測了一個「田」字。軍機大臣詰問連清水如何替莊大

田主謀？據連清水供稱：

> 那日王周載叫我測字，我隨手拿著田字，那田字的歌訣是：
> 「兩日不分明，四口暗相爭。半憂又半喜，不行又不行。」
> 本不是好話，我要得他的錢，就哄他說是好的。他給了我
> 五百錢，又問我會打仗不會，我說不會。他說帶你去無用，
> 將來事成後，封你做個巡檢罷。我實沒有跟他去，不敢謊
> 供⑧。

「田」字歌訣的意思，本非吉利意思，連清水一方面爲了要多得
錢文，一方面不敢得罪於會黨，就哄說是好卦。測字算命的靈驗，
雖然是偶然的，不是必然的，靈驗在所有的巫術行爲中只佔極少
數，但是，任何民間信仰無不期求一定的結果，有求必應，久而
久之，人們必然揚棄不靈驗的事例，只傳誦靈驗的事例，深信心
誠則靈，對不靈驗的事例，往往視而不見，或歸咎於心不誠。在
這種氛圍裡，人們往往產生靈驗的心理反應和生理反應。當信則
靈，靈即信的心理和生理交織在一起時，就已經在一定程度上擴
大了民間信仰的社會影響作用。雖然「田」字歌訣的意思並不吉
利，但會黨首領除了期求現實利益之外，還期求精神上的解脫和
昇華。

三、畫符念咒的巫術作用

臺灣位於大陸與大洋之間，孤懸外海，東臨廣闊的太平洋，
西距亞洲大陸不遠，濕氣較重，益以山嶽高峻，森林茂密，瘴氣
極重，易致疾病。在臺灣早期的生界各社原住民的村落中，普遍
相信人們生病的原因是由於鬼怪精靈潛入人體或村寨內作崇，於
是產生巫師驅鬼逐崇的民間信仰。臺灣巡撫劉銘傳具摺時已指出：

> 臺灣沿山內外，疫癘大作，守隘勇丁，半多移住山外避疫。

番社瘟疫尤重，番俗殺人禳災，疊據統帶北路土勇都司鄭
有勤稟報，大斛崁鹹菜甕三角湧等處俱有化番潛出殺人⑨。
殺人禳疫就是巫師驅邪治病的一種民間信仰。相傳布農族村寨中
有一種瘟疫，叫做「廷明托」，得病後病人發高燒，嚴重時晨患
夕死。如果鄰村發生了可怕的廷明托傳染病時，布農族立即邀請
巫師施以保護巫術。巫師取茅草四根，縛扎荊棘，插在通往鄰社
的路上及本社各家的門上。巫師一邊插荊棘，一邊祝禱說：「我
所做的茅草荊棘結擺好後，魔鬼一觸即走。無論各種魔鬼多強，
一見此物，即會掉頭就跑。從今以後，我所做的茅草荊棘，定能
擋住魔鬼，而魔鬼也必定不能進入我部落中來。」巫師祝禱後，
村民們將豬放走，公雞全部殺掉，因為布農族害怕這些動物的喊
叫聲音會把病魔引到村子裡來，各家各戶的人們都將倉頂屋蓋掀
起，由此洞口爬出，到山頂上躲藏，等待瘟疫過後，先由巫師念
咒，然後人們才陸續返回村寨⑩。

畫符治病也是原住民社會裡常見的一種民間信仰，擅長畫符
治病的原住民婦女，可謂不乏其人。天地會首領林爽文起事以後，
在天地會的陣營裡也有畫符治病的原住民婦女。其中鳳山縣上淡
水社婦女金娘就常為人畫符醫病，金娘被捕後供稱：

> 小婦人名叫金娘，年四十歲，是鳳山縣上淡水社番。父母
> 已故，並無兄弟，曾招內地人洪標為夫，三年就死了，並
> 無子女。小婦人三十二歲那年患病，曾從番婦賓那學畫符
> 醫治，後來就替人畫符醫病。這幾本請神治病的經，又是
> 鳳山人林乞寫的，傳給小婦人，林乞已死過三、四年了。
> 這莊大田自稱大元帥，是林爽文夥黨，共有一百多枝旗，
> 賊夥有萬餘人，亦有脅從的在內。小婦人向不熟識，是今
> 年正月間，請小婦人在打狗港祭神，又醫好他們同夥的病，

就請小婦人做女軍師，假說會請神保祐眾人不著槍炮。到三月初，莊大田兒子莊天位〔畏〕，要攻鳳山，小婦人假說鄭王即鄭成功顯神助戰的話，莊大田叫畫符哄騙眾人，稱做仙姑。三月初八日攻破鳳山，小婦人同去念咒，眾人就信果有法術。及莊大田每次來攻府城，小婦人帶一把劍在山頭念咒打鼓，假說神人保祐，不受槍炮。其實槍炮打死的甚多，小婦人只說是他命裡該當，眾人就不疑了。四月二十外，莊大田又將林爽文的札諭交給小婦人，封做一品夫人。其實小婦人並不認識林爽文，亦未曾入他天地會。這林紅五、六年前在鳳山，小婦人認做兄弟，學習治病，去年才和小婦人通奸，每次打仗，他也幫著打鼓。莊大田還請有一個番婦，名叫罔仔，是上淡水社番，也會念咒請神，眾人稱他仙媽，現在往上淡水去了⑪。

乾隆年間，臺灣天地會起事期間，原住民巫師在天地會陣營裡扮演了相當重要的角色，其中金娘被稱爲仙姑、罔仔被稱爲仙媽，都是鳳山縣上淡水社原住民婦女，都會念咒請神。金娘曾拜原住民婦女賓那爲師，學習畫符治病，曾經醫治莊大田黨夥的疾病。會黨成員相信金娘法術高強，能作法請神，保祐眾人不受槍砲傷害，刀槍不入，鄭王即鄭成功也顯靈助戰。天地會假藉民間信仰，以鼓舞士氣，對衝鋒陷陣的會黨成員，產生了激勵的作用。

巫術的性質，因其功能的不同，常被分爲生產巫術、保護巫術和破壞巫術等等。在保護巫術中，治病巫術是主要的內容，原住民婦女金娘等人便是以治病巫術爲村民醫治疾病，保護個人或村寨免除病魔的入侵。生產巫術，則藉祈雨等活動保證生產成果的豐收。就巫術的使用目的而言，又可分爲白巫術與黑巫術。白巫術以行善爲目的，譬如保護巫術、生產巫術或治病巫術等，都

屬於白巫術，可以說是民間信仰的主流巫術。黑巫術則以害人為
目的。一般說來，白巫術是施之於自己、本村寨的，其目的在於
解除自己人所遭遇的災難，與此相反，意在把災難與疾病降臨到
他人身上的巫術，就屬於黑巫術。臺灣相傳最可怕的黑巫術是泰
雅族古代巫師秘密馴養的一種名叫「浩奈」的魔鳥，無論誰見到
牠，都會立即死亡。而泰雅族巫師又常受雇於人，放浩奈出來害
人。後來人們聚集起來，把所有馴養浩奈的巫師全都殺了，從此
以後這種害人的黑巫術才得以消失⑫。

　　以驅祟禳災治病為目的而施用的符咒，屬於白巫術；藉邪術
害人生病或致人於死而施用的符咒，則屬於黑巫術。現藏《教務
教案檔》中也含有因畫符念咒問題引起中外交涉的教案，同治七
年（1868）三月間，臺灣鳳山縣民程賽具稟指出：

> 伊妻程林氏即林便涼，於本月十八日路過北門外，遇有奉
> 教之打鳥陳，邀伊妻入室，勸伊入教，伊妻不允。打鳥陳
> 即喚教師高掌在林便涼背上畫符念咒，茶中放入迷藥，勸
> 令飲下。林便涼飲後回家，忽發狂病，聲言定要入教禮拜，
> 便覺快活⑬。

由於地方人士對天主教或基督教的誤解，在臺灣民間信仰的濃厚
氛圍裡，也懷疑傳教士假藉左道邪術，畫符念咒，茶中下毒，迷
惑婦女入教。鳳山縣民程賽相信其妻林便涼忽發狂病，堅持要入
教，就是由於傳教士高掌即高長在林便涼背上畫符念咒，茶中放
入迷藥所致。縣民程賽對傳教士的指控，雖然不足採信，但此事
件的背後已反映臺灣畫符念咒施用黑巫術的盛行，以及反教排外
的激烈。

　　在臺灣早期移墾社會裡，不僅原住民藉黑巫術害人，就是在
漢人社會裡也因利害的衝突，江湖術士多藉畫符念咒害人生病，

或致人於死。現藏《月摺檔》中含有臺灣術士畫符害人的資料，掌江南道監察御史謝謙亨等人於〈風聞臺灣淡水縣邪匪爲害請飭嚴拏以遏亂萌事〉一摺，對淡水縣的符咒巫術描述頗詳，節錄一段內容如下：

> 臣聞臺北府淡水縣有十餘年前已獲正法之邪匪陳烏開館授徒，能以符咒殺人，烏雖伏誅，餘黨復熾。其術用食指畫符於水，或用符燒灰，拌入食物，與人飲食，其病立至。曰釘心符，使人心痛如刀刺；曰鎖喉符，使人食不下咽；曰火符，使人身熱如火燒。催以咒，則其死較易，死後身上均有紅色符紋，被害者不可勝數，惴惴然，一飲一食，必加詳慎。該匪蹤跡詭秘，難保無與外匪勾結情事⑭。

在信仰巫術的文化氛圍裡，人們對符咒的法力深信不疑。當人們面對巫師或術士畫符念咒的壓力下，其必死的社會暗示，加劇了由心理畏懼和焦慮所產生的生理變化。實驗證明，強烈的情感會引起血管變化，血壓降低，供氣不足，加上不飲不食的脫水狀態，會使當事人進入休克狀態，也會使神經系統發生分裂，往往因恐懼而致人於死亡，不僅信仰巫術的人會如此，非信仰因素的恐懼也會引起死亡。《淡水廳志》所載石碇堡以符咒殺人的案件，與監察御史謝謙亨奏摺的描述，彼此相符合，都足以說明臺灣畫符念咒的巫術活動，是相當盛行的。其符籙種類，名目繁多，譬如術士施放釘心符，使人心痛如刀刺；鎖喉符能使人食不下咽；火符能使人身熱如焚。若益以念咒，更易致人於死亡。巫師或術士往往開館授徒，專門教人施放符咒殺人。符咒巫術的作用，對下層社會的「愚夫愚婦」，無論是個體的，或是群體的心理狀態，都起著決定性的作用，尤其是產生恐懼心理而導致死亡，是不容忽視的。

四、乩童崇拜與巫師作向

　　乩童與薩滿，都是靈媒，人們相信乩童與薩滿都能溝通人與超自然界的關係。乩童信仰與薩滿信仰都是屬於古代巫覡文化的範疇，都是以巫術爲主體和主流而發展起來的複雜文化現象或信仰體系。乩童與薩滿降神作法時的精神現象，都是一種習慣性的人格解離。惟因其傳佈地域不同，生態環境有差異，而形成不同系統的民間信仰。典型的薩滿信仰，盛行於北亞或東北亞的草原社會，相信萬物有靈，是屬於多神的泛靈崇拜，包括自然崇拜、圖騰崇拜、祖先崇拜等等，相信薩滿與各種神靈都具有圖騰或同宗的血緣親密關係，薩滿信仰可以反映北亞或東北亞文化圈的文化特質。乩童信仰也屬於泛靈崇拜，但其自然崇拜、圖騰崇拜的內容，卻極罕見，缺乏草原氣息，不能反映北亞或東北亞文化圈的文化特質。因此，爲了突顯乩童的特徵，除了眞正崇奉薩滿信仰的北亞或東北亞地區外，確實不應將臺灣的乩童信仰歸屬於薩滿信仰系統之內。

　　在廣東、福建及東南亞的華人社會裡，多有乩童或童乩這個詞彙，乩童可以說是屬於嶺南巫覡文化圈的系統。陳盛韶著《問俗錄》一書對福建仙游縣的童子活動，描述頗詳。原書指出仙游縣「有童子焉，鄉民畏敬，指爲現身說法。求符者爭先恐後，必俟城隍舁至縣署，昂然坐大堂，各鄉之游神始停車。」⑮黃文博著《臺灣信仰傳奇》一書也認爲臺灣乩童的法術內涵，並未超越符咒、驅煞的範圍。以地緣關係與移民背景而論，臺灣乩童移植根源，似爲閩南俗信的僮子系統，但經長期的發展，乩童在臺灣早已塑造出具有獨特風格的鄉土形象⑯。臺灣乩童屬於閩南童子或僮子系統的一種說法，是可以採信的。林富士著《孤魂與鬼雄

的世界：北臺灣的厲鬼信仰》一書亦指出「童乩」的「童」字，有可能只是「dang」的音譯。故而，有些文獻就寫做「僮」、「獞」、「銅」這些字。這個推測雖然不見得就是正確答案，但是，至少提醒人們「童乩」不一定和孩童有關，至少不會是指「童昏」和「童蒙」⑰。乩童的「童」，閩南語讀如「dang」，是指能讓神明附體的人，或神明附體的現象，而越南語裡的「dang」，也有和神靈溝通進入精神恍惚狀態的意思。因此，有些學者認為「童」就是源自古越語的「dang」，乩童或童乩就是指一種降神的術士。臺灣地區的乩童，一方面起源於中國古代嶺南文化圈的巫術崇拜，一方面又吸收了佛教、道教的成分，隨著先民的移殖拓墾方向而流入臺灣，其間又受地方特殊生態環境的影響，而形成臺灣地區既特殊又普遍的民間信仰，對於一般民眾的精神生活方面，產生重大的影響。

　　乩童的民俗醫療，被稱為「巫術醫療法」。乩童問神治病的範圍很廣，舉凡繞境祈福，捉妖驅邪，調解冤仇，落地府，禳災除病等等。乩童在病患家起童，祈禱神明附身，指示病源，由桌頭或法師繙譯，然後派藥治療。桌頭依照乩童的指示，寫出藥方，與符籙或爐丹混合煎煮。乩童也會用毛筆在金紙上面寫字畫符，包括平安符、治病符、鎮宅符、驅邪符、安眠符、鎮夢符、鎮驚符等，治病符燒化水中，令病人服下。由於亡靈、孤魂、惡鬼、妖魔等作祟的病情較多，所以不但開列藥方，還要將作祟的妖魔惡鬼驅逐掉，病人方能痊癒，乩童在民俗醫療過程中扮演了重要的角色。乩童畫符治病，以行善為目的，可以歸入白巫術的範疇。

　　在臺灣各社原住民的村寨中，巫師降神作法，驅祟禳病的活動，亦極普遍。黃文博著《臺灣風土傳奇》一書對頭社平埔族夜祭的變遷，論述頗詳。作者指出每年農曆十月十四日下午至十五

日清晨是臺南縣大內鄉頭社村一年一度的平埔族夜祭。原書描述夜祭的儀式頗詳，節錄一段內容如下：

> 頭社平埔族的阿立祖祭典，雖然稱作「夜祭」，但事實上，十四日下午就已經展開各種儀式了。下午三四點左右，爐主和廟中諸執事，必須爲所有祀壺換新裝，包括纏紅綢布，插放鮮花，和掛官印於正副身上，正身瓶口並繫滿信徒歷年來奉獻的大小金牌；同時，代表三十六營將的黃色令旗，也逐支換新。另外，書寫五社阿立祖的紅布新神位，也在法師唸咒、噴酒之後，安裝於正廳牆壁上。其間，包括香蕉葉、甘蔗葉和檳榔等等的公廨內舊物，都一樣一樣的換新了。就在此一祭物換新過程中，負責整個祭典的靈魂人物──乩童（亦有人稱尪姨）也開始在廟中「作向」。神智一如常人的乩童，首先跪在入口處的矮案桌前咒唱一番，似乎敬告阿立祖，同意接受他的服事，接著走到神壇左邊的水缸前，折斷放於缸口的甘蔗葉，一面攪動缸水，一面咒喝，唱畢，將甘蔗葉插於缸口，然後倒入米酒；左邊結束後，轉到右邊的水缸，繼續作法，過程同左，這個儀式，稱爲作向；作向之後的向水，開放飲用，據說可治病療毒保平安，如同漢人的符水⑱。

原住民降神作法的儀式，稱爲作向。早期平埔族夜祭的靈魂人物是族中的巫師，其巫師是否也叫做乩童或尪姨，仍有待商榷。臺南縣頭社平埔族夜祭後的向水，可以治病療毒，並保平安，這種以行善爲目的之巫術，也是屬於白巫術的範疇。

原住民巫師降神作向，除了白巫術外，也有黑巫術。臺灣布農族中就有一種防竊的黑巫術，據說是用四種毒蟲焙製而成。如家中養雞，常被人偷去，人們就請布農族巫師研製成此藥，放入

雞舍內，此後小偷若伸手入籠偷雞，他的手就會停在雞籠內不能動彈，任由主人捉拏⑲。巫師作向，以害人為目的，可以歸入黑巫術的範圍。在賽夏等族各社原住民，也都傳習作向的巫術，巫師作向，可以使人生病致死，使漢族十分畏懼。日人國分直一撰〈童乩的研究〉一文也有臺灣平埔族作向害人的記述。節錄一段內容如下：

> 據石陽睢氏所說：「古時，偶進熟蕃系家，一討茶喝，腹部便膨脹生病。」這是因受蕃婦施以「作向」的緣故。所謂「作向」，即相當於咒詛之一。據筆者之友盧嘉興說：「我的父親盧蔗頭，住在嘵吧哖地方，患病回來，請託童乩，舉行問神明，方知被人作向的緣故。」於是地方之人，纔認為童乩的咒力，可以抵抗熟蕃的作向，而盛行應用⑳。

引文中的「蕃婦」，就是平埔族的女巫師，她擅長於咒詛作向，飲用作向的茶水，會使人腹部膨脹生病，心生恐懼，幸好漢族社會的乩童咒術高強，可以抵抗平埔族的作向，破解作向的咒詛。

五、傳統文化中的風水信仰

就廣義而言，風水所指的是包括陽宅與陰宅的地勢、方向等。人們相信住宅、墳墓的地勢、方向會帶來不同的吉凶禍福。其中陰宅墳墓的方向與地勢等因素會給死者的後代子孫帶來不同的命運。金澤著《中國民間信仰》一書指出中華各民族中的風水信仰，有許多共通之處，但相形之下，尤以漢族的風水信仰最為複雜，講究最多。由於風水信仰注重陰陽兩宅地勢、水勢與風勢的選擇，千百年來形成一套複雜的模式，其中有些信仰是有利於衛生與人體健康的，因而不能一概否定。而且從信仰的意義上說，風水信仰不同於宿命論的算命之術，它包含著人的命運是否可以通過某

種方式加以改變的意義。但是，風水信仰的價值取向，是把自己
命運的改變，很明顯地寄托在死者墳墓的風水之上，既無任何科
學根據，也缺乏自強不息積極進取的精神㉑。誠然，風水信仰是
我國傳統文化下的一門知識，自古以來，它對社會生活的影響，
是不容忽視的事實。

　　多神崇拜，是臺灣民間信仰的共同特徵，人們相信山有山神，
水有水神；大山有大神，小川有小神，樹木花草，都有精靈，名
山大川，多有山神地祇的祭祀。篤信風水之說，也是臺灣早期移
墾社會裡的普遍信仰。在傳統社會裡，愼終追遠，厚葬先人的孝
道觀念，更是根深蒂固。選擇風水較佳的地勢與方向，山明水秀，
爲祖先建造墳墓，這是爲人子孫者對祖先應盡的義務㉒。現藏檔
案中涉及臺灣風水信仰的資料，數量相當可觀，爲臺灣風水學研
究提供了豐富的直接史料。比如國立故宮博物院典藏《月摺檔》
中就含有頗多風水信仰的資料，道光三十年（1850）七月二十
五日，閩浙總督劉韻珂具奏稱：

　　　本年三月，臣劉韻珂於出省閱伍之前數日，接到夷酋哎喀
　　　照會，欲求採購臺灣雞籠山煤炭，以備火輪船之用。臣劉
　　　韻珂當以臺灣非通商之地，該國船隻不應違約擅到，該處
　　　向不產煤，所有居民亦從無燒煤之事。雞籠山爲全臺總脈，
　　　該處居民，係閩粵兩籍，性情強悍，保護甚嚴，久禁開挖，
　　　以培風水，斷非官員所能強勉，此事斷不能行等詞照覆，
　　　並咨兩廣總督臣徐廣縉就近向該首諭阻，一面飛飭臺灣鎭
　　　道府會督淡水廳，固結民心，堅爲防拒，使之無可覬覦㉓。
雞籠即基隆，基隆山被認爲是全臺總脈，閩粵移民相信風水之說，
不許開挖煤礦，以培風水。地方大吏俯順輿情，不便勉強開礦採
煤，假藉民意，堅拒外人採購煤炭。

　　同治末年，因琉球事件，日人窺伺臺灣。同治十三年（1874）四月，清廷命沈葆楨巡視臺灣，兼辦各國通商事務。沈葆楨爲鎮撫臺民，並預防窺伺，決定在瑯璚築城設縣。同年十二月十三日，沈葆楨帶同臺灣府知府周懋琦等由臺灣府城起程，前往履勘瑯璚情形。次日，抵鳳山。十五日，宿東港。十六日，宿枋寮。十七日，宿風港。十八日，抵瑯璚，宿車城，接見夏獻綸、劉璈，得知已勘定車城南方十五里的猴洞，可以作爲縣治。現藏《月摺檔》有一段記載說：

> 臣葆楨親往履勘，所見相同，蓋自枋寮南至瑯璚，民居俱背山面海，外無屏障。至猴洞忽山勢迴環，其主山由左迤趨海岸而右，中廓平埔，周可二十餘里，似爲全台收局。從海上望之，一山橫隔，雖有巨礮，力無所施，建城無踰於此。劉璈素習堪輿家言，經兼審詳，現令專辦築城建邑諸事㉔。

劉璈素習堪輿，是一位堪輿家，對風水學素有研究。他履堪過瑯璚地形山勢，可以說是「全臺收局」，北臺灣的雞籠山是全臺總脈，南臺灣的猴洞是全臺收局，勘地築城，必須具備風水學的基本知識。

　　同光年間，丁日昌、劉銘傳等地方大吏極力主張在臺灣興建鐵路，但因鐵路所經，其田地、廬舍、墳墓多遭破壞，山川之靈不安，旱潦之災屢見，破壞風水，貽害於子孫，大則有害於宗族，小則有害於身家。因此，劉銘傳等人在臺灣修築鐵路，必須屢易路線，繞避墳墓，因而使臺灣鐵路產生過急的彎曲㉕。《月摺檔》選錄了丁日昌奏摺，節錄一段內容如下：

> 夫臺灣不辦輪路礦務之害如彼，辦輪路礦務之利如此，其得失取舍固可不待懸揣而知，而或者慮輪路礦務一辦，必

致傷人廬墓，百姓怨嗟。不知臺中曠土甚多，輪路不致礙
及田廬，開礦之處，並無人居，且風水之說，亦未深入膏
肓㉖。

興辦鐵路礦務，是自強運動的重要內容，但是由於風水信仰的盛
行，而遭到許多阻礙。福州將軍穆圖善具摺時亦稱：

日本得煤礦機器利，人所共知，惟華人惑風水之說，多撓
開礦；西國不言風水，都邑市鎮無不得地，英京倫敦地下
通鐵路，富強如故。蓋風水者，山水形氣，以聚散為吉凶，
在地面不在黃泉。天氣降，地氣升，呼吸祇地下數尺至數
丈，若深數丈下，無關風水。中國形家言有吉地葬深及破
爐底即凶之說，實為確鑿憑據，宜大張告示，以解民惑㉗。

福州將軍穆圖善對風水的詮釋，值得重現。他指出所謂風水，其
山水形氣，是以聚散為吉凶。風水在地面，不在黃泉，深至數丈
以下的黃泉，就無關風水了。但因民眾惑於風水之說，對築路開
礦，多加阻撓。

同光年間，西洋傳教士在臺灣廣置教堂，以傳播福音。但是，
民間認為西洋人專奉天主耶穌，不敬山川神祇，教堂的建造，將
破壞山川風水。英國傳教士監物在臺灣嘉義縣白水溪地方傳教，
被店仔口民人乘夜焚燒教堂。福州將軍文煜在呈文中對民眾焚燬
教堂的原因提出說明，節錄一段內容如下：

同治十三年十二月二十三日，據署嘉義縣陳祚稟：是日辰
刻有洋人監物來縣面稱：伊在白水溪地方傳教，突被店仔
口人乘夜焚燒住居，慌忙逃走，幸未受傷。訊其起釁情由，
則稱添蓋教堂房屋，有吳志高聲言礙其祖墳風水，釀成事
端等語。當飭役勇護送該教士赴郡，一面親赴查勘拏辦等
情。旋准駐臺英國領事頜勒格里照會，以據教師監物稟稱，

向在嘉義白水溪地方傳教，因欲添蓋房屋，被店仔口吳志高等藉稱有礙伊祖墳風水，乘夜將小禮拜堂燒燬。該處受教番民先有被牽牛隻毆傷情事，照請嚴加查辦，以符和約等由，飭據該縣陳祚稟復，會營勘得白水溪距店仔口十餘里，教堂與吳姓祖墳尚隔一山，四無鄰居，該教士所住草寮均已燒燬㉘。

由引文可知由於風水信仰的盛行，也成為地方官紳民眾反教排外的一個重要藉口。人們相信教堂的建蓋，將影響祖墳，破壞風水。英國傳教士在嘉義白水溪建蓋教堂，與居民吳志高的祖墳，相隔一山，但吳志高等人仍然相信山後的教堂會破壞山前祖墳的風水，風水信仰確實深入人心。

　　書院為士子研習古聖先賢著述之所，不容許怪力亂神或左道異端的存在。同治七年（1868）八月間，淡水境內因英商向百姓租屋，破壞書院風水，而發生民教衝突案件。據署淡水同知富樂賀等稟稱：

艋舺地方有黃姓房屋一所，民婦黃莊氏私租與英商寶順行，已立字據，收過定銀一百元。八月二十一日，黃姓族眾因該屋與書院附近，恐礙風水，正向黃莊氏阻止，適該洋商嘉姓同一行夥押帶行李，至黃莊氏屋前，踢門強入。黃姓族眾吶喊恐嚇，該洋商即開放空洋鎗，致被黃姓奪鎗毆傷㉙。

艋舺黃姓房屋，鄰近書院，英商崇奉天主耶穌，他們向黃姓租屋居住傳教，民眾相信將破壞書院的風水，使士子考試名落孫山，以致引起公憤，群起阻撓洋商搬入黃姓房屋，而引起中外交涉，民眾篤信風水之說，通省皆然，中外交涉案件，遂層出不窮。

六、右旋白螺與天后媽祖信仰

右旋白螺，俗稱定風珠，其全名爲「大利益吉祥右旋白螺」，是班禪額爾德尼所進呈的法器。清宮珍藏右旋白螺多種，形式不一，乾隆皇帝御製贊文稱：「螺多左轉，希有右旋。孰謂生海，而能從天。所以梵帙，標奇著編，丹書呈瑞，弗恒遇焉。寓聲於寂，三乘提全。」又云：「白螺右旋爲至寶，梵音普具三乘法，如是梵音如是聞，群生悉被福無量。」右旋白螺是吉祥靈物崇拜的產物，其螺既白又右旋，爲罕見神物。乾隆皇帝憑藉右旋白螺，則眾生可以被福無量。

臺灣位於太平洋西側颱風路徑的要衝，每年夏秋之時，經常遭受到颱風的侵襲，這種颱風是一種熱帶氣旋，清代文書稱這種熱帶氣旋爲颶風。由於海上颶風或颱風常常發生，以致海難頻傳，渡海入臺文武大員，多裹足不前。乾隆五十二年（1787）八月，因林爽文領導天地會起事，規模擴大，乾隆皇帝即命大學士福康安渡海來臺督辦軍務，並將右旋白螺賜給福康安帶赴臺灣，往來渡海時祈佛保佑。清軍平定林爽文後，福康安等於乾隆五十三年（1788）五月初九日由鹿耳門登舟內渡。五月十四日，福康安等至廈門。五月十五日，福康安奏聞內渡情形云：

> 伏念臣上年奉命赴臺灣剿捕，疊次被風吹回，及徵調各兵到齊，風色即爲轉順。自崇武澳放洋，一帆即達鹿仔港，兵船百餘號，同時並到，爲從來未有之事。此次凱旋內渡途次，雖遇風暴，瀕危獲安，此皆仰賴我皇上誠敬感孚，神明默佑，並恩賜右旋白螺，渡海得以益臻穩順。臣欣幸頂感，莫可名言，登岸後即至懸掛御書聯匾廟內敬謹拈香瞻禮，敬謝神庥。茲復奉到加贈諭旨及御書匾額，一面令

> 於海口廟宇應懸處所一併懸掛。竊臣上年由崇武澳徑渡鹿
> 仔港，風帆恬利，因於鹿仔港寬敞處所恭建天后廟宇，令
> 駐防兵丁等即在該處港口被風，遇危獲安，疊徵靈異，請
> 將奉到御書匾額齎交徐嗣曾在鹿仔港新建廟內敬謹懸掛，
> 以昭靈貺㉚。

由於乾隆皇帝賞賜右旋白螺，使福康安等渡海大員獲得神明默佑，吉祥穩順。鹿仔港海口已有廟宇，福康安渡海入臺時，即由鹿仔上岸，風帆恬利，所以又另於鹿仔港寬敞地方另建天后宮。

　　天后宮媽祖崇拜，久已成為福建及臺灣民間的普遍信仰。由於閩省官兵民人渡海入臺時屢遭海難，乾隆皇帝也認為或因閩省地方官平日不能虔誠供奉媽祖，以致未邀神佑。因此，乾隆皇帝令軍機處發下藏香一百炷，交兵部由驛站馳遞福建督撫，令地方大吏於媽祖降生的原籍興化府莆田縣地方及濱海一帶各媽祖廟，每處十炷，敬謹分供，虔心祈禱，以迓神庥，而靜風濤。閩浙總督魁倫遵旨將藏香每十炷為一份，共計十份，派員遞送，一份交給興化府知府祥慶親身敬謹齎赴莆田縣湄洲媽祖廟供奉。閩浙總督魁倫會同陸路提督王彙率同道府親送一份前往福州府南臺海口天后廟的供奉。其餘分送福寧府、臺灣府、廈門、金門、海壇、南澳、澎湖等處，交提鎮道府親赴瀕海各廟宇敬謹分供，虔誠祈禱，希望從此船隻往來海上，帆檣安穩，免除遭風沉船之虞㉛。清朝皇帝順應福建臺灣民間信仰的習俗，提高媽祖信仰的地位，使媽祖信仰的普及化產生了積極性的作用。

　　福康安等人往返臺灣海峽時，一方面將藏傳佛教的法器右旋白螺供奉於船中，一方面因虔敬祈禱天后媽祖護佑，果然風靜波恬，渡洋平穩。乾隆五十三年（1788）三月初七日申刻，凱旋官兵雖然遇颶風，但都平安無事，福康安具摺奏聞這段奇蹟，節

錄一段內容如下：

> 查福州駐防一起官兵原派在鹿仔港內渡，於撤回郡城時即
> 令乘坐哨船前往。三月初六日，該起官兵均已更換大船，
> 候風放洋。有福州駐防領催蘇楞額等三十三名，於初七日
> 申刻已至港口，未上大船時，陡起風暴，拋碇不住，吹折
> 篷桅，船內前鋒德福等四名跳過別船，惟蘇楞額等二十九
> 名未及過船，隨風飄至大洋，正在危險間，忽有異鳥一雙，
> 赤喙赤足，眉作金色，飛集船頭，頗甚馴熟。船戶謂得神
> 佑，必可無虞，飄流兩日兩夜，水已半艙，戽水前進，幸
> 不覆溺。初九日，於黑水洋地方適遇許長發船自澎湖駛至，
> 兵丁等遇救過船，軍裝搬運甫竟，原坐哨船下有數丈大魚
> 浮出水面，船隻登時沉沒，該兵丁等現在由鹿耳門登岸㉜。

各民族對鳥的信仰，不盡相同，滿族把鴉鵲當做神鳥。航海家把
赤喙赤足的海鳥，視為神鳥，牠是傳達神意的靈鳥，靈鳥飛集船
頭，相信已得神佑，必可無虞。福康安具摺時，亦指出，「伏思
自用兵以來，運送錢糧鉛藥，失風者甚少，臣等自崇武開駕，一
晝夜間駛行千里，兵船百餘隻，同抵鹿仔港，渡洋時即聞各船傳
說靈異，猶以為事屬偶然，未敢形之奏牘。今凱旋駐防兵丁船隻
遭風，危而獲安，復著靈應，此皆仰賴我皇上誠敬感孚天神默佑。」
㉝福康安凱旋回京後，即將右旋白螺繳回宮中供奉，以期永資護
祐，普被吉祥。乾隆五十三年（1788）十一月，命福康安補授
閩浙總督。十一月二十一日，軍機大臣遵旨寄信福康安，將右旋
白螺發交福康安，於閩浙總督衙門供奉，節錄〈寄信上諭〉內容
如下：

> 乾隆五十三年十一月二十一日奉上諭，上年福康安前赴臺
> 灣，特賞給右旋白螺帶往，是以渡洋迅速，風靜波恬，咸

臻穩順。今思閩省總督將軍巡撫提督等每年應輪往臺灣巡
查一次，來往重洋，均資靈佑，特將班禪額爾德尼所進右
旋白螺發交福康安，於督署潔淨處敬謹供奉，每年督撫將
軍提督等，不拘何員，赴臺灣時，即令帶往渡海，俾資護
佑，俟差竣內渡，仍繳回督署供奉。至前往巡查大臣，亦
不必因有白螺冒險輕涉，總視風色順利時再行放洋，以期
平穩，將此諭令知之㉞。

飄洋過海，風強浪大，海難頻仍。因此，乾隆皇帝欲藉靈物或法
器護佑，期盼順利吉祥，反映乾隆皇帝對文武大員的關懷與祝福。
閩浙總督衙門在福州，督署第五層是樓房，高敞潔淨，福康安派
人將樓房加以拂拭灑掃後，即將右旋白螺敬謹安龕供奉。右旋白
螺雖然不能解除颱颶天災的侵襲，但可使渡海大員免除望洋之驚
的心理作用，也是可以肯定的。嘉慶初年，清朝冊封使趙文楷等
前往琉球時，亦經閩浙總督玉德奏准將右旋白螺交給趙文楷等供
奉於冊封船艙內，希望往返重洋時，能得靈物護佑，而於穩順之
中，更臻穩順。由於海盜猖獗，臺灣沿海多遭劫掠。嘉慶十年（
1805）十一月間，海盜搶掠南路鳳山縣城，清廷即命欽差大臣
賽沖阿渡海入臺督剿海盜，並將右旋白螺發交賽沖阿帶往渡洋。
嘉慶十一年（1806）正月初四日頒諭稱：

　　臺灣遠隔重洋，風濤靡定，特發去大藏香五枝，著賽沖阿
　　敬詣天后宮代朕虔禱，以期仰叨神佑。又福康安平定林爽
　　文時，攜帶大利益吉祥右旋螺，往來渡海，風帆順利，茲
　　亦發交賽沖阿祗領，帶往渡洋，以資護佑，俟凱旋日，派
　　大員齋送回京供奉㉟。

天后媽祖信仰是臺灣較普遍的民間信仰，信眾最多。右旋白螺是
定風珠，是藏傳佛教的吉祥法器，對航海人員而言，尤其具有穩

定心理的積極作用，臺灣民間信仰，確實有它的地區特徵。

七、結　語

　　臺灣民間信仰的內容，雖然主要是閩粵內地民間傳統信仰的
派生現象，但同時也包含原住民原始宗教信仰的成分，都是構成
民眾精神生活與民俗文化的重要內容。因此，了解和探討臺灣民
間信仰的性質及特點，對於考察清代臺灣社會的文化內容，了解
民眾的心理素質與價值觀，確實具有不可忽視的重要意義。大致
而言，清代臺灣民間信仰只能說是傳統文化中的文化潛流或隱文
化，即所謂常民文化，並非主流文化，各種形式的臺灣民間信仰
都不是正信宗教，也不具備民間宗教的特徵。但因臺灣地理環境
較爲特殊，保留了多元性的民間信仰的原始特質，提供了珍貴的
研究資料，對於搶救臺灣文化遺產而言，也是不容漠視的工作。

　　清代臺灣民間信仰的主要特點，就是以原始宗教信仰的靈魂
觀念與巫術原理爲基礎。其中測字算命的活動，是屬於占卜巫術
的範疇，源遠流長。例如林爽文領導天地會起事以後，寄居鳳山
縣旳連清水，曾替莊大田測字起課，以占卜會黨出陣打仗是否能
得到勝利。連清水隨手測了一個「田」字，它的歌訣是「兩日不
分明，四口暗相爭。半憂又半喜，不行又不行。」並非吉祥字，
「田」字的離合變化，產生了負面的聯想，四口暗相爭，食指眾
多，無論農業社會或一般群體，都是負面的作用，測字起課的社
會價值觀，隱藏了民間信仰的神秘作用。但就測字起課活動而言，
對會黨成員或出征戰士卻可以產生精神解脫和昇華的力量。

　　有清一代，臺灣是屬於開發中的地區，社會經濟較落後，瘴
癘時疫，對人們造成較大的傷害，巫師驅邪禳災的活動，極爲普
遍。生界原住民的獵頭或殺人習俗，就是禳災逐疫的行爲，反映

生界部落瘟疫的流行。在天地會陣營裡，爲出征傷患請神治病，或畫符醫病的原住民女巫師，可謂不乏其人，仙姑、仙媽都爲天地會効力，天地會假藉她們的巫術，使刀槍不入，免除槍砲傷害，也藉降神作去使鄭成功顯靈助戰，可以鼓舞士氣，對衝鋒陷陣的會黨弟兄，產生了激勵的作用。

巫術有保護與破壞的作用，以驅邪禳災治病爲目的而進行的巫術活動，屬於白巫術。反之，藉邪術傷害人使人生病或致人於死而進行的巫術活動，則屬於黑巫術。例如同光年間北臺灣常見的釘心符、鎖喉符、火符等等，巫師念咒，畫符燒灰，拌入食物，給人飲食，其病立至，往往致人於死，受害者死後身上均有紅色符紋。平埔族婦女的咒詛作向，也是屬於黑巫術的範疇，飲用作向的茶水，會使人腹部膨脹生病，心生恐懼。鳳山縣傳教士高長曾被民衆誣指使用作向黑巫術，誘使婦女入教。民衆指控他在婦人林便涼背上畫符念咒。又勸令林便涼飲下作向的茶水，以致林便涼忽發狂病，聲稱定要入教禮拜，便覺快活。民衆也相信乩童巫術高強，可以抵抗平埔族的作向，破解作向咒詛的黑巫術。符咒巫術的作用，使人們產生恐懼心理，因而往往導致死亡，是不容忽視的現象。

由於風水信仰注重陰陽兩宅地勢與方向的選擇，長久以來，已經形成一套複雜的模式。人們深信陰宅墳墓的方向、地勢、水勢與風勢等因素會給死者的後代子孫帶來不同的命運。傳統社會的價值觀，認爲安土重遷是具有積極的社會價值，入土爲安是對往生者的尊重，後世子孫有保護祖先墳塋的義務，否則就將對後世子孫帶來不幸。例如開礦採煤，修築鐵路，都會震動墳墓，破壞子孫，貽害子孫。人們相信教堂的建蓋，會影響祖先墳墓，破壞風水。英國傳教士在嘉義白水溪建蓋教堂，與居民吳志高的祖

墳，相隔一山，但吳志高等人仍然相信山後的教堂會破壞山前祖墳的風水。書院爲士子研習古聖先賢著述之所，教堂固然不許鄰近書院，就是西洋人也不許在書院附近賃屋居住，以免破壞書院的風水，否則士子參加科舉考試，必致名落孫山。外人崇奉天主耶穌，左道異端，不容於聖賢之側，風水信仰，深入人心，中外交涉案件遂層出不窮。民間信仰本身雖然是怪力亂神的複雜文化現象，但都屬於民間信仰的範疇，對臺灣民間文化的塑造與演化，都產生深刻的影響。

【註　釋】

① 　金澤著《中國民間信仰》（杭州，浙江教育出版社，1995年3月），頁25。

② 　鄭志明撰〈臺灣民間信仰的生活世界〉，《臺灣常民文物展——信仰與生活》（臺北，國立歷史博物館，民國八十七年十二月），頁13。

③ 　《淡水廳志》（南投，臺灣省文獻委員會，民國六十六年二月），頁292。

④ 　《後漢書·五行志》（臺北，鼎文書局，民國七十六年一月），頁3285。

⑤ 　《天地會》，㈣（北京，中國人民大學出版社，1983年3月），頁344。

⑥ 　《天地會》，㈣，頁399。乾隆五十三年三月初三日，陳梅供詞。

⑦ 　《天地會》，㈡，頁370。乾隆五十二年六月二十九日，連清水供詞。

⑧ 　《天地會》，㈡，頁370。

⑨ 　《光緒朝硃批奏摺》，第一一七輯（北京，中華書局，1996年12月），頁

167。光緒十三年十一月初三日，臺灣巡撫劉銘傳奏摺。

⑩　金澤著《中國民間信仰》，頁163。

⑪　《天地會》，㈡，頁257。乾隆五十二年五月十四日，金娘供詞筆錄。

⑫　金澤著《中國民間信仰》，頁165。

⑬　《教務教案檔》，第二輯（臺北，中央研究院近代史研究所，民國六十九年九月），頁1272。同治七年五月二十八日，總理衙門清檔。

⑭　《清宮月摺檔臺灣史料》（臺北，國立故宮博物院，民國八十四年八月），㈣，頁3463。光緒九年八月初三日，四品銜掌江南道監察御史謝謙亨奏摺抄件。

⑮　陳盛韶著《問俗錄》（北京，書目文獻出版社，1983年12月），頁77。

⑯　黃文博著《臺灣信仰傳奇》（臺北，台原出版社，民國八十年五月），頁140。

⑰　林富士著《孤魂與鬼雄的世界：北臺灣的厲鬼信仰》（臺北，臺北縣立文化中心，民國八十四年六月），頁163。

⑱　黃文博著《臺灣風土傳奇》（臺北，台原出版社，民國七十八年一月），頁142。

⑲　金澤著《中國民間信仰》，頁166。

⑳　國分直一撰，周全德譯〈童乩的研究〉，《南瀛雜俎》（臺南，臺南縣政府，民國七十一年四月），頁171。

㉑　金澤著《中國民間信仰》，頁101。

㉒　《臺灣舊慣習俗信仰》（臺北，衆文圖書公司，民國七十三年一月），頁50。

㉓　《清宮月摺檔臺灣史料》，㈠（臺北，國立故宮博物院，民國八十三年十月），頁180。道光三十年七月二十五日，閩浙總督劉韻珂

　　奏摺抄件。

㉔　《清宮月摺檔臺灣史料》，㈢，頁1908，光緒元年正月十二日，沈葆楨奏摺抄件。

㉕　吳鐸撰《臺灣鐵路》，《中國近代史論叢》，第五冊（臺北，正中書局，民國五十六年五月），頁182。

㉖　《清宮月摺檔臺灣史料》，㈢，頁2472。光緒二年正月二十二日，福建巡撫丁日昌奏摺抄件。

㉗　《清宮月摺檔臺灣史料》，㈤，頁4328。光緒十一年七月，福州將軍穆圖善奏摺抄件。

㉘　《教務教案檔》，第三輯（民國六十九年九月），第三冊，頁1442。光緒元年五月初十日，總署收福州將軍文煜文。

㉙　《教務教案檔》，第三輯，第二冊，頁1300。同治七年十一月二十一日，署淡水同知富樂賀等稟文。

㉚　《宮中檔乾隆朝奏摺》，第六十八輯（臺北，國立故宮博物院，頁270。乾隆五十三年五月十五日，福康安奏摺。

㉛　《宮中檔》（臺北，國立故宮博物院），第2706箱，11包，1426號。嘉慶元年十一月初六日，閩浙總督魁倫奏摺。

㉜　《宮中檔乾隆朝奏摺》，第六十七輯（民國七十六年十一月），頁600。乾隆五十三年三月二十二日，福康安奏摺。

㉝　《宮中檔乾隆朝奏摺》，第六十七輯，頁601。

㉞　《乾隆朝上諭檔》（北京，檔案出版社，1991年6月），第十四輯，頁684。

㉟　《清仁宗實錄》，卷一五六，頁6。嘉慶十一年正月壬子，諭旨。

同光年間的地方財政
與自強經費的來源

一、前　言

　　西法模仿是同光年間的政治中心課題，也是近代憂患意識下的產物。史學家已指出國人對西方近代文明的態度，有過三大轉變：第一期是對於西方文化的物質層有了認識，從器物上感覺不足，而注意到物質部分的船堅礮利；第二期是對於西方文化的社會層有了認識，從制度上感覺不足，因而注意到社會部分的變法維新；第三期是對於西方文化的精神層有了認識，從思想上感覺不足，因而注意到語文的改進，然後漸及心理態度的更易，與根本價值的重新估定①。以上三期，就文化各因子變遷的順序及難易來說，確實頗合文化歷程的規律，第一期是以舉辦新式軍事工業為主的物質建設，屬於機器文化。中西接觸中，文化方面有一個特別值得注意的現象，即在文化壓力的鋒面上，往往是物質部分的鋒刃較為銳利，並且較易被對方所感受。近代中國受西方文化的衝擊所引起的變化，國人的反應，首先就是物質建設，所謂自強運動，其著眼點幾乎全在物質建設方面，到甲午戰爭失敗後，才回頭檢討，而有變法維新之議②。

　　近代中西接觸後，清廷與地方大吏第一次有目標、有步驟地應付中外間的變局，即始自同治初年的自強運動，因此，探討近代外力的衝擊，以及由此衝擊所引起中國內部變革的各項問題，

實在是了解近代中國史實的重要線索③。同光年間的自強運動，隨著形勢的推移，其重點和目標也不斷地調整。爲了便於了解自強運動的發展，大致可將自強運動劃分爲三個階段：從同治元年（1862）至同治十二年（1873）爲第一個階段，自強運動的重點集中在新式軍事工業方面，先從求強著手；從同治十三年（1874）至光緒十一年（1885）爲第二個階段，自強運動的重點是圍繞新式軍事工業而同時建立其他企業，求強兼顧求富；從光緒十二年（1886）至光緒二十年（1894）爲第三個階段，自強運動的重點，從軍事方面轉到經濟方面，以求富爲主要目標。同光年間的自強運動，曾先後舉行不少的自強措施，並創辦了頗多的自強事業，其主要辦法就是把西方國家在武器製造，生產技術和自然科學方面的成果當作自己的強壯劑，這些措施和事業，對整個中國社會來說，都是空前的創舉。而且所謂師「夷」長技，確實表明自強運動的倡導人已經逐漸走上擺脫倚靠外人的途徑，而在估量著本身的需要，去創造適合於自己社會需要的文化成分，因此，自強運動的成敗得失，都具有重大的歷史意義。

　　近代中國政治、經濟及社會的改革，其成敗得失，原因固然很多，而財政尤爲重要因素之一。丁日昌已指出練兵、購器、造船，俱以籌餉爲先，無餉則如燈之無膏，魚之無水，木之無根，一切難以舉辦，其經費來源，由外省籌辦，不足則由戶部撥款濟之，再不足，則由宮庭節用濟之④。光緒年間，地方財政紊亂，收支機構不統一，缺乏系統，既無統一的徵收機構，其支出亦極混亂，同一機構的支出分別支付許多不同的對象⑤。國家歲入有常，而用款無定，不能量入爲出，建立良好的預算制度，以致每事掣肘，不能持續發展。同治初年，各省奉撥經費，尚能籌措，光緒初年以來，由於自強事業的範圍已經變得更加多樣化及複雜

化，自強事業，如雨後春筍，百端待舉，籌餉維艱。模仿西法，
購器造船，就當時社會經濟的情形來說，中國的財力與技術，究
竟是否能夠勝任？如果說都沒有甚麼問題⑥，那麼我們就必須進
一步檢討同光年間自強運動的倡導人，如何解決問題？是否澈底
地克服了財政方面的困難？財政問題與自強運動的成敗如何息息
相關？本文撰寫的旨趣，即在就現存《宮中檔》、《軍機處檔》、
《海防檔》等資料，探討同光年間的地方財稅結構、自強經費的
籌措及分配，俾有助於了解同光年間的財力與自強運動的成敗關
係。

二、同光年間的地方財稅結構

　　中央與地方財政的劃分，是因國家政治體制的差異而有所不
同。中央集權的國家多實行附加稅法（Additional tax），國家
賦稅的最高主權（Sovereignty of taxation）屬於中央，地方政
府在中央賦稅的正項上徵收附加稅，以充地方經費。至於均權制
的國家則採分成稅法（Shared revenue），國家全部賦稅收入，
由中央政府與地方政府按一定成數分配⑦。清代的賦役制度，是
沿襲明代的一條鞭法，中央與地方財政收入的劃分，是屬於一種
附加稅法與分成稅法兼行的混合制。但因明清實行中央集權，全
國賦稅盡歸中央，由戶部支配，直省存留額數過少，地方財政基
礎，十分薄弱。由於地方存留稅額極少，州縣無項可以動支，只
得侵挪正項，而導致地方虧空。康熙四十八年（1709）十一月
初十日，清聖祖諭大學士等云：

　　　適科臣郝林條奏各省錢糧虧空，郝林但知州縣錢糧有虧空
　　　之弊，而所以虧空之根原未之知也。凡言虧空者，或謂官
　　　吏侵蝕，或謂餽送上官，此固事所時有，然地方有清正之

　　督撫，而所屬官員虧空更多，則又何説？朕聽政日久，歷
　　事甚多，於各州縣虧空根原，知之最悉，從前各省錢糧，
　　除地丁正項外，雜項錢糧，不解京者尚多。自三逆變亂以
　　後，軍需浩繁，遂將一切存留款項，盡數解部，其留地方
　　者，惟俸工等項，必不可省之經費，又經節次裁減，爲數
　　甚少，此外則一絲一粒，無不陸續解送京師，雖有尾欠，
　　部中亦必令起解，州縣有司，無纖毫餘剩可以動支，因而
　　有那移正項之事，此乃虧空之大根原也。

地方一絲一粒，俱解送中央，各省正雜錢糧，地方大吏向來不敢
截留，因此，國庫充實，形成內重外輕的現象，據清聖祖頒諭時
指出康熙四十八年戶部庫存銀五千餘萬兩。但由於康熙末年財政
制度的內在缺點，及政治風氣因循廢弛的外在通病，以致積弊叢
生，各省奏銷錢糧時，挪新掩舊，虧空纍纍，庫帑虛懸，據統計，
康熙六十一年（1722），戶部存款，僅餘銀八百萬兩而已⑨。

　　地糧與丁銀，俱爲國家正賦，是中央政府最大的財政收入。
由於康熙末年頒佈盛世滋生人丁永不加賦的詔令，將全國徵收丁
銀的總額固定下來，不再隨著人丁的增加而多徵丁銀，人丁數字
相對穩定，雍正初年，遂將丁銀完全攤入地畝徵收，實行丁隨地
起的新賦役制度，簡化徵稅手續，確立地丁合一的制度，取消徵
稅的雙重標準，使賦稅的負擔較合理化，有助於地方財政的充實。
耗羨是正賦以外所徵收的附加稅，不同於正項，是地方財政的主
要稅源，不必解送中央。雍正初年，直省舉辦耗羨歸公，將錢糧
火耗、稅課羨餘等附加成數，議定限額，並提解司庫，以備地方
臨時需用。地方公務，定例不能動支正項，又不得科派百姓，耗
羨歸公實施後，地方遇有公事，即取給於耗羨，並以耗羨彌補地
方無著虧空，支給外任官員養廉銀。耗羨歸公，就是提解耗羨公

開化、合法化，其實行就是清世宗充實地方財政，整飭地方吏治的又一項措施。據統計，雍正年間，府庫充盈，戶部存銀多達六千二百餘萬兩。乾隆年間，雖然屢次用兵，國庫仍存銀二千四百萬兩。嘉慶年間，因川陝楚教亂，連年用兵，帑藏虛懸，但於正賦之外，概不准輕議加徵⑩，其主要目的就是想維持財政制度的穩定性。

　　中英鴉片戰爭以後，沿海口岸，陸續開放通商。基於江寧條約以次諸約的規定，廣州、福州、廈門、寧波、上海五口，開放爲通商口岸，准許英國商民自由通商、租地居住，並享有治外法權，因而奠定「條約商埠」（Treaty ports）的法律基礎⑪。道光二十三年（1843），訂定洋貨稅則值百抽五。咸豐四年（1854），設江海關於上海。咸豐八年（1858），中英訂立天津條約，牛莊、臺灣、登州、潮州、瓊州等口，均准開埠通商；協定新稅則，以從價值百抽五爲準，子口稅按值百抽二‧五，以代內地釐金，如願一次輸納，洋貨在進口，土貨在經過第一關納稅給票後，他口不再徵收。咸豐九年（1859），設粵海關於廣州。咸豐十年（1860），設天津、牛莊、登州三口通商大臣。福州通商口岸先在林浦地方設卡稽徵，是年，經總理衙門等奏請於南臺地方設立福州通商總局，又於泉州廈門、臺灣滬尾各設分局⑫。咸豐十一年（1861），設浙海關，歸寧紹臺道監督；津海關歸通商大臣統轄，並設閩海、鎮江、九江三關；定各國洋稅自咸豐十年八月爲始，每三個月結報一次，四結奏銷一次；訂立長江及各口通商章程，洋貨入江，於上海納正稅及子口稅，土貨出口，復進口時，完一正稅，准扣二成，若完半稅，不扣二成，再入內地，仍照納稅釐。同治元年（1862），設廈門關，以五口商務歸通商大臣兼理。同治二年（1863），設東海、臺南、淡水三關。

同治三年（1864），設山海關於牛莊。設關之初，常關稅與洋關稅不分，同治四年（1865），始定由洋船裝運者爲洋稅⑬。各海關徵收洋稅，逐年遞增，成效漸著。

從十八世紀初期開始，清廷已將直省財政按其資源的豐欠，稅收的盈縮，分爲自足省分、不敷省分及有餘省分三類組，自足省分包括福建、廣東、廣西等省，其稅收除解送中央的部分之外，尚足以維持本省軍、政各項支出；不敷省分包括陝西、甘肅、四川、雲南、貴州等省，其稅收不足應付本省支出的需要；有餘省分包括山西、河南、直隸、山東、江西、湖北、湖南及浙江等省，其稅收除繳送中央的部分以外，應付本省財政支出而有餘。因此，清廷規定有餘省分，應協濟不足省分，財政上互通有無⑭。

太平軍起事以後，財富之區，大半被擾，地方財政，入不敷出。地丁、漕糧、鹽課、稅課等正項，俱因向有定額，不能隨意加徵，兵興諸省，需餉孔亟，抽收釐金，實爲解救燃眉之權宜措施。直省仿行釐金制度的次第，先後不一，其辦理情形，亦多因地制宜。江蘇省向爲水陸商販雲集的地區，其釐捐局分爲三處：一爲蘇州牙釐局；一爲松滬釐捐局，以上二處俱由蘇州布政使會同委員辦理；一爲金陵釐捐局，專收江北釐金，由江寧布政使督催委員經理。咸豐三年（1853）九月，雷以諴在江北揚州舉辦釐捐，分爲活釐與板釐。前者又名行釐，即通過稅，抽之於行商；後者又名坐釐，即交易稅，抽之於坐賈⑮。怡良在兩江總督任內，於蘇州設局抽收釐金，按照百分之一的比率，抽收百貨釐金，以六陳即米、大麥、小麥、大豆、小豆、芝麻等爲大宗。同治二年（1863），江北設立釐捐總局。同治四年（1865），改江北釐捐總局爲金陵釐捐總局，管轄江寧、揚州、通州、海門各屬巡卡，俱以米釐爲大宗。同光年間，江蘇省的財稅結構，變化不大，關

鹽兩稅，劃歸中央，通省收入，田賦所佔比例最大，約佔六○％，次爲貨物稅，約佔三○％，其餘約佔一○％⑯。福建省自咸豐三年（1853）以後，頻年用兵，餉需匱乏，先於省城南臺及泉州廈門抽收洋藥釐金。咸豐八年（1858）推廣收捐，抽收百貨釐金，通省釐金，以百貨、茶葉及洋藥三項爲大宗，百貨釐金稅率約在一二％至一三％，每年收入約在七十至九十萬兩之間；茶葉及洋藥則按重量抽釐。茶釐每百斤抽收銀六錢三分餘，每錢收火耗銀一分，正耗每錢收補水銀一分，共銀七錢七分⑰。茶釐最旺時，曾達一百零二萬兩；洋藥釐金每年約三、四十萬兩。咸豐五年（1855），浙江省城設局試辦釐捐，以市價百分之一爲抽收釐捐之數。同治二年（1863），浙東地方，奏准百貨釐捐值百抽九，洋藥釐捐每箱抽銀四十九兩。通省釐金，大致可分爲牙帖捐、百貨釐捐、絲捐、茶捐、洋藥釐捐、土藥釐捐、加抽茶糖煙酒釐捐等七大類，其中百貨釐捐收入最多，每年都在一百萬兩以上，其次爲絲捐，年入約在二十萬至七十萬兩之間，百貨釐捐稅率，浙東約爲一○％，浙西約爲五・五％⑱。江西、湖北、湖南等省茶葉、米穀釐金入款較多，四川則以鹽釐爲大宗。

　　據統計，同治年間，爲清廷所確認的全國每年總稅收，包括中央和地方在內，計約銀六千萬兩，其中最大部分的收入，仍來源於田賦，釐金收入約銀一千八百萬兩，約佔總稅收三○％，海關稅收入約銀一千四百萬兩，約佔總稅收二三％。在同治初年以前，地方正項，乃至釐金，幾乎完全被指定作爲既定的開支，雖然是地方公務，亦不得動支正項，所以海關稅對於同光年間的自強事業及緊急要需來說，其意義或價值，實無法估量。沿海口岸開放通商後，由於總稅務司赫德高度效率的服務，海關稅逐年增加。據統計，同治四年（1865），海關稅總收入共銀八百三十

萬兩，到光緒元年（1875），總稅收增加爲一千二百萬兩，到
光緒十一年（1885），增加爲一千四百五十萬兩，增加一‧七
倍多。海關稅基金，提供了同光自強事業的一部分或全部經費⑲。中
外史家檢討自強運動的失敗時，曾提出各種不同的解釋，足供參
考，然而從自強經費的來源及其籌措過程，可以看出財稅方面，
也是不容忽視的重要因素之一。

三、自強經費的來源及支配

清代初年，因海疆不靖，其海防措施，僅備「海盜」而已⑳。
自從道光年間海禁大開以後，外患方殷，海防的重要性，已不可
同日而語。清廷爲鞏固海防，辦理中外通商事務，先後設置南北
洋通商大臣，分由兩江總督及直隸總督兼領。海防與通商，原爲
一氣相生，因此，海防俱歸併通商大臣統轄。南北洋通商大臣的
職責範圍頗爲廣泛，除議定通商章程，稽核關稅外，尚須兼辦對
外交涉。舉凡接見外國使節，代呈國書、議立條約、傳達朝廷諭
旨，及處理中外糾紛案件等等，莫不責成通商大臣辦理，南北洋
通商大臣遂成爲總理衙門在地方上辦理外交的最高代表㉑。

由於南北洋大臣與外人接觸頻繁，了解程度較深，所以較能
堅持採取西人長技的意見，對推動各項自強事業更是不遺餘力。
爲了籌辦海防，南北洋大臣俱積極模倣西法，購置船礮，製造機
器，架設電線，開辦礦務，修築鐵路，各項自強事業，如雨後春
筍，南北洋海防經費的籌措，遂成爲刻不容緩的當前急務。同治
元年（1862），各關徵收稅餉，合計不過六百六十三萬兩，至
同治十三年（1874），關稅增至一千一百四十九萬兩㉒。是年，
清廷降旨籌辦海防，但並未指撥專款，籌辦維艱。光緒元年（
1875），廣東因辦理防務，奉旨撥解江蘇等省釐金項下銀兩應

用㉓。清廷以籌辦海防用度浩繁，其應如何提撥支用之處，即飭戶部、總理衙門妥議具奏，旋經議定於各海關洋稅四成項下及各省釐金項下撥解。

光緒年間粵海關撥解南北洋海防經費一覽表

結　期 時　間	實存銀額 (奉撥項目)	北　洋　海　防　經　費				南　洋　海　經　費			
		來　源	銀數(兩)	合　計	%	來　源	銀　數 (兩)	合　計	%
61結~64結 1年9月3日 2年8月13日	1,002,980 (28)	四成洋稅 二成洋稅	180,970 82,810	263.780	26%				
65結~68結 2年8月14日 3年8月24日	1,011,220 (36)	二成洋稅 一成洋稅	84,260 15,780	100.040	10%	一成洋稅	15,780	15,780	2%
69結~72結 3年8月24日 4年9月5日	986,850 (41)	一成洋稅	65,500	65,500	7%	一成洋稅 一成洋稅半銀	22,970 19,670	42,640	4%
73結~76結 4年9月6日 5年8月15日	885,080 (42)	一成洋稅	71,880	71,880	9%	一成洋稅 一成洋稅半銀	22,960 11,100	34,060	4%
77結~80結 5年8月16日 ｜ 6年8月26日	952,850 (51)	一成洋稅 二成洋稅 招商局二成洋稅	28,460 83,030 11,890	123.380	13%	二成洋稅 招商局二成洋稅	35,500 11,890	47,390	5%
81結~84結 6年8月27日 7年8月8日	936,350 (43)	二成洋稅 招商局二成洋稅	147,600 11,640	159.240	17%	二成洋稅 招商局二成洋稅	16,000 11,630	27,630	3%

資料來源：國立故宮博物院藏宮中檔光緒朝奏摺

　　海防經費款項，曾經總理衙門與戶部奏准不得挪作他用。戶部原撥南北洋海防經費每年額款銀四百萬兩，自光緒元年（1875）七月起至三年（1877）六月止，統解北洋，從三年七月

起，分解南北洋各半。但因各省關稅徵收旺淡不同，其提撥銀兩，多寡不一，其辦理情形尤不一致。各海關洋稅收支數目，均以咸豐十年（1850）八月十七日爲始，按三個月一結奏報一次，扣足四結，專摺奏銷一次。據現存《宮中檔》粵海關監督奏摺，可將光緒年間粵海關撥解南北洋海防經費概況列表如上。

如前表所列，粵海關撥解北洋海防經費，是由四成、二成、一成洋稅及招商局輪船二成洋稅項下提撥。據粵海關監督俊啓奏報自光緒元年（1875）九月初三日第六十一結起至二年（1876）八月十三日第六十四結止，粵海大海關及潮州、瓊州新關徵收洋稅及招商局輪船等銀一百三十六萬二百七十餘兩，扣除撥解內務府行取各色絲價、公用、火耗等款外，實存銀一百萬二千九百八十餘兩，撥解過二十八款，其中解過部庫銀二十萬八千八百兩，約佔實存銀二一％，解過廣儲司公用銀三十一萬二千兩，約佔實存銀三一％，解過北洋海防經費四成洋稅銀一十七萬四千一十餘兩，匯費銀六千九百六十餘兩，共銀一十八萬九百七十餘兩；二成洋稅銀七萬九千六百三十餘兩，匯費銀三千一百八十餘兩，共銀八萬二千八百一十餘兩，合計四成、二成洋稅共銀二十六萬三千七百八十餘兩，約佔實存銀二六％㉔。自光緒二年（1876）八月十四日第六十五結起至三年（1877）八月二十四日第六十八結止，粵海關徵收洋稅共實存銀一百一萬一千二百二十餘兩，奉撥三十六款，解過部庫銀一十萬四千四百兩，約佔實存銀一〇％，解過廣儲司公用銀三十一萬二千兩，約佔實存銀二八％，解過北洋海防經費二成洋稅銀八萬一千零二十餘兩，匯費銀三千二百四十餘兩，共銀八萬四千二百六十餘兩，一成洋稅銀一萬五千一百八十餘兩，匯費銀六百餘兩，共銀一萬五千七百八十餘兩，合計解過二成、一成洋稅共銀一十萬四十餘兩，約佔實存銀一〇％；

又解過南洋海防經費一成洋稅銀一萬五千一百八十餘兩，匯費銀六百餘兩，共銀一萬五千七百八十餘兩，約佔實存銀二％。自光緒三年（1877）八月二十五日第六十九結起至四年（1878）九月初五日第七十二結止，粵海關徵收洋稅共實存銀九十八萬六千八百五十餘兩，奉撥項目共四十一款，其中解過部庫銀一十萬四千四百兩，約佔實存銀一一％，解過廣儲司公用銀三十一萬二千兩，約佔實存銀三二％，解過北洋海防經費一成洋稅銀六萬二千九百九十餘兩，匯費銀二千五百十餘兩，共銀六萬五千五百餘兩，約佔實存銀七％；解過南洋海防經費一成洋稅連匯費銀共二萬二千九百七十餘兩，又一成洋稅半銀連匯費銀共一萬九千六百七十餘兩，合計銀四萬二千六百四十餘兩，約佔實存銀四％㉕。自光緒四年（1878）九月初六日第七十三結起至五年（1879）八月十五日第七十六結止，粵海關徵收洋稅實存銀八十八萬五千八十餘兩，奉撥項目共四十二款，其中解過部庫銀二十六萬一千兩，佔實存銀二九％，解過廣儲司公用銀三十六萬四千兩，約佔實存銀四一％，解過北洋海防經費一成洋稅連匯費銀共七萬一千八百八十餘兩，約佔實存銀九％；解過南洋海防經費一成洋稅及一成洋稅半銀連匯費銀共三萬四千六十餘兩，約佔實存銀四％㉖。自光緒五年（1879）八月十六日第七十七結起至六年（1880）八月二十六日第八十結止，粵海關徵收洋稅實存銀九十五萬二千八百五十餘兩，奉撥項目共五十一款，其中解過北洋海防經費一成洋稅連匯費銀共二萬八千四百六十兩，二成洋稅連匯費銀共八萬三千三十餘兩，招商局輪船二成洋稅連匯費共銀一萬一千八百九十餘兩，合計銀一十二萬三千三百八十餘兩，約佔實存銀一三％；解過南洋海防經費二成洋稅連匯費銀共三萬五千五百兩，招商局輪船二成洋稅連匯費銀共一萬一千八百九十兩，合計四萬七千三

百九十餘兩，約佔實存銀五％。粵海關徵收洋稅旺淡不同，光緒
一、二年稅收頗旺，其奉撥項目較少，光緒三年八月以後，洋稅
減少，其奉撥項目卻增加。在粵海關奉撥各款中，以廣儲司所佔
百分比最高，自七十三至七十六結，粵海關撥解廣儲司銀約佔實
存銀四一％，其次，粵海關撥解部庫銀兩約佔實存銀一〇一二九
％。其撥解南北洋大臣兌收的海防經費，多寡不同，其所佔實存
銀百分比亦相差頗大，例如第六十五至六十八結解過北洋海防經
費十萬餘兩，約佔實存銀一〇％，而匯解過南洋海防經費一萬五
千餘兩，約佔實存銀二％。又如第八十一結至八十四結，匯解北
洋海防經費共銀一十五萬九千餘兩，約佔實存銀一七％，而匯解
南洋海防經費共銀二萬七千餘兩，約佔實存銀三％，相差懸殊。

　　光緒初年，浙海關奉撥海防經費，尚能照章匯解。自光緒六
年（1880）正月起，浙海關奉北洋大臣札飭照新章將四成華稅
銀兩與四成洋稅合為一宗，分解南北洋大臣兌收，以充海防經費
用款。據護理浙海關寧紹臺道瑞章詳稱，自光緒六年（1880）
八月二十七日第八十一結起至七年（1881）八月初八日第八十
四結止，占一年四結洋藥稅、半稅、子稅、噸鈔等項共銀七十三
萬八千五十餘兩，支解南北洋海防經費四成華洋稅各銀一十二萬
八千七百餘兩，各約佔新收額一七％㉗，平均每結各匯解銀三萬
餘兩。第八十五結匯南北洋海防經費各銀三萬八千餘兩，第八十
六結各匯解銀一萬餘兩。第九十一結浙海關徵收華洋各項稅銀六
萬四千三百餘兩，應提四成銀二萬五千七百餘兩，內除提抵閩省
應解京餉銀五千兩外，尚餘銀二萬七百餘兩，匯解南北洋海防經
費各銀一萬銀兩，第九十二結徵收華洋各稅銀二十三萬二千六百
餘兩，匯解南北洋海防經費四成銀各四萬四千餘兩，由此可知浙
海關因華洋稅收旺淡不同，其匯解南北洋海防經費亦多寡不同。

光緒六年（1880）三月，李鴻章具奏海防經費短解日多，請飭籌補。經戶部會同總理衙門議覆請飭閩粵等五海關自光緒六年正月爲始，其所收四成洋稅，停止分半解部，即將應提四成銀兩按結分解南北洋大臣兌收應用，所徵招商局輪船稅銀，准其改照四六成分解。閩海關福廈二口自光緒七年（1881）六月起至八月初八日止第八十四結，遵照戶部奏案提出半分銀各五萬九千餘兩，分別匯解南北洋大臣兌收，福廈二口共存招商局輪船稅鈔銀三萬二千餘兩，提撥四成銀一萬三千餘兩，分解南北洋各銀六千五百餘兩。自光緒七年八月初九日起至十一月十一日止第八十五結閩海關福廈二口稅鈔舊管新收共銀六十八萬二千八百餘兩，其四成銀兩，除撥解輪船經費及截留銀兩外，另提學生出洋經費銀九千餘兩，解交船政大臣查收，扣除以上各款外，尚存銀二萬三千餘兩，提出各一半銀一萬一千餘兩，分別匯解南北洋大臣兌收。招商局輪船稅鈔銀三萬七千餘兩，照案提出四成銀一萬五千餘兩，分解南北洋海防經費各銀七千餘兩，第八十五結閩海關共解過南北洋海防經費四成華洋等稅各銀一萬八千餘兩，約佔舊管新收銀三％。光緒九年（1883）九月初一日起至十二月初三日止第九十三結，閩海關福廈二口各稅舊管新收共銀五十七萬六百餘兩，其四成洋稅內實存南北洋海防經費銀二萬二千三百餘兩，內提出一半銀一萬一千一百餘兩，分別匯解南北洋大臣兌收，其南北洋海防經費各約佔舊管新收稅銀二％㉘。

　　江海關徵收洋稅，照章應將四成銀兩提解部庫，經戶部會同總理衙門議定於四成銀內酌留二成，以備機器局用款，其餘二成銀兩除額撥黔餉及加放俸餉外，餘剩銀兩同招商局輪船四成稅銀一併分半匯解南北洋大臣兌收。據護理江蘇巡撫布政使譚鈞培所繕清單開列自光緒七年（1881）六月初六日起連閏至八月初八

日止第八十四結，江海關徵收各國商船進出口正稅實存銀八十萬四千餘兩，又徵洋藥稅銀二十四萬八千餘兩，共存銀一百四萬八千餘兩，匯解南北洋海防經費各銀七萬六百餘兩，約佔實存銀七％。第八十五結匯解南北洋海防經費銀七萬七百餘兩，較上結增加一百餘兩，第八十六結匯解南北洋海防經費各銀六萬九千餘兩。自光緒九年（1883）以後，江海關新徵稅銀減少，存銀不多，其撥解南北洋海防經費銀兩，相隨減少。據江蘇巡撫衛榮光奏報江海關自光緒九年五月二十七日起至同年八月三十日止第九十二結新徵稅鈔共銀八十四萬七千餘兩，匯解南北洋海防經費各銀四萬四千餘兩，約佔新徵稅鈔銀五％。江海關亦因華洋各稅旺淡不同，以致撥解南北洋海防經費銀兩各結多寡不一。

　　牛莊海關開港後，貿易額不大，據奉錦山海關道續昌詳報牛莊海關自光緒六年十二月初二日起至七年三月初二日止第八十二結內，因值封河期間，並無船隻進口，未徵洋稅。自光緒七年三月初二日起至六月初五日止第八十三結，徵收進出口稅鈔銀一十一萬六千餘兩，撥解南北洋海防經費四成洋稅各銀一萬二千餘兩，約佔新徵稅鈔銀一一％㉙。其第八十二結內支出銀兩，即由第八十三結內提用，此外扣除支解各項餉乾銀兩，共計支出銀一十二萬六千餘兩，所入不敷所出。第八十四結匯解南北洋海防經費四成洋稅各銀六千餘兩，其餘各結俱因稅收不旺，撥解南北洋海防經費頗有限。

　　南北洋海防經費的來源，除於粵海、閩海、江海、浙海、牛莊各關華洋四成等稅項下提撥外，又於各省釐金項下指撥匯解，各省奉撥釐金是按戶部指撥銀兩八成實收解足。光緒元年（1875），江西省接准戶部咨文，在釐金項下每年提撥銀三十萬兩，按八成解足，每年應實解銀二十四萬兩，各以一半分別匯解

南北洋大臣兌收。旋經總理衙門議定，自光緒三年（1877）七月起，江西原撥釐金銀兩，以一半批解北洋大臣兌收，以一半批解福建兌收。江西省全年釐金，分上半年和下半年批解，例如光緒四年（1878）分，自正月起至六月底止上半年，共收通省釐稅銀六十一萬六千餘兩，解過南北洋海防經費各銀四萬兩；同年七月起至十二月底止下半年，共收通省釐稅銀五十二萬一千餘兩，解過南北洋海防經費各銀四萬兩⑳，合計光緒四年分共收通省釐稅銀一百一十三萬七千餘兩，批解南北洋海防經費各銀八萬餘兩，約佔全年分通省釐稅銀七％。光緒五年分上半年共收通省釐稅銀七十七萬七千餘兩，匯解南北洋海防經費各銀四萬兩；下半年共收通省釐稅銀五十一萬三千餘兩，匯解南北洋海防經費各銀五萬五千兩，合計全年分通省釐稅銀一百二十九萬餘兩，匯解南北洋海防經費各銀九萬五千餘兩㉛，南北洋海防經費約各佔全年分通省釐金銀七％。自光緒十二年（1886）起，奉准將每年撥解南北洋海防經費改為海軍經費，江西省釐金因奉撥款項甚多，無法挹注，俱由司庫騰挪撥解，雖按八成，亦難解足，又經戶部議准酌減為每年二十萬兩。湖北省奉撥釐金，每年應解南北洋海防經費銀三十萬兩，亦按八成分批匯解，每年共應解銀二十四萬兩。浙江省每年奉撥釐金四十萬兩，按八成解足，每年應解三十二萬兩，由釐捐總局在釐金項下籌撥，分八批匯解，每批匯解銀四萬兩，截至光緒七年（1881）年底止，共解過二十次，計銀九十六萬兩。據北洋大臣李鴻章奏報歷年北洋海防經費收支清單，可將江西、浙江、江蘇、湖北等省奉撥釐金銀兩列表說明。

光緒年間北洋海防經費實收各省釐金一覽表

年分	省　　　　分				
	江西省	浙江省	江蘇省	湖北省	合計
1 年(1875)	113,333	125,000	15,000	133,333	386,666
2 年(1876)	113,333	125,000	15,000	133,333	386,666
3 年(1877)	113,333	125,000	15,000	133,333	386,666
4 年(1878)	113,333	125,000	15,000	133,333	386,666
5 年(1879)	113,333	125,000	15,000	133,333	386,666
6 年(1880)	113,333	125,000	15,000	133,333	386,666
7 年(1881)	75,000	105,000	72,500	100,000	352,500
8 年(1882)	75,000	105,000	72,500	100,000	352,500
9 年(1883)	55,000	55,000	40,000	20,000	170,500
10 年(1884)	55,000	55,000	40,000	20,000	170,500
11 年(1885)	40,000	30,000	45,000	0	115,000
12 年(1886)	0	0	0	50,000	50,000
13 年(1887)	80,000	140,000	0	310,000	530,000
14 年(1888)	40,000	180,000	0	260,000	480,000
合計	1,100,000	1,420,000	360,000	1,660,000	4,540,000

資料來源：《李文忠公全集》，奏稿。

　　自光緒元年（1875）七月至六年（1880）十二月底止，湖北省匯解釐金共銀八十萬兩，爲數最多，平均每年匯解銀一十三萬三千餘兩；浙江省匯解釐金共銀七十五萬兩，平均每年匯解銀一十二萬五千兩；江西省匯解釐金共銀六十八萬兩，平均每年匯解銀一十一萬三千餘兩；江蘇省匯解釐金共銀九萬兩，爲數最少，平均每年匯解銀一萬五千兩。光緒元年七月至六年十二月止，北

洋海防經費新收項下共銀四百八十二萬六千餘兩，湖北、浙江、江西、江蘇四省共匯解釐金計銀二百三十二萬兩，約佔新收銀額四八％，可見各省釐金在海防建設過程中扮演了重要的角色。

　　同光年間，清廷籌辦海防，其範圍不限於練兵、造船，即鐵路的修築，電線的架設，與煤鐵礦務的開辦，其動機也是爲了建設海防[32]。因此，南北洋海防經費遂成爲當時財政上的重大負擔，用度浩繁。就南洋而論，籌辦海防，需用輪船分佈江海各口，以加強防務，南洋海防經費的主要開支，即以輪船經營爲大宗，各船所需薪糧正雜等款，即在南洋海防經費項下動支。光緒八年（1882），由泰來洋行向德國船廠定造快碰船南琛、南端兩號，並購辦魚雷船鎗礮子彈等項，共需銀七十餘萬兩，由南洋海防經費及鹽票項下先後付過銀三十餘萬兩，其餘未付銀三十餘萬兩，此外閩廠代造快船兩號，所需工料銀五十萬兩，合計共需銀九十萬兩，議定在南洋海防經費項下動撥。船政學堂選派學生赴歐學習製船駕駛方法，其所需經費，亦於海防額餉內作正開銷。

　　北洋海防用度，更加浩繁，除通商大臣及關道委員書差等項，歲需銀三萬兩外，其餘應支款項，名目繁多。據北洋大臣李鴻章奏報自光緒元年（1875）七月至六年（1880）十二月底止，北洋海防經費新收項下，主要包括三種來源：其中江西等省釐金共銀二百三十二萬兩，約佔新收銀額48％；山海等關洋稅共銀二百三十八萬一千餘兩，約佔新收銀額49％；收保定練餉局等銀一十二萬五千餘兩，約佔新收銀額3％，新收項下合計銀四百八十二萬六千餘兩，平均每年收銀八十萬四千餘兩。據北洋大臣李鴻章奏報，可將光緒元年七月至六年十二月底止北洋海防經費收支列出簡明表如下：

光緒元年七月至六年十二月北洋海防經費收支簡明表

項目	摘　　　　　　要	收入銀額(兩)	支出銀額(兩)	結餘銀額(兩)
新收項下	江　西　省　釐　金	680,000		
	浙　江　省　釐　金	750,000		
	江　蘇　省　釐　金	90,000		
	湖　北　省　釐　金	800,000		
	山　海　關　洋　稅	163,887		
	浙　海　關　洋　稅	397,198		
	閩　海　關　洋　稅	203,680		
	粵　海　關　洋　稅	957,069		
	江　海　關　洋　稅	659,408		
	保　定　練　餉　局　銀	100,000		
	解還皮紙鉛丸價等項銀	25,376		
	小　　　　　　計	4,826,618		4,826,618
登除項下	撥給滇案卹款		203,373	
	借撥河南買米銀		40,000	
	撥給河南山西賑款		200,000	
	撥給京師平糶不敷價		74,711	
	撥給直隸賑撫運米腳價		10,000	
	撥給河間等處井工銀		40,000	
	撥給惠陵工程銀		40,000	
	撥給天津機器局銀		200,000	
	小　　　　　　計		808,084	4,018,534
開礦除械購項買下	訂購製造士乃得後門鎗彈機器並各種材料等三十三項銀			
	小　　　　　　計		1,102,330	2,916,204
開礦除船購項買下	購買龍驤虎威飛霆策電等船及礮藥彈價等八項銀			
	小　　　　　　計		1,455,804	1,460,400

開經除費養項船下	龍驤礮船在閩在津薪糧公費等二十六項銀			
	小　　　　計		232,617	1,227,783
開糧除乾薪項水下	丁壽昌等員薪水等一十二項銀			
	小　　　　計		103,689	1,124,094
開製除造修項築下	津沽電報經費等九項銀			
	小　　　　計		69,792	1,054,032
	合　　　　計		2,964,232	1,054,302

資料來源：《李文忠公全集》，奏稿48，頁42–51。

　　如上表所載，北洋海防經費登除項下包括撥給滇案卹銀等八款，共銀八十萬八千餘兩；開除購買礮械項下共三十三款，計銀一百一十萬二千餘兩，開除購買礮船項下共八款，計銀一百四十五萬五千餘兩；開除養船經費項下共二十六款，共銀二十三萬二千餘兩；開除薪水糧乾項下共一十二款，計銀一十萬三千餘兩；開除修築製造項下共九款，計銀六萬九千餘兩，以上共開除銀二百九十六萬四千餘兩；平均每年開除銀四十九萬四千餘兩㉝。光緒七年（1881）正月至八年（1882）十二月，北洋海防經費的收支，可列簡明表如下：

光緒七年正月起至八年十二月北洋海防經費收支簡明表

項目	摘　　　要	收入銀額(兩)	支出銀額(兩)	結餘銀額(兩)
舊管項下	光緒六年底截存銀	1,054,301		
	收回戶部刪除柴草更正磯費銀	245		
	收回兵部刪除公費馬價銀	830		
	小　　　　計	1,055,376		1,055,376
新收項下	江西省釐金	150,000		
	浙江省釐金	210,000		百餘萬兩
	江蘇省釐金	145,000		
	湖北省釐金	200,000		
	浙海關洋稅局稅	243,049		
	江海關洋稅局稅	648,676		
	閩海關洋稅局稅	226,839		
	粵海關洋稅局稅	318,548		
	山海關洋稅局稅	58,074		
	河南省解還採運賑米墊用銀	40,000		
	由部領回扣存吉林軍火價	6,106		
	河南省解還毅軍領用銀	1,282		
	山東省解還墊發銀	12,233		
	江海關劃撥肄業局用剩等銀	10,673		
	長蘆運庫劃解奉省欠餉銀	2,783		
	小　　　　計	2,273,263		3,328,639

開支除薪項糧雜下	隨辦海防前雲南巡撫潘鼎新公費馬步隊薪糧柴草銀等三十項銀		
	小　　　計	182,826	3,145,813
開保除費養項船下運	鎮北礮船薪糧公費藥資等三十七項銀		
	小　　　計	527,743	2,618,070
開修除製採項買下	購買阿摩士莊廠新式快碰船等四十項銀		
	小　　　計	919,608	1,698,462
	合　　　計	1,630,177	1,698,462

資料來源：《李文忠公全集》，奏稿58，頁17–27。

　　如上表所載，自光緒七年正月起至八年十二月底止，北洋海防經費新收項下共銀二百二十七萬三千餘兩，平均每年收銀一百一十三萬六千餘兩，收入頗增。在新收項下，江西等省奉撥釐金共銀七十萬五千兩，約佔新收銀三一％，浙海等關洋稅局稅共銀一百四十九萬五千餘兩，約佔新收銀六六％，其餘各款共銀七萬三千餘兩，約佔新收銀三％。其開除薪糧雜支、養船運保及採買修製等項共銀一百六十三萬餘兩，平均每年開除銀八十一萬五千餘兩。由以上統計，可知北洋海防經費的來源，除了江西等省釐金外，主要是以浙海等關洋稅局稅爲大宗，但其支出銀額卻與日倍增，用度浩繁。

　　南北洋海防經費的開支，都以輪船經營爲大宗，因此，輪船經費的籌措，就是南北洋大臣刻不容緩的當前急務。同治五年（1866）五月，閩浙總督左宗棠奏請試造輪船，在閩海關結款內先提銀四十萬兩，作爲創始之用，專充購器、募匠、買地建廠之需，預定以鐵廠開工之日起，立限五年，製造大小輪船十六隻，

估計不逾銀三百萬兩。同年六月初三日,清廷頒降諭旨,所有擇地設廠,購買機器等項經費,即在閩海關稅內酌量提用,如有不敷,准許提取閩省釐稅應用㉞。閩省製造輪船定議以後,因增拓廠基,添購機器物料,需費日鉅。局中工匠人數,亦較原議日有增加,如鐵廠船廠工匠,原只一千六百名,後增至二千名,鐵廠原只五處,後添至八處,藝局學徒,原只六十名,後添至一百四十餘名。因經費日增,於是指定在閩海關洋稅項下每月撥銀五萬兩。自同治五年(1866)十二月起至九年(1870)八月止,共支用銀二百三十萬兩,平均每月支銀五萬一千餘兩。自同治九年(1870)九月起至十年(1871)十二月止,共支銀八十五萬兩,平均每月支銀五萬三千餘兩,用銀日增。據左宗棠奏報,福州船政局自同治八年(1869)正月鐵廠開工起至十一年(1872)三年內,造船九隻,其第一號輪船「萬年清」駛赴天津時,中外「觀者如堵,詫爲未有之奇。」㉟

內閣學士宋晉指出閩省船廠製造輪船,糜費太重,其撥解經費,截至同治十年(1871)十二月止,已撥過正款銀三百十五萬兩,另解過養船經費銀二十五萬兩,較原估頗僧,造成各號輪船,雖均靈便,然而較之外洋兵船尚多不及,因此奏請將輪船局暫行停止。直隸總督李鴻章則指出西人專恃其鎗礮輪船之精利,故能橫行於中土。自強之道,在乎師其所能,奪其所恃。爲求自保,輪船經費萬不可省㊱。

同治十年(1871)十一月初六日,總理衙門議覆福州將軍文煜等奏請續造輪船辦法一摺,議定各船所需薪糧等項經費,准於沿海各省洋藥釐金項下就近動支。易言之,閩廠製船經費,主要取資於閩海關,而其養船經費則仰給於釐捐局。據戶部奏報光緒二年(1876)十二月間,稅釐局先後解過銀一十五萬兩㊲。光

緒五年（1879）六月，據船政大臣吳贊誠奏報是年閩省釐捐局撥解過船政經費共銀三萬兩。福州船廠常年經費需銀五十餘萬兩，經戶部指定歲撥閩海關四成洋稅銀二十四萬兩，六成洋稅銀三十六萬兩。

　　光緒七年（1881）九月，左宗棠補授兩江總督，兼充辦理通商事務大臣㊳，據左宗棠奏報南洋各船薪糧、公費、煤價、卹賞、運腳、修船工料等項經費，自光緒四年（1878）十二月起至七年（1881）三月止，共支銀一十五萬九千餘兩，俱係動用南洋海防經費，所有開支，因無例可循，均隨時酌定核支㊴。江南籌辦防務，因需用輪船分佈江海各口，曾經商調福州船廠登瀛洲、結遠、澄慶兵船三號，北洋撥給龍驤、虎威、飛霆、策電礮船四號，向洋商購買運送彈藥小號輪船江安、澄波二號，以上各船所支薪糧、正雜等項經費來源，略有不同，其中登瀛洲一船是在江海關二成洋稅項下動支，而由上海機器製造局彙案辦理，其餘各船均在南洋海防經費項下撥給。

　　自光緒元年（1875）至六年（1880），北洋龍驤、虎威、飛霆、策電、鎮北、鎮南、鎮東、鎮西蚊船八隻，其薪糧、公費，是由北洋海防經費項下報銷。光緒六年二月，龍驤、虎威、飛霆、策電四船撥赴南洋調遣，自是年三月起，其薪糧、公費改由南洋海防經費項下支出。光緒七年（1881）起先後購到超勇、揚威快碰船二隻，鎮中、鎮邊蚊礮船二隻，由福州船廠咨調到天津修改練船的威遠、康濟兵輪二隻，調赴朝鮮、旅順等處差遣轉運的海鏡商輪船一隻，在上海製造的快馬小輪船一隻，在天津製造的利順小輪船一隻，以及守雷下雷所用小輪船二隻，俱歸北洋海防經費項下開支，可列簡表如下：

光緒十年（1884）正月奏報北洋輪船薪糧公費一覽表

輪　船　名　稱	輪船數目	月支銀兩
超勇快碰船	1	2,822
揚威快碰船	1	2,672
鎮北蚊礮船	1	978
鎮南蚊礮船	1	960
鎮東蚊礮船	1	978
鎮西蚊礮船	1	960
鎮中蚊礮船	1	978
鎮邊蚊礮船	1	960
威遠練船	1	1,909
康濟練船	1	2,059
海鏡商輪船	1	1,246
快馬小輪船	1	382
利順小輪船	1	271
水雷小艇	1	86
守雷下雷小輪船	2	418
合　　　　　計	16	17,679

資料來源：軍機處檔月摺包奏摺錄副清單。

如上表所載，光緒十年（1884）正月，李鴻章奏報北洋海防經費項下各輪船月支薪糧、公費，內含超勇快碰船等十供了UUUUUUUUUUUUUUUUWUUUUUUUUUU十一萬二千餘兩。光緒十一年（1885）九月，從德國訂造定遠、鎮遠鐵甲船二隻，濟遠鋼甲快船一隻，先後駛到大沽口，所有三艦月支薪糧、公費、醫藥費每年共需銀十七萬九千餘兩，煤斤、修費、添購物料等項

用款約銀十餘萬兩，俱由北洋海防經費項下支給，自光緒十二年
（1886）正月起，改由海軍衙門在於所存洋款內支給。

　　光緒二年（1876）春間，上海英商在租地內建築鐵路，行
駛火車，直達吳淞，即所謂淞滬鐵路。同年九月初八日，經江海
關道馮焌光等人與英國漢文正使梅輝立（F. F. Mayers）議明由
中國買斷鐵路，共需銀二十八萬五千兩，應付價銀俱在江海關洋
稅項下作正開支，分期交英領事轉給⑩。火車鐵路，可速徵調，
並通利源，實為裕國便民的一種交通運輸事業，也是求富圖強的
當前急務。由於同光年間的外交形勢及臺灣防務的迫切需要，臺
灣鐵路的修築，倡議頗早。同治十三年（1874），日軍侵臺後，
引起再議海防時，丁日昌在條陳中已指出鐵路為將來之所不能不
設。光緒二年（1876），丁日昌接任福建巡撫後，更有在臺灣
興築鐵路的計畫，並於同年十一月間啟程渡臺之際，再度向清廷
提出其計畫，迨抵臺灣巡視形勢後，又具摺奏陳鐵路與開礦的重
要性，認為鐵路日行二千餘里，軍情瞬息可得，文報迅速可通，
遇有緊急，大軍可朝發而夕至⑪，因此，奏請修築臺灣鐵路，經
總理衙門議准興辦。光緒三年（1877），兩江總督沈葆禎議毀
淞滬鐵路，同年二月，丁日昌奏請將淞滬鐵路拆卸後廢置不用的
材料移運臺灣，改修從臺北至臺南鐵路，丁日昌同時積極籌措築
路經費。其籌款方法主要分為四項：㈠請求國庫補助；㈡請由閩
省協助；㈢洽借洋債；㈣獎勵人民捐輸⑫。但因清廷財政困難，
經費竭蹶，各項籌款辦法，俱告落空，臺灣鐵路的興建計畫，暫
告中輟，由上海運至臺灣的鐵路器材，竟被遺棄在打狗港內。光
緒三年五月，丁日昌以臺灣鐵路僅可專顧臺灣，鐵甲船則可以兼
顧沿海七省，認為鐵甲船之應辦先於火車鐵路，為移緩就急，臺
灣鐵路應俟礦利大興後再行舉辦，於是奏請在南洋海防經費項下

先行撥銀二、三十萬兩,以修築馬車路㊸。光緒十一年(1885)九月,裁福建巡撫,改設臺灣巡撫㊹,劉銘傳補授臺灣巡撫。光緒十三年(1887)三月,劉銘傳奏請修築臺灣鐵路,擬定鐵路章程,先自基隆造至彰化,長約六百餘里,所有鐵軌、火車、客車、貨車及橋樑等項,統歸商人承辦,議定工本價銀一百萬兩,由各商集股承修,鐵路造成以後,由官方督辦,由商人經理㊺。同年四月,經海軍衙門議准派籍隸臺北的內閣侍讀學士林維源督辦臺灣鐵路工程㊻,其地價、軍房、碼頭,歸官承辦,並撥營勇代做工程。眾商以鐵路利厚,兩月之間,李彤恩等人即招股七十萬兩,實收現銀三十六萬兩,旋即動工,先由臺北大稻埕修至基隆。至光緒十四年(1888)秋,修成路基六十里,鋪成鐵軌三十里,其夫價、橋樑共銀十九萬兩,商股現銀三十六萬兩,改購快船二隻。同年九月,李彤恩病故,各商觀望不前,稟請歸官自辦。劉銘傳以所購器材棄置可惜,奏請撥用福建協餉銀一百四萬兩,收歸官辦。光緒十七年(1891)十月,基隆至臺北的鐵路通車。邵友濂繼任福建臺灣巡撫後,察看監修鐵路工程為難情形,奏准俟造至新竹,即行停止,並以路工用過經費,早逾銀百萬兩,原撥福建協款,因防營勇餉不敷,陸續撥歸善後海防項下支銷,鐵路工費,隨時向地方紳商借墊,援案奏請截留臺灣新海防捐輸銀兩,分別動用歸補,經海軍衙門會同戶部議准辦理。邵友濂屢飭督辦鐵路工程道員蔣斯彤督工趕辦,造抵新竹,於光緒十九年(1893)十一月竣工通車。計自基隆廳道頭起至新竹縣南門外止,鐵路全長一百八十五里,相當於一○六‧七公里,路廣十一、二公尺,軌條購自英國,而枕木則皆用臺產,工師多用粵人,路工多為兵工,所以工費較省㊼。光緒二十年(1894)正月,善後局司道將臺灣鐵路經費開具清單,其中購買民間田園地價銀二萬

三千四百餘兩，由戶部核銷；購買外洋鋼條、車輛、鐵橋器具等項，共銀四十萬二千五百餘兩，由兵部核銷；創修路工、碼頭、橋溝、票房、柵欄、遷移古塚枯柩等項，共銀八十六萬九千九百餘兩，由工部核銷，以上統共支出銀一百二十九萬五千九百餘兩，俱由紳商借墊，援案奏請截留新海防捐輸歸補⑱。

　　光緒十三年（1887）春，海軍衙門王大臣奕譞具摺時指出直隸海岸綿長，防守不易，轉運尤艱，而奏請將開平至閻莊商辦鐵路，南北大沽北岸八十餘里，先行接造，再由大沽至天津百餘里，逐漸興修。光緒十四年（1888）八月，津沽鐵路全線竣工。據總理衙門奏稱，新造津沽鐵路，自天津府城經塘沽、蘆臺以至閻莊，長一百七十五里，其自閻莊灤州唐山，長八十里，為各商舊造鐵路，新舊鐵路首尾銜接，火車通行快利，為輪船所不及。通塞之權，操之自我，斷無利器假人之慮。由此經營推廣，一遇徵兵運械，輓粟飛芻，咄嗟可致，商民貿遷，無遠弗屆，榛莽之地，可變通衢，洵為自強急務⑲。同年十月，海軍衙門依照李鴻章的意見，奏請將津沽鐵路展修至通州，一方面既可抽還造路借款，另一方面又可報效海軍經費，奉旨允准後，李鴻章即向英商匯豐銀行洽借銀二百萬兩，籌備購料興工。由於守舊派的激烈反對，而動搖了清廷的決心，經海軍衙門議覆，採納張之洞的主張，緩辦津通鐵路，改建蘆漢鐵路。由蘆溝橋直達漢口，長約三千里，分頭興辦，南由漢口至信陽州，北由蘆溝橋至正定府，中間再行次第接辦。張之洞原擬籌款一千六百萬兩，經海軍衙門議覆，按照津沽鐵路的修建經費估計，蘆漢鐵路全線雙軌，佔地寬七丈，連取土共需佔地二十丈，一里路佔地六十畝，造路一里，約需銀七千三百餘兩。自蘆溝橋至漢口，長約三千里，購地十八萬畝，約需銀四百二十餘萬兩；設軌經費約需銀二千二百餘萬兩；中間

經過大川，在直隸境內有十五條，在河南境內有九條，在湖北境
內有二條，其鐵橋所需銀自五、六萬兩至十餘萬兩不等，以上畝
價、軌價及造橋費，約共需銀三千萬兩，較張之洞原估經費多至
數倍，其籌款辦法是以商股、官帑、洋債三項並行。惟因洋債本
利消耗，極不合算。光緒十五年（1889）十一月，海軍衙門與
張之洞會銜具奏，請由戶部每年籌撥有著銀二百萬兩，另為存儲，
專供鐵路之用，不借洋債，不購洋鐵，以蔵全工，奉旨允行。同
年十二月間，議定每年應籌鐵路經費銀二百萬兩，自光緒十六年
（1890）起，每年由部庫邊防經費項下提撥銀六十萬兩，六分
平餘項下提撥銀六十萬兩，其餘銀八十萬兩，分派直隸等十六省，
每省每年各銀五萬兩。由於俄人積極經營西伯利亞鐵路，東三省
邊事日益緊張。光緒十六年三月，李鴻章等奏請移蘆漢鐵路款，
先辦關東鐵路，其經費來源及分配，可列簡表說明。

光緒年間關東鐵路經費來源及分配表

部省別	項　　　　　　　　　　　　　　目	銀額（兩）	
戶　　部	邊防經費項下	600,000	30％
	六分平餘項下	600,000	30％
直　　隸	藩庫、運庫	50,000	2.5％
江蘇省	藩庫地丁、江海關華洋稅	50,000	2.5％
安徽省	鹽釐、貨釐	50,000	2.5％
山東省	藩庫	50,000	2.5％
山西省	藩庫地丁	50,000	2.5％
河南省	藩庫減平	50,000	2.5％
陝西省	藩庫奏銷餘剩銀兩	50,000	2.5％
福建省	藩庫正雜、鹽運司庫、課釐、釐捐	50,000	2.5％
臺灣省	百貨釐金、地丁錢糧	50,000	2.5％
浙江省	藩庫正雜、鹽運司庫綱票課釐、釐捐	50,000	2.5％

江西省	鹽釐、貨釐	50,000	2.5%
湖南省	司庫驛站項下、糧庫南秋米折、善後局裁減薪糧、釐捐局	50,000	2.5%
湖北省	藩庫善後局、藩庫地丁、江漢關六成洋稅	50,000	2.5%
廣東省	釐金、運庫課餉	50,000	2.5%
廣西省	釐金、運庫課餉	50,000	2.5%
四川省	貨釐、鹽釐	50,000	2.5%
合　計		2,000,000	100%

海軍衙門王大臣奕劻等酌擬修築關東鐵路辦法，繪圖呈覽，由林西造幹路出山海關至瀋陽達吉林，另由瀋陽造枝路以至牛莊、營口，計二千三百二十三里。光緒十七年（1891）三月十三日奉諭派李鴻章督辦一切事宜，並派裕祿會同辦理，所經需費，由戶部將原議蘆漢鐵路每年籌撥銀二百萬兩，自是年起移作關東鐵路專款，除戶部庫帑撥銀一百二十萬兩另款存儲外，其餘銀兩由戶部咨行各省督撫按指撥銀兩逐年匯解應用，仍令直隸等十六省每年提撥鐵路經費銀各五萬兩。如表中所載，部庫邊防經費項下及六分平餘項下各提撥銀六十萬兩，佔全年專款各30%，直省各提撥銀五萬兩，佔全年專款各2.5%。直省奉到戶部電文提撥關東鐵路經費後，即自光緒十六年（1890）起分批匯解海軍衙門兌收，督辦鐵路大臣再派員赴亦請領，輾轉需時，經李鴻章奏准自光緒十七年（1891）起將各省奉撥關東鐵路經費逕解天津，而免周折。各省辦理匯解鐵路經費的情形並不一致，在指撥十六省中，直隸、陝西、四川、湖北、湖南、安徽、福建七省俱一起全數解赴天津，江蘇、廣東、臺灣等省是分二起解足，山東等省則

分三起解足。河南、山西、浙江三省在未接解津部咨以前，全數解交海軍衙門，江蘇、江西二省在未接部咨以前，先將一半鐵路經費匯解海軍衙門兌收，海軍衙門照數劃撥天津。直隸奉撥鐵路經費是從藩庫及運庫提撥銀五萬兩。光緒十七年七月，江蘇巡撫剛毅將應解一半鐵路經費銀二萬五千兩解交戶部，戶部因不便代交海軍衙門，而改作地丁京餉，並行文剛毅，即在應解地丁京餉內照數提解海軍衙門兌收。江蘇省除由藩庫提撥鐵路經費外，亦由江海關華洋各稅實存銀內提撥，山西省是在藩庫地丁錢糧內籌解，河南省則在藩庫減平項下按年撥解。陝西省因支款屢經截減，無可騰挪，惟藩庫每年奏銷後稍有支賸款項，陝西省即在奏銷餘剩銀兩內籌解。據福建省稅釐局司道及布政使詳稱，光緒十七年分福建省奉撥鐵路經費是在藩庫正雜各款項下籌解。臺灣省奉撥鐵路經費，其光緒十六、十七兩年分一半銀兩，是在百貨釐金項下籌解，旋奉部文改於地糧項下提撥，惟因臺灣稅收入不敷出，經福建臺灣巡撫邵友濂奏請自光緒十八年（1892）起將指撥鐵路經費停止撥解，奉旨允准，改由閩海關撥解。福州將軍希元遵旨於光緒十八年閩海關一百二十七結四成洋稅項下提撥銀五兩萬，發交號商源豐潤、蔚泰厚承領，前赴天津鐵軌官路總局投納。浙江省籌解鐵路經費，原擬在籌邊軍餉項下勻撥，戶部以籌邊軍餉是解部款項，與部庫自籌無異，而咨請另籌。浙江藩司擬動用新海防捐輸，戶部卻以浙江動用新海防捐碍難照准，電覆另行籌撥。光緒十六年（1890）九月，據浙江巡撫崧駿奏覆，於無可另籌之中勉力合湊，即在藩庫正雜項下動支銀二萬兩，鹽運司庫綱票課釐項下動支銀一萬五千兩，釐捐項下動支銀一萬五千兩，共合銀五萬兩，發交省城裕源商號匯解⑤。江西省奉撥鐵路經費自光緒十七年（1891）起分春秋兩季提解，由鹽、貨二釐項下各騰

挪銀二萬五千兩。安徽省亦由鹽、貨二釐項下籌撥，但在各局尙未解到之前則由藩庫先行籌墊撥解。據四川布政使王毓藻詳稱，四川省奉撥鐵路經費，司道各庫早已搜括一空，其光緒二十年分應解鐵路經費，先湊得貨釐銀三萬兩，發交西商日昇昌等承領匯解，後來又湊得癸巳綱稅湊截留銀一萬兩，貨釐銀一萬兩，發交西商承領匯解，所需匯費，俱在貨釐項下開支。湖南省奉撥鐵路經費，經司道公同籌議，決定在司庫驛站項下籌銀一萬五千兩，糧庫南秋折項下籌銀一萬兩，善後局裁減薪糧項下籌銀一萬兩，釐捐局釐金項下籌銀一萬五千兩，共湊銀五萬兩，按年提存，聽候撥解。湖北省奉撥鐵路經費，經司道籌議，在藩司善後局無論何款，按年各籌挪銀二萬兩，江漢關六成洋稅項下籌銀一萬兩，共湊銀五萬兩，並未指定專款，而是臨時酌量緩急辦理。江漢關徵收華洋稅鈔及洋藥稅釐收支數目，是按六成洋稅、四成洋稅、四成八釐招商局各稅、五成二釐局稅等項開具四柱清單奏報，湖北省奉撥鐵路經費即由江漢關六成洋稅項下提撥銀一萬兩。例如江漢關自光緒十八年（1892）八月十一日起至十九年（1893）八月二十一日止六成洋稅項下新收進口出口正稅、土藥出口正稅復進口稅、子口稅、船鈔等項稅鈔銀一百九十四萬九千餘兩，在六成洋稅項下撥解關東鐵路經費銀一萬兩，約佔六成洋稅新收各項稅鈔銀〇‧五%[51]。湖北省應解光緒十九年分關東鐵路經費是在藩庫地丁項下撥銀二萬兩，善後局挪解銀二萬兩，江漢關六成洋稅項下撥銀一萬兩[52]。兩廣奉撥關東鐵路經費，是在釐金項下每年籌銀四萬兩，運庫課餉項下籌銀一萬兩，分批匯解北洋大臣天津行轅投納。大致而言，直省奉撥關東鐵路經費，主要是從藩庫、運庫、糧庫正雜減平鹽釐、百貨釐金及各關華洋等稅項下籌解。

　　同治十三年（1874），日軍侵犯臺灣時，兩江總督沈葆楨已疏言電報之利，詔旨飭辦，但不果行。光緒五年（1879），直隸總督李鴻章始於大沽、北塘海口礮臺架設電線達天津⑬，試行後頗稱便捷有利。光緒六年（1880）八月，李鴻章又指出：「用兵之道，必以神速爲貴，是以泰西各國於講求鎗礮之外，海路則有快輪船，陸路則有火輪車，以此用兵，飛行絕跡，而數萬里海洋，欲通軍信，則又有電報之法。」⑭爲使南北洋防務消息靈通，李鴻章又奏請安置陸路電線，由天津陸路循運河以至江北，越長江由鎮江以達上海。光緒七年（1881）十一月津滬電線正式開報，約計正線支線橫亘三千餘里，其常年用費，是在北洋軍餉內先行墊辦。津滬電線自光緒七年三月開辦起至同年十月工竣止，安置電線工料等項，共支庫平銀一十一萬四千餘兩：自天津至上海，沿途分立八局，自光緒七年十一月起至八年二月底止，其委員司事等薪糧工食等項共支湘平銀六千餘兩，每局各雇洋匠教習一名，共八名，月支辛工共湘平銀六千八百兩；沿途設七十八汛，津貼巡護弁兵馬乾口糧，共支湘平銀三千五百餘兩，其總分局經費共湘平銀一萬六千五百九十五兩，湘平銀一兩，約等於庫平銀九錢六分五釐餘，共折合庫平銀一萬六千零十四兩餘；電報學堂自光緒六年九月開辦起至八年二月底止，共支庫平銀一萬八千餘兩，以上安置電線、總分局及電報學堂三項經費共計庫平銀一十四萬八千餘兩，俱由所收淮軍餉內請銷⑮。南洋大臣駐紮江寧省城，距鎮江約一百六十餘里，劉坤一與李鴻章函商由鎮江接設電線至江寧，自光緒七年八月開工，至八年正月竣工，其安設電線、總分局及同文學館等項經費共湘平銀一萬五千餘兩，俱由軍需局撥款開支。金陵電報局同文館，江陰、吳淞等處添設電線，其經費俱在南洋防費項下動支。至於大沽北塘至山海關、奉

天、營口等處電線，其所需經費俱在北洋海防經費項下發撥。李鴻章駐紮天津，距保定較遠，司道等稟商地方緊要事件，須賴電線傳遞，經李鴻章奏准自天津至保定設立電線，光緒十一年（1885）九月，工竣通報，共用銀一萬九千餘兩，俱由練餉項下撥發。由於軍情緊急，煙臺一路電線，刻不容緩，光緒十一年三月，山東巡撫陳士杰與李鴻章往返電商由黃河南岸濟寧起至煙臺止架設電線，議定由北洋派員承辦，由山東籌銀五萬四千兩，即在山東運庫提銀三萬兩，糧道庫提銀二萬四千兩，一併發交原署津海關道盛宣懷應用。臺灣巡撫劉銘傳以臺灣孤懸海外，水陸電線亟應舉辦，且安設電報，於茶商最為得益，光緒十二年（1886）九月，議定水線由安平至廈門，陸線由基隆、滬尾經臺北府城直達臺灣府安平口，分由上海怡和洋行英商及德國泰來洋行承辦，其購辦電線等項經費，在於百貨釐金項下動撥，不敷之項，由茶商捐補㊶。光緒年間，各地架設電線，其舉辦經費，主要是由淮軍軍餉、南北洋海防經費、練餉、運庫、糧道庫、百貨釐金等項下動撥。

　　中國新式兵工業的興起，與晚清攻打太平軍、捻軍的戰事，實有直接而密切的關係。南京的金陵機器局與上海的江南機器製造局、天津的天津機器局，同為當時兵工業的巨擘，供應著南北洋京旗淮練各軍的重要軍需㊸。金陵機器局自蘇州遷至南京後，規模已經大具，所製軍火如開花炸彈、洋鎗、抬鎗、礮位門火等，門類繁多。光緒十一年（1885）五月，擴展局務，據估計增購機器及拓增廠屋兩項經費，共需銀十萬兩，其每年工料經費約銀五萬兩，擬先在洋藥加增稅釐項下動撥㊹。此項擴展計劃，自光緒十二年（1886）正月正式開工，至光緒十三年（1887）四月底竣工。據曾國荃奏報，當時金陵機器局新收項下共銀一十萬兩，

開除項下包括購買機器、收買民基、裝運機器料物船價等項共用
過銀一十萬四百六十兩,不敷銀四百六十兩⑲。金陵機器局的設
備雖已擴充,但其常年經費,並未比例增加。上海機器製造局的
經費來源,主要是江海關二成洋稅。江海關徵收洋稅,按結提解
部庫四成,其後於四成銀內酌留二成,以備機器局用款。自光緒
二年(1876)以後,由於江海關二成洋稅減少,而停造輪船,
專造軍火子彈器械等件。據南洋通商大臣兩江總督劉坤一奏報,
自光緒二年正月起至光緒三年十二月止,上海機器製造局舊管項
下存銀四十二萬二千餘兩;新收江海關陸續撥用二成洋稅銀八十
八萬六千餘兩;開除項下包括購買外洋書籍、刊刻繙譯書籍輿圖、
購買外洋大小機器一切器具各項軍火價值、續購廠地添建廠座、
修理廠屋船塢、製造鎗礮子藥、製造機器、委員司事薪水等項,
共支銀九十六萬七千餘兩,造成機器四十餘座,大小器具、木鐵
礮架、前後膛開花實心礮彈、後膛洋鎗、後膛鎗子、續譯西書、
續刻書籍、增購外洋機器前膛洋鎗等共計二百六十五萬一千餘件
⑳。同治五年(1866)八月間,總理衙門奏明在天津設立機器局,以
仿製外洋機器,經勘定在天津城東十八里賈家沽道地方設立火藥
局,自六年(1876)四月開局,至九年(1870)七月告成,其
開辦經費共銀四十八萬三千餘兩,是由香港輪船變價及天津關庫
撥用銀內支出㉑,其常年經費主要是動撥津海、東海兩關四成洋
稅。光緒六年(1880)九月,李鴻章奏明由戶部月撥邊防餉銀
一萬兩接濟,以光緒八年分爲例,可將天津機器局收支概況列簡
表於下:

天津機器局光緒八年分收支一覽表

項目	摘　　　　　要	收入(兩)	支出(兩)	結餘(兩)
舊管	原存庫平銀	30,011		30,011
新 收	津海關移撥四成洋稅	177,000		207,011
	戶部撥款	89,000		296,011
	督辦寧古塔事宜吳大澂劃還軍火價	11,920		307,931
	幫辦新疆軍務張曜劃還軍火價	2,000		309,931
	河南省劃還毅軍撥用軍火價	2,920		312,851
	湖北省劃還忠義軍撥用軍火價	684		313,535
	奉天省劃還撥用軍火價	6,752		320,287
	支應局解還合攏角雷艇工料價	1,654		323,125
	支應局解還四鎮砲船撥用器料價	2,000		324,779
	支應局撥解印書機器	3,000		327,779
開 除	給發購買造梅花藥機器等項		16,422	311,357
	採買外洋各式銅鐵鋼鉛漆油等項		56,358	254,999
	採買硝磺煙煤柴炭木植缸磚等項		56,510	198,489
	督辦提調委員武弁司事等員薪水等項		23,720	174,769
	各廠總散洋匠薪水工食醫藥等項		3,843	170,926
	仿造外洋機器藥帽鎗子礮彈工匠學徒夫役雜匠工食		61,110	109,816
	移築局東圍牆建造藥庫廠屋等項		16,086	93,730
	鐵龍小輪船管帶舵工水薪糧等項		3,978	89,752
	流馬小輪船領用物料		981	88,771
	天津行營製造局支撥物料		6,449	82,322
	電機水雷局總管教習司事薪水工食		1,185	81,137
	挖河機器船管帶司事薪水工食		20,327	60,810

資料來源：國立故宮博物院軍機處檔月摺包。

由上表可知天津機器局的經費來源，除各省劃還軍火等價銀兩外，主要是由津海關移撥四成洋稅及戶部撥款。原議戶部月撥邊防餉銀一萬兩，但並未按月撥足，光緒八年分實撥銀八萬九千兩，其經費來源，實以東海、津海兩關四成洋稅爲大宗。例如東海關第一二九至一三二結徵收洋稅共銀三十三萬一千餘兩，撥解天津機器局四成洋稅銀九萬八千五百餘兩，約佔新收洋稅銀二九％。又如東海關一三五結新收洋稅共銀一十萬七千餘兩，撥解天津機器局洋稅商局稅四成銀一萬兩，約佔新收洋稅銀九％。東海關奉撥天津機器局經費先匯解津海關，然後撥解天津機器局應用。例如津海關第一三四結舊管項下存四成洋稅及東海關解到四成洋稅共銀一十三萬二千餘兩，又存招商局稅四成銀一十三萬四千餘兩；新收項下含有東海關解到天津機器局經費四成銀三萬三千兩；開除項下共銀二十萬六千餘兩，其中解天津機器局光緒十九年十二月至二十年二月經費四成洋稅銀四萬兩，招商局四成稅銀二萬兩，合計六萬兩，約佔總開支銀二九％㉒。

光緒十一年（1885）九月，清廷因海防善後事宜關係重大，統籌全局後，決定設立海軍事務衙門，命醇親王奕譞總理海軍事務，所有沿海水師，悉歸節制調遣，先從北洋精練水師一支，由李鴻章專司其事㉓。旋議准將南北洋海防經費撥歸海軍衙門常年餉需用款。光緒十四年（1888）九月間，海軍衙門以北洋海軍練已成軍，章程甫定，用款日繁，奏請於洋藥稅釐項下每年實撥銀一百萬兩，以濟要需。經戶部議覆，自光緒十五年（1889）分起設法勻撥，自十五年至十九年，海軍衙門新增經費，均在於各海關徵收藥釐項下照數籌撥。據李鴻章奏報北洋海軍經費光緒十七年分收支清單所載，其新收項下除各處解還領用北洋軍火價外，所收浙江、江西兩省釐金及江海、浙海、山海、閩海四關華

洋稅銀一百二十六萬七百餘兩，約佔新收銀額九五％⑭。由於各
關藥釐收數盈絀未能逆料，為竭力籌撥光緒二十年分海軍衙門新
增經費，戶部乃擇其收數較旺之區分別指撥，計指撥江海關銀二
十六萬兩，鎮江關銀八萬兩，粵海潮州瓊州北海四關銀三十萬兩，
九龍拱北兩關銀二十萬兩，蕪湖關銀十六萬兩，共計銀一百萬兩，
俱在於徵收藥釐項下陸續籌解⑮。

　　咸豐十年（1860）十二月，恭親王奕訢等統籌全局，擬定
善後章程，調整政治結構，於京師設立總理各國事務衙門，作為
辦理外交的中央機關，也是清季講求洋務的總樞⑯，其應支一切
經費是由戶部領取，全年堂上、章京等員飯食銀、茶燭、心紅紙
張等項約銀七千餘兩⑰，每月由戶部領用。為學習外國語言文字，總
理衙門曾設立京師同文館，同治元年（1862）七月間，奏明在
南北洋各海口外國所納船鈔項下酌提三成按結批解總理衙門交納，
以充常年經費。同治五年（1866），奏設天文算學同文館，次
年十一月，正式開館，所需經費亦於三成船鈔項下動支。自同治
十三年（1874）起，各海關又將招商局輪船所納船鈔解交總理
衙門應用⑱。同光年間，中外交涉事件，層出不窮，遣使出國，
實已刻不容緩。光緒二年（1876）八月，總理衙門奏明動支各
海關六成洋稅，以充出使經費⑲，各海關自第六十五結為始，將
所收六成洋稅作為十成分算，每結酌提一成，另款存儲，聽候指
撥。因上海為出洋總匯之區，總理衙門又行文各海關，將所提存
出使經費先期解交江海關道查收，以資分撥。同年九月，總理衙
門奏定出使章程，明文規定出使經費由江海關道彙齊，按年匯寄
各使署。光緒四年（1878）六月，又因各關所提一成出使經費，
不敷應用，經總理衙門奏明將各關六成洋稅仍作十成分算，此十
成內每關每結於原提一成之外，再提半成，招商局輪船留關六成

稅內，亦按十成計算，一併酌提一成半，以備撥解，通飭各關自
第七十一結爲始，遵照辦理⑦。由於各關洋稅徵收銀兩多寡不等，出
使經費的來源全視各關洋稅收入的旺淡而定⑦。

四、自強經費的挪用與拮据

同光年間，各海關的稅收，成爲自強經費的主要來源。在清
代前期，粵海關的稅收較多，其關稅收入，可分成正項與雜項兩
方面，正項的收入通常只支出正額及銅觔水腳銀，解交廣東藩庫；
雜項收入則用於粵海關的行政開銷，大致可再區分爲五項：㈠採
辦貢品、傳辦方物；㈡通關經費、在關養廉、工食；㈢解部飯銀；
㈣解餉水腳；㈤鎔銷折耗⑦。同光年間，粵海關在自強運動過程
中扮演了重要的角色，例如自光緒四年九月初六日第七十三結起
至五年八月十五日第七十六結止，粵海關徵收洋稅實存銀八十八
萬五千餘兩，撥解項目共四十二款，共銀一百六十五萬一千餘兩，
其中匯解總理衙門、出使經費、南北洋海防經費、機器局購買鎗
價、閩省船政銀兩共二十五萬二千餘兩，約佔撥解銀一五％⑦，
但由於奉撥款項日增，連上年不敷撥解銀兩共不敷銀三百八十四
萬三千餘兩。光緒年間，江海等關的地位更加重要，例如光緒十
九年五月十八日起至八月二十一日止第一三二結江海關徵收華洋
各稅，統計實存銀一百一十七萬一千餘兩，支解項目共二十九款，
共支銀一百二十四萬三千餘萬兩，其中支解總理衙門華洋船鈔、
南北洋海防經費、輪船經費、出使經費、金陵製造火藥工費、鐵
路經費等項自強經費共銀四十六萬二千餘兩，約佔支解銀額三七
％⑦。江海關第一三二結內加徵洋藥釐捐實存銀二十七萬二千餘
兩，支解項目共八款，除提支傾鎔折耗及解餉匯費外，其餘六款，
皆屬自強經費，內含撥解威海衛大連灣購礮築臺、天津機器局、

海軍、出使、洋務等項經費，共銀二十八萬五千五百兩，約佔全部撥解銀九七％[75]。光緒十九年八月二十二日至十一月二十四日第一三三結津海關開除項下共銀二十萬九千餘兩，撥解總理衙門三成船鈔、機器局、海防支應局、通商大臣衙門、一成半出使經費等銀一十三萬四千九百餘兩，約佔開除銀額六五％[76]。牛莊海關第一三三結開除項下共十四款，計銀十五萬三千餘兩，其中撥解出使經費、北洋海軍經費、湄雲輪船薪糧公費、兵餉等項共銀一十一萬七千餘兩，約佔開除銀額七七％[77]，由此可知各海關徵收華洋稅銀是同光年間自強經費的主要來源。

　　各海關徵收洋稅雖逐年遞增，但因奉撥款目繁多，以致自強經費日形拮据。北洋大臣李鴻章曾指出海防經費奉撥額餉，每歲雖號稱四百萬兩，但自光緒元年至三年之間，實解不過二百萬兩，有名無實。光緒六年四月，吳元炳奏請飭催粵海關匯解南洋海防經費，軍機大臣以南洋籌辦船礮，待用甚急，故寄信粵海關監督俊啓迅速掃數解清。據粵海關監督俊啓覆奏時指出粵海關奉撥京外各餉，除協陝餉銀、廣儲司造辦處金價及南北洋海防經費銀兩是由四成洋稅內撥用外，其餘奉撥銀兩都由六成洋稅內撥解。後因撥款浩繁，六成洋稅不敷支解，只得挹彼注此，將所收洋稅不分四成或六成，悉數撥用，仍多不敷，不得不向西商銀號借墊，以資周轉。海防經費一項，名義上是專款扣存，事實上並未收貯存庫，年復一年，以致積欠纍纍[78]。由於俊啓挪解京協各餉，以致絲毫無存，挪後補前，顧此失彼。自光緒七年（1881）六月至八年（1882）八月，粵海關積欠北洋海防經費約銀二十餘萬兩之多，李鴻章以其積欠過鉅，請旨嚴催。崇光接任粵海關監督後，逐一清釐各項稅收，使其各歸各款，惟因所徵不敷撥解，實無現銀可以提還。崇光指出粵海關每年所徵洋稅，統計最旺年分，

約徵銀一百五十餘萬兩，以四成撥充南北洋海防經費，另外六成
洋稅，扣除所提出使經費一成半後，已不足六成，餘銀八十萬兩，
分別撥解戶部京餉、廣儲司公用、造辦處米艇、添撥榮營、神機
營、景營、烏里雅蘇臺各月餉、東北邊防經費、金順營月餉、奉
天練餉、伊犁償款等項，共應支銀一百七十餘萬兩，不敷既鉅，
不得不移緩濟急，挹彼注此⑲。

光緒二十年閩海關應解未解各款一覽表

項　　　　　　目	銀數（兩）
京　餉　銀	105,000
甘肅新餉銀	140,000
內務府經費常稅及洋稅	45,000
東北邊防經費	50,000
頤和園經費常稅	5,000
奉天省捕盜經費	20,000
籌備餉需銀	60,000
加放俸餉銀	18,000
總理衙門三成噸鈔	10,000
海軍常年經費	30,000
海軍藥釐經費	180,000
出使經費	90,000
鐵路經費	50,000
船政四成經費	160,000
善後局海防經費	20,000
稅釐局藥釐	300,000
第二十期洋款本息	272,418
合　　　　　計	1,555,418

資料來源：國立故宮博物院藏軍機處檔月摺包。

閩海關亦因撥解浩繁，入不敷出。據福州將軍兼管閩海關稅

務穆圖善奏稱，閩海關第九十三結內續徵六成洋稅，除歸還舊欠外，尚不敷銀五十九萬餘兩，逐年挪墊，年虧一年，愈積愈多，積欠無從歸補。據福州將軍希元奏明光緒十八年撥解各餉籌墊不敷銀六十七萬兩，十九年籌墊不敷銀六十九萬兩。閩浙總督譚鍾麟兼管閩海關稅務後指出閩海關寅支卯糧的原因：「揆厥由來，委因歷年洋稅未能旺徵，入不敷出，而應解各款，屢經部催，允其挪墊，希元急公念切，祇圖照撥全解，初則恃商暫墊，迨商墊無力，輒將一百三十五、六兩結未報之銀，先行提用，前後套搭，界限不清，至綜稽五年徵解之數，實有溢解銀百餘萬兩。」⑧譚鍾麟將應解未解各款開單呈覽，其項目銀兩列表於上。

　　如上表所載，光緒二十年（1894）分閩海關應解未解總理衙門三成噸鈔、海軍常年經費、海軍藥饟經費、出使經費、鐵路經費、船政四成經費、善後局海防經費等項共銀五十四萬餘兩，約佔未解銀35%，自強經費的拮据已顯而易見。

　　北洋海防經費自光緒元年至四年（1875～1878）二月止，所收銀兩遠不及一年額撥數目，所支款項卻層見疊出，應接不暇。除陸續支放海防本款銀八十萬餘兩外，於光緒三年（1877）秋奉旨撥解山西、河南二省賑銀二十萬兩，又借給山西賑銀十萬兩，代購河南賑糧借撥銀十二萬兩，直隸採買賑糧撥銀十五萬兩，招商局借撥京城平糶資本銀六萬兩。其後又疊奉諭旨撥解河間開井工費銀四萬兩，添購京糶雜糧資本銀數萬兩，前後已撥借七十餘萬兩，挪借既多，實存極少。各海關洋稅，開銷本多，又撥去半分歸還西征軍餉原借洋款，以致餉無所措，防務迄未就緒。

　　南北洋海防經費的來源，除各海關洋稅項下提撥外，又於各省關釐金項下指撥匯解。各省釐金奉撥之初，解至九成，其後減至二成，日形拮据。因此，各省關奉撥釐稅，其歷年所解，多未

達到額撥之半。中法之役期間，因海防喫緊，釐稅減色，沿海各省俱須辦理防務，撥款寥寥無幾，以致北洋局庫極形支絀。李鴻章爲加強防務，擬購買精利軍器，但北洋海防經費項下每月應支各兵輪薪糧及製造軍需彈藥等項，已不敷支出，無從抽撥鉅款。各省截留南北洋海防經費，年復一年，欲罷不能。

同光年間，海防喫重，快船爲備禦利器，製造快船爲自強事業的首要措施。福建船廠仿造快船，曾由戶部指撥南洋海防經費銀二十萬兩。船廠定期開工，需款孔亟，而粵海關欠解南洋海防經費銀十五、六萬兩之多。光緒初年，船工製造，日新月異，而經費日絀。據福建船政大臣吳贊誠指出海關月款，光緒元年欠解銀二十萬兩，二年分欠解銀十八萬兩，三年分正月至四月，六成項下新欠十二萬兩，雖四成項下按月撥解銀二萬兩，但杯水車薪，立見其涸，度支如此其難，雖使聰明財力十倍於吳贊誠，亦不免有無米爲炊之慮[81]。因輪船經費支絀，福建船政局將船勇裁減一半，以致不能成操[82]。

光緒年間，興辦鐵路，有官辦、官督商辦與商辦的分別，鐵路經費的來源，則有國帑、洋款、商股及內債等四種。在中日甲午戰爭以前，主要爲招集商股及提撥國帑時期。但就鐵路的官督商辦制度而言，並未收到預期的效果。臺灣鐵路預定招集商股銀一百萬兩，然而事實上僅招商股銀三十六萬兩，津沽鐵路僅招商股銀十萬兩，蘆漢鐵路則無商股。國帑空虛，籌措不易，鐵路建設缺乏全盤性的計劃，鐵路經費不能專款專用。關東鐵路議定京外歲撥銀二百萬兩，戶部竟函商北洋大臣將光緒十九、二十兩年部庫應撥鐵路經費內每年少撥銀一百萬兩，兩年騰出銀二百萬兩，專供慶典之用[83]。各省奉撥鐵路經費，雖按年竭力籌解，但如何騰挪之處，並未指定專款，惟有酌量緩急辦理[84]。光緒二十年，

中日交戰後，關東一帶，沿途填紮重兵，鐵路工程難以進行，戶部奏准暫停修築鐵路，將各省奉撥鐵路經費，改解部庫，藉充兵餉，但因地方財政久已匱乏，而無力籌解。

總理衙門以出使經費關繫緊要，奏明各關按結提存，聽候指撥，無論京外何項要需，俱不准挪動。但因辦理海防，籌備船價，屢次挪借出使經費。光緒七年（1881）六月，因籌備伊犂償款，除由部庫撥款外，尚短少銀五十餘萬兩，經戶部奏明於出使經費內提撥足數。福建船廠第一屆出洋肄業學生，原奏三年爲限，其出洋經費議定由福建省稅釐局勻解四分之二，閩海關與船政衙門各勻解四分之一。光緒六年（1880）六月，因出洋經費不敷銀二萬三千兩，經李鴻章奏准於出使經費項下挪補匯解。李鴻章於中法之役期間，奏明向德、美等國訂購西洋鎗礮，約需銀四十餘萬兩，議定由江海關道於出使經費項下分起借款墊價㊝。南北洋大臣固然屢請挪借出使經費，戶部亦同樣借支出使經費補苴，例如神機營所欠洋款，即由戶部奏明挪動出使經費，以歸還欠款。光緒十八年（1892）八月，自奎煥接辦西藏邊案後，共支過銀十四萬六千餘兩，先後收到匯豐銀行兌款及藏庫邊餉銀十萬三千餘兩，其不敷銀四萬三千餘兩，俱在於江海關出使經費項下動撥匯解。光緒二十年（1894）二月間，因洋本屆期，鎊價增長，戶部不得已挪借出使經費銀四十萬兩，始行歸還㊞。

五、結　語

同光年間所創辦的各項事業，並非沒有建立民生事業的觀念㊟。但早期自強運動所創辦的各項事業，多屬於官辦軍事工業，其所製造出來的輪船、鎗礮、彈藥等，都由朝廷直接撥給軍隊使用，並非生產性的工業，亦未通過積累貨幣財富的過程，未計算

產品的價格，不參加市場交換。其創辦經費及常年經費，是從關
稅、釐金，或國庫按規定撥付，各項企業，並無盈虧可言，沒有
從利潤轉化的資金內部積累，企業的發展或停滯，決定於中央或
地方撥款的多寡，不決定於市場需求及企業本身的生產管理，以
致所創辦的各項新式事業，都缺乏生命力的根源。

同治十三年（1874）十月，福建巡撫王凱泰條陳海防事宜，
對自強經費的預算，已提出了相當有遠見的看法，其原摺略謂：

> 初辦之需，經久之費，若不預籌，餉從何出？臣竊以爲今
> 日之洋務，自洪荒開闢以後未之聞也，各關洋稅，自周官
> 理財以來未之載也，以洋稅辦洋務，名實相符，總理衙門
> 議提四成洋稅，以備不虞之用，如現在籌辦海防，所謂不
> 虞者孰重於此？擬請議定辦法，即約計初辦之需若干？先
> 提應用，經久之費若干？每年勻撥，舍此以外，似無巨款
> 可籌㊽。

官辦兵工業所消耗的費用，稱爲經費，不同於民生工業的資本。
練兵、簡器、造船等項事業，經費浩繁，非餉不行，如何預籌？
必須議定辦法。所謂「初辦之需」，即指創辦經費，已屬不貲。
所謂「經久之費」，即指常年經費，更需竭力籌撥，源源接濟。
同光年間的自強運動，以洋稅辦洋務，洵屬名實相符。

王凱泰進一步提出統籌全國財力，量入爲出，通盤計畫的一
套看法。其原摺略謂：

> 往日用兵，但就一處而言，此次海防須統天下財力而言；
> 往日用兵，但就一時而言，此次海防則須統永遠財力而言，
> 量入爲出，治國常經，治軍尤甚。臣愚以爲開辦之初，允
> 宜將此項海防經費通盤計劃，何省可以撥用若干項？何項
> 可以籌備若干？務在核定確數，然後就我力之所及，以之

> 練兵、簡器、造船，始事規模，不宜過寬，但期我力有餘，
> 自可隨時恢擴，如是而內外一心，實事求是，堅若貞定，
> 卓立不搖，夫而後可以持久，夫而後可謂自強。天下事之
> 閱時變計，或半途中止者，豈皆惑於異議哉？亦由始之不
> 慎而後難為繼也⑧。

王凱泰已指出練兵、簡器、造船，首須統籌全國永遠財力，量入
為出，通盤計劃，始事規模，不宜過寬，始能持久，可以為繼，
不致半途而廢。自強運動，是以洋稅辦洋務，的確名實相符，但
是傳統的理財觀念是量入為出，而不是量出制入。事實上量入為
出已是困難重重，清廷不能充分掌握各項稅收，除了田賦正項外，
舉凡釐金、關稅等項稅收，皆難掌握，地方本位主義色彩濃厚，
擁有稅收的機構，對稅收頗多截留，未能如田賦一樣地涓滴歸公，
並未全力支持自強運動。當同治初年自強運動開始時，財政基礎
尚稱健全，財力雄厚，各項官辦事業，規模頗大，成效顯著，但
因後來新政項目與日俱增，百端並舉，規模過大，不能統籌全國
的財力，通盤計劃，光緒中葉以後，財力不足，財政紊亂，已經
面臨窮弩之末，以至於後繼無力，各項企業不能持久，益以制度
上的種種缺失，都成為自強運動後期遭遇困難的內在因素。同光
年間的自強運動，各項事業百端並舉，項目眾多，規模過寬，其
創辦經費及常年經費的龐大浩繁，均非始料所及，以致不能擴充，
亦不能持久。就以福州船政局而言，按照左宗棠的估計，每年經
費六十餘萬兩，由閩海關籌撥，五年共銀三百餘萬兩，到同治十
年（1871）底止，船政經費已用過銀三百四十萬兩，期限不滿
三年，超過當初估計甚多。機器建廠經費，原定為四十萬兩，後
因設備擴建，致使經費增至百餘萬兩，因結款不敷，只得挪用月
款，寅吃卯糧，愈來愈支絀。其人事經費亦由原額六十人增至三

百餘人，每月開支增加約四千兩。由於戰船日多，而養船經費支出愈多，原議以洋藥票稅收入支付，但同治十一年（1872）分每月票稅僅五千兩，而養船費支出共銀九千五百餘兩，增加約一倍。到同年十月止，船廠每月實需銀七、八萬兩，而左宗棠原議每月經費僅四萬兩，相差幾達一倍，由此可以看出有不少是當初計劃疏漏。其養船經費的增加，不能不說是制度上的缺陷。蓋造船廠，應只造船，船既造成，即應撥交其他省或機構使用，至於養船經費則應由使用者負擔，但當時所有一切經費均由船政局支付，於是造船愈多，而養船經費負擔遂愈重，最後必然影響造船事業的進行⑩。

自強事業的內容，項目眾多，性質不同，難易有別，其中架設電線，辦理電報，還算差強人意，至少有兩個原因：一個原因是架設電線不需經過太長的歲月，另一個原因是架設電線不需花費太多的經費。例如天津至上海的津滬線，是黃金線路，其正線和支線共長三千餘里，自光緒七年三月起動工，至同年十月即竣工，歷時僅需八個月，時間不至於拖得過長。其開辦經費共銀十一萬四千餘兩，平均每里僅需三十八兩。修築鐵路則較困難，蘆漢鐵路從蘆溝橋至漢口，全長約三千里，其開辦經費包括畝價、軌價及造橋費，約共需銀三千萬兩，平均每里約需銀一萬兩，自光緒十五年創議至光緒三十年（1889至1904）全線通車，歷時十六年之久。

自強經費的來源，除海關稅收外，以釐金為大宗，但釐金收入並不穩定，貿易的旺衰，釐卡的設立或裁撤，海關商票的盛行，都影響釐金的盈縮。同治七年（1868）以後，因軍務漸平，各省奉命裁撤釐卡，米穀釐金亦一律停免，通商子口洋稅商票盛行，經過局卡概免抽收，以致釐金收數頓減。光緒二年（1876）閏

五月，兩江總督沈葆楨、江蘇巡撫吳元炳等已指出江南釐金收入逐年減少，實有江河日下之勢，其原摺略謂：

> 蓋以抽釐本無定額，全視商賈之盛衰為轉移，近來百物翔貴，貨滯不銷，商人折閱既多，轉輸難繼，假如往年運貨兩次者，今年祗運一次，則公家釐稅，即因之少收其半。上海沙船，從前有三、四千號，近則不及十之一，生意蕭索，釐金焉得不衰，此無形之消耗，公私俱困者也。商情困苦如此，不能不曲加體恤。蘇滬設卡抽釐，初辦時卡多捐重，自同治四、五年後，年年核減。前督臣曾國藩於同治七年、十年大減兩次，同治十二年，前署督臣張樹聲等奏明將江南之秈粳米穀停捐，光緒元年，臣元炳又奏明將江南之糯米雜糧停捐，凡此軫恤民捐，均出於萬不得已，而所減之數，綜計已不下數十萬，此有定之短絀，雖有損於公，而尚有益於民者也。其為害最甚而莫可誰何者，則莫如洋票，洋人運內地土貨，概憑單照驗免，不得抽釐。當定章之始，專指洋商而言，所短尚不甚多，近則內地華商避重就輕，託名詭寄，由內河而至長江，到處皆是，偶一扣留，則洋人出頭包庇，動以留難索賠為詞，此無窮之漏卮，而良商並受其害者也[91]。

沈葆楨等指出貿易蕭索，釐金遂衰，正說明各行業久經兵燹後，元氣未復，商賈罕有積儲，尚未奠立穩定的商業基礎，致使各路錢莊紛紛倒閉，銀源枯竭[92]。光緒四年（1878）二月，沈葆楨具摺時，瀝陳江蘇金陵等局釐金短絀的原因，其原摺略謂：

> 當同治初年，殷商巨賈輻輳江北一帶，抽釐尚旺，故月供各款，從無蒂欠，迨後減捐併卡，兼之南北四方商市分散，向之所謂輻輳者，日漸蕭條，釐金因之減色，遂有甘餉不

> 數，請由運庫撥補之奏，是數年以前，已有拮据不遑之勢，
> 近來洋單愈盛，侵佔愈多，收數爲之大減，加以去年春冬
> 二季米釐兩値停免，秋間木棉被歉，幾至無釐可收，雖嚴
> 加整頓，力杜漏巵，奈江北一隅之地，來源短，能益幾何
> ⑨？

由於經濟蕭條，稅源短缺，致使釐金收入日絀。形勢如此，最後
沈葆楨不免慨歎說：「臣理財乏術，坐視農民之困苦，商賈之凋
敝，臺局之空虛，而莫展一籌，清夜思之，愧慚無地。」不僅財
富之區困窘如此，其他省分皆然，閩浙總督何璟等亦指出閩省庫
款匱竭，度支不敷，「閩省財用之匱，已非一朝一夕，數年來，
出款日增，收款日減，直是無米爲炊。」⑭疆吏因無米爲炊，而
一籌莫展。由於釐金減少，不敷撥解，自強經費的來源，拮据異
常。

　　練兵、簡器、造船等項事業，都是救亡圖存的自強措施。同
光年間的自強事業，多由曾國藩、左宗棠、李鴻章等人開其端，
創辦之初，確實頗具規模，惟因財力不足，絀於經費，籌措維艱，
雖初基已立，卻不能持久。出使大臣遠涉重洋，辦理外交，支出
繁多，經總理衙門議定由海關六成洋稅項下提撥，但因各省關奉
撥項款衆多，入不敷出，於是紛紛奏請挪借出使經費，不能專款
專用。光緒十七年（1891）四月間，戶部因庫帑空虛，奏明將
南北洋購買鎗礮、船隻、機器的款項，暫停二年，藉以彌補庫帑
⑮。海軍衙門成立時，並未指定固定經費，嗣經戶部奏准將原撥
南北洋海防經費，改解海軍衙門，惟因各省拖欠截留，並未解足，
海軍衙門不得不縮減經費。三海工程曾向海軍衙門借銀七十萬兩，
頤和園開工後，又不斷地挪用海軍經費，實爲海防建設的致命傷
害⑯。由於海軍經費的被挪用，自光緒十五年至中日甲午戰爭六

年之間，北洋海軍竟未添置戰艦[97]。同光年間的自強運動，有兩個軸心：一個是以求強為目標的新式軍事工業；一個是以求富為目標的經濟建設，其宗旨是在充實軍事和財政上的力量。在求強目標下，努力購器、造船，建立海軍，但缺乏有計劃的訓練和繼續擴充的經費，使得這支新式海軍徒有軀殼，並沒有充沛新精神的靈魂[98]。耗竭民財，缺乏自強精神，器械即使精銳，亦不可謂自強[99]。同光年間，由於政制不足以因應，自強事業的開創與發展，缺乏一套全盤性的計劃，呈現多方面的局限性，在經營上表現許多腐敗現象，產生了阻礙自強運動順利發展的作用[100]。光緒年間，清廷財政已面臨窮弩之末，庫帑虛懸，中央與地方的稅收，不能作全國性通盤合理的支配，致使挹彼注此，移緩就急，挪後補前，顧此失彼，財稅制度的紊亂，成為自強運動遭遇挫折的內在因素。結果求強的目標，固然完全落空，而求富的底蘊，證明也是徒托空言。自強不強，求富不富，同光年間的自強運動，並未達到預期的目標。

【註　釋】

① 馬凌諾斯基（B.Malinowski）著，費孝通譯《文化論》（What is Culture？）（臺北，商務印書館，民國五十六年一月），頁98。

② 管東貴著《滿族入關前的文化發展對他們後來漢化的影響》，《中央研究院歷史語言研究所集刊》，第四十本（臺北，中央研究院歷史語言研究所，民國五十七年十月），頁266。

③ 李恩涵撰〈清季史實的線索與其解釋〉，《大陸雜誌》，第三二卷，十二期，頁9。

④ 《月摺檔》（臺北，國立故宮博物院）。光緒五年九月二十一日，丁日昌奏片錄副。

⑤　王樹槐著《中國現代化的區域研究：江蘇省（1860—1916）》（臺北，中央研究院近代史研究所，民國七十三年六月），頁300。

⑥　呂實強著《中國早期的輪船經營》(臺北，中央研究院近代史研究所，民國五十一年元月），頁29。

⑦　王業鍵撰〈清雍正時期（1723—1735）的財政改革〉，《中央研究院歷史語言研究所集刊》，第三本（臺北，中央研究院歷史語言研究所，民國五〇年七月），頁50。

⑧　《清聖祖仁皇帝實錄》（臺北，華聯出版社，民國五十三年九月），卷二四〇，頁3。

⑨　稻葉君山著，但燾譯訂《清朝全史》（臺北，中華書局，民國四十九年九月），第46章，頁124。

⑩　《月摺檔》。光緒元年六月初三日，湖廣道監察御史陳彝奏。

⑪　彭澤益撰〈中英五口通商治革考〉，《中國近代史論叢》，第二輯（臺北，正中書局，民國四十七年十一月），第一冊，頁54。

⑫　《月摺檔》。同治四年八月二十八日，閩浙總督左宗棠等奏。

⑬　《清史稿》（臺北，洪氏出版社，民國七十年八月），〈食貨六〉，頁3686。

⑭　王業鍵撰〈清代經濟芻論〉，《食貨月刊》，復刊第二卷，十一期，頁8。

⑮　羅玉東撰〈中國釐金史〉，《中國近代史論叢》，第二輯，第三冊，頁195。

⑯　《中國現代化的區域研究：江蘇省（1860—1916）》，頁321。

⑰　陳慈玉撰〈近代黎明福建茶之生產與貿易構造〉，《食貨月刊》，復刊第六卷，第十期（民國六十五年一月），頁557。

⑱　李國祁著《中國現代化的區域研究：閩浙臺地區（1860—1916）》（臺北，中央研究院近代史研究所，民國七十一年五月），頁44。

⑲ John, K. Fairbank, 「The Cambridge History of China.」 volume 10, Late Ch'ing, 1800-1911, part J, P.514. Cambridge, 1978.

⑳ 《清史稿》，志一一三，海防，頁4095。

㉑ 王爾敏撰〈南北洋大臣之建置及其權力之擴張〉，《大陸雜誌》，二〇卷，五期，頁22。

㉒ 《光緒朝東華錄》（臺北，文海出版社，民國五十二年九月），第一冊，頁137。光緒六年十一月辛丑，據總理衙門奏。

㉓ 《清德宗景皇帝實錄》（民國五十三年一月），卷十，頁10。

㉔ 《宮中檔光緒朝奏摺》，第一輯（臺北，國立故宮博物院，民國六十二年六月），頁650。光緒三年十月初四日，粵海關監督俊啓奏摺。

㉕ 《宮中檔光緒朝奏摺》，第二輯（民國六十二年七月），頁229。光緒六年三月二十七日，，粵海關監督俊啓奏摺。

㉖ 《宮中檔光緒朝奏摺》，第二輯，頁313。光緒七年十一月初四日，粵海關監督崇光奏摺。

㉗ 《軍機處檔・月摺包》（臺北，國立故宮博物院），第2735箱，10包，121436號。光緒八年正月二十八日，浙江巡撫陳士杰奏摺清單。

㉘ 《軍機處檔・月摺包》，第2722箱，33包，138067號。清單。

㉙ 《軍機處檔・月摺包》，第2735箱，8包，120912號。光緒八年正月二十一日，李鴻章奏摺清單。

㉚ 《軍機處檔・月摺包》，第2735箱，1包，118918號。清單。

㉛ 《軍機處檔・月摺包》，第2735箱，8包，120876號。清單。

㉜ 劉心顯撰〈中國外交制度的沿革〉，《中國近代史論叢》，第一輯，第五冊（民國四十五年十二月），頁54。

㉝ 《李文忠公全集》（臺北，文海出版社，民國五十七年五月），㈡，奏稿四八，頁42。

㉞　《東華續錄》（民國五十二年九月），卷五七，頁53。同治五年六月庚寅，諭旨。

㉟　《月摺檔》。同治十一年三月二十五日，陝甘總督左宗棠奏。

㊱　《月摺檔》。同治十一年五月十五日，直隸總督李鴻章奏。

㊲　《海防檔》（臺北，中央研究院近代史研究所，民國四十六年九月），乙，福州船廠㈢，頁759。

㊳　《清德宗景皇帝實錄》，卷一三六，頁7。光緒七年九月乙未，內閣奉上諭。

㊴　《軍機處檔・月摺包》，第2735箱，9包，121145號。光緒七年，左宗棠奏片。

㊵　《月摺檔》。光緒二年十二月初五日，兩江總督沈葆禎等奏。

㊶　呂實強著《丁日昌與自強運動》（臺北，中央研究院近代史研究所，民國六十一年十二月），頁300。

㊷　吳鐸撰〈臺灣鐵路〉，《中國近代史論叢》，第一輯（臺北，正中書局，民國四十五年十二月），第五冊，頁17。

㊸　《月摺檔》，光緒三年五月二十三日，福建巡撫丁日昌奏。

㊹　《清德宗景皇帝實錄》，卷二一五，頁5。光緒十一年九月庚子，懿旨。

㊺　《海防檔》，戊，鐵路㈠，頁25。

㊻　《清德宗景皇帝實錄》，卷二四一，頁7。光緒十三年四月丁卯，懿旨。

㊼　臺灣省文獻委員會，《臺灣史》（臺北，眾文書局，民國六十八年二月），頁451。

㊽　《軍機處檔・月摺包》，第2729箱，42包，130890號。光緒二十年正月二十五日，邵友濂奏摺錄副清單。

㊾　《清史稿》，志一二四，交通一，頁4429。

(50) 《宮中檔光緒朝奏摺》，第五輯（民國六十二年十月），頁593。光緒十六年九月十二日，浙江巡撫崧駿奏摺。

(51) 《軍機處檔・月摺包》，第2729箱，48包，132736號。清單。

(52) 《軍機處檔・月摺包》，第2729箱，39包，130067號。光緒二十年正月十五日，湖廣總督張之洞奏片錄副。

(53) 《清史稿》，志一二六，交通三，頁4461。

(54) 《海防檔》，丁，電線㈡，頁262。

(55) 《海防檔》，丁，電線㈡，頁346。

(56) 《海防檔》，丁，電線㈣，頁1333。

(57) 李恩涵撰〈清末金陵機器局的創建與擴展〉，《大陸雜誌》，三三卷，十二期，頁7。

(58) 《曾忠襄公全集》（臺北，文海出版社），卷二五，頁53。

(59) 《曾忠襄公全景》，卷二九，頁2。

(60) 《軍機處檔・月摺包》，第2735箱，7包，120632號。光緒七年十二月二十日，兩江總督劉坤一奏摺錄副。

(61) 《軍機處檔・月摺包》，第2766箱，48包，103526號。同治九年十月十二日，通商大臣崇厚奏摺錄副。

(62) 《軍機處檔・月摺包》，第2729箱，52包，133915號。清單。

(63) 《光緒朝東華錄》，㈣，頁1983。光緒十一年九月辛丑，懿旨。

(64) 《軍機處檔・月摺包》，第2729箱，48包，132704號。光緒二十年五月十七日，李鴻章奏摺錄副清單。

(65) 《軍機處檔・月摺包》，第2729箱，44包，131651號。光緒二十年三月十二日，戶部奏摺。

(66) 劉熊祥撰〈總理各國事務衙門及其海防建設〉，《中國近代史論叢》，第一輯（臺北，正中書局，民國五年五月），第五冊，頁33。

(67) 《軍機處檔・月摺包》，第2735箱，8包，120955號。光緒八年正

月二十五日，總理衙門奏摺錄副。

㊻　《軍機處檔‧月摺包》，第2735箱，8包，120957號。光緒八年正月二十五日，總理衙門奏摺錄副。

㊼　《光緒朝東華錄》，㈠，頁257。光緒二年八月辛丑，據總理衙門奏。

㊽　《軍機處檔‧月摺包》，第2735箱，8包，120956號。光緒八年正月二十五日，總理衙門奏摺錄副。

㊾　嚴和平著《清季駐外使館的建立》（臺北，私立東吳大學中國學術著作獎助委員會，民國六十四年一月），頁194。

㊿　陳國棟撰〈清代前期粵海關的稅務行政（1683—1842）〉，食貨月刊，復刊十一卷，十期，頁44。

㊼　《宮中檔光緒朝奏摺》，第二輯，頁313。

㊽　《軍機處檔‧月摺包》，第2729箱，46包，132125號。清單。

㊽　《軍機處檔‧月摺包》，第2729箱，46包，132126號。清單。

㊽　《軍機處檔‧月摺包》，第2729箱，42包，130853號。清單。

㊽　《軍機處檔‧月摺包》，第2729箱，52包，133913號。清單。

㊽　《宮中檔光緒朝奏摺》，第二輯，頁234。光緒六年六月初六日，粵海關監督俊啓奏摺。

㊽　《宮中檔光緒朝奏摺》，第二輯，頁448。光緒八年十月初六日，粵海關監督崇光奏摺。

㊻　《軍機處檔‧月摺包》，第2729箱，57包，136021號。光緒二十年九月十二日，閩浙總督譚鍾麟奏摺。

㊽　《月摺檔》。光緒三年五月十四日，吳贊誠奏。

㊽　《月摺檔》。光緒五年四月二十五日，丁日昌奏。

㊽　《海防檔》，戊，鐵路㈠，頁162。

㊽　《軍機處檔‧月摺包》，第2729箱，57包，135941號。光緒二十年

十月初一日，張之洞奏片錄副。

(85) 《軍機處檔・月摺包》，第2272箱，22包，124831號。光緒十年正月十七日，李鴻章奏摺錄副。

(86) 《軍機處檔・月摺包》，第2729箱，54包，134821號。光緒二十年八月二十三日，宗室福錕等奏摺。

(87) 《中國早期的輪船經營》，〈自序〉，頁1。

(88) 《月摺檔》。同治十三年十月二十五日，福建巡撫王凱泰奏。

(89) 《月摺檔》。同治十三年十月二十五日，福建巡撫王凱泰奏。

(90) 《中國現代化的區域研究：閩浙臺地區（1860—1916）》，頁284。

(91) 《月摺檔》。光緒二年閏五月，兩江總督沈葆楨等奏。

(92) 《軍機處檔・月摺包》，第2722箱，36包，128866號。光緒十年七月十九日，曾國荃奏片錄副。

(93) 《月摺檔》。光緒四年二月初六日，兩江總督沈葆楨奏。

(94) 《月摺檔》。光緒四年五月二十二日，閩浙總督何璟等奏。

(95) 《軍機處檔・月摺包》，第2729箱，57包，136024號。光緒二十年十月初三日，宗室福錕奏摺。

(96) 王家儉著《中國近代海軍史論集》（臺北，文史哲出版社，民國七十三年十二月），頁225。

(97) 羅綱撰〈清海軍經費移築頤和園考〉，《大陸雜誌》，第四卷，十期，頁16。

(98) 吳相湘著《第二次中日戰爭史》（臺北，綜合月刊社，民國六十二年五月），上冊，頁29。

(99) 《月摺檔》。光緒六年二月初六日，中書科中書沈守謙奏。

(100) 李恩涵撰〈清季史實的線索與其解釋〉，《大陸雜誌》，第三二卷，十二期，頁11。

承准軍機大臣字寄光緒八年八月十

八日奉

上諭李鴻章奏粵海關應解北洋海防經費積欠過

鉅請旨嚴催一摺北洋防務關繫緊要各省關應

解經費自當源源撥解以應急需粵海關自光緒

七年六月至本年八月積欠北洋經費約有二十

餘萬兩之多該監督任催固應實屬不成事體現

在北洋需款孔亟著崇光迅將積欠八十四五六

七八等五結北洋海防經費限一月內掃數解清

以後仍著按結報解不得再有積欠儻仍任意延

延或限滿解不足數即由李鴻章將該監督嚴泰

照貼誤京餉倒議處將此由四百里諭知李鴻章

並傳諭崇光知之等因欽此

寄信上諭：《宮中檔光緒朝奏摺》

清代社會經濟變遷
與秘密會黨的發展
——臺灣、廣西、雲貴地區的比較研究

一、前　言

　　清代民間的秘密組織，因其生態環境、組織形態、思想信仰及社會功能，彼此不同，各有其特殊條件，為了研究上的方便，將秘密社會劃分為秘密宗教和秘密會黨兩個範疇，是有其必要的。在人類文化史上，宗教信仰佔了相當重要的地位。任何形式的宗教信仰，都是在適應個人及社會的需要。人類在求生存的過程中，經常遭遇到各種困難和挫折，當人類的知識或經驗不能控制處境及機遇的時候，就出現宗教信仰。傳統中國社會的宗教信仰，大致可以分為二大類：一類是祖先崇拜；一類是多神崇拜，把祖先和泛神崇拜結合起來，就是中國傳統宗教信仰的一大特色①。所謂秘密宗教，就是雜揉儒釋道的思想而產生的各種民間宗教，雖然是建立在小傳統的一種社會制度，但也具備宗教的本質，有其超越的意義。各教派藉教義信仰，師徒輾轉傳授，以建立縱的統屬關係。其共同宗旨，主要在勸人燒香誦經，導人行善，求生淨土，其思想觀念，與佛教的教義最相切近。各教派多傳授坐功運氣，為村民療治時疾，其修真養性的方式，與道教頗相近似。各教派也具有宗教福利的性質，養生送死各種儀式，多由各教派主

持，在地方上扮演了重要的角色，具有生存、整合與認知的功能。但因各教派未經立法，並未得到官方的認可，其組織與活動都是不合法的，對官方而言，各教派都是一種秘密性質的不合法宗教團體，所以遭到官方的取締。

　　秘密會黨是由民間異姓結拜組織發展而來的秘密團體，其成員以兄弟相稱，藉盟誓維持橫的散漫關係。中外史家對這種異姓結拜組織，或稱爲秘密會社，或稱爲秘密幫會，或稱爲秘密結社，或稱爲秘密會黨，頗不一致。王爾敏教授撰「秘密宗教與秘密會社之生態環境及社會功能」一文指出研究中國秘密社會史，必須分別秘密宗教與秘密會社兩個範疇，各求獨立鑽研與探討，文中略謂：「秘密社會爲大共名，即總稱，包括秘密宗教與秘密會社兩大範圍，而秘密會社與總稱之秘密社會用字相差甚微，易致混亂，但爲循其沿用名稱，亦無從更改。」②誠如所言，秘密會社與總稱的秘密社會，其區分實欠明晰，差異不大，易致混亂，使用秘密會社時，顯不出異姓結拜組織的特殊性質，而且秘密會社亦非最早沿用的名稱。劉聯珂先生著《幫會三百年革命史》一書敍述洪門、天地會、三合會、清門、理門的傳說，將「幫」與「會」混而爲一③。其實，「幫」與「會」的性質不同，是兩種不同性質的組織。「會」是指會黨，「幫」是指地緣性結合的行業組織，浙商紹興幫、寧波幫的成功，就是將社會性的組合有效地應用於商業上的結果④。「幫」可作量詞解，含有「伙」，或「群」的意思，是由船幫而得名。在中國沿海的海盜社會裏，有鳳尾幫、水澳幫等名稱。青幫、紅幫則是以信仰羅祖教的漕運糧船水手爲主體的秘密組織，都是由糧船幫而得名。各幫水手因籍貫不同，地域觀念異常濃厚，彼此之間，往往因利害衝突而引發激烈的械鬥，其宗教色彩雖較淡薄，而其械鬥性質，又跡近會黨，

然而青、紅幫俱非天地會分化出來的組織，也不是哥老會的旁支。由於清代中葉以來，漕運積弊日深，青、紅幫的勢力日益興盛，凡投充水手者，如欲立足於糧船，必須加入青、紅幫，其成員十分複雜，包括短縴、游幫、走私販毒的不法商人等，動輒滋生事端，目無法紀，形成嚴重的社會問題⑤。因此，「幫」與「會」不可混爲一談。至於結社一詞，久爲中外史家所習用，但結社的內容，包括秘密教派與秘密會黨，並非專指會黨而言，日本學者所稱秘密結社，相當於秘密社會的總稱，例如宮原民平氏著《支那の秘密結社》一書所討論的內容包括白蓮會、天理教、三合會、哥老會等，教與會統稱爲秘密結社⑥。秦寶琦撰〈從檔案史料看天地會的起源〉文中亦謂「白蓮教屬宗教性秘密結社，宋元以來就已存在。」⑦秘密結社包含教與會兩個範疇。黃玉齋先生撰〈洪門天地會發源於臺灣〉一文指出洪門天地會誕生於三百多年前，是一個反清復明的秘密結社⑧。結社一詞，或指教與會而言，或僅限於會黨而言，並不一致，而且其含義甚廣，使用結社字樣時，易與文人集會相提並論。明末天啓年間，太倉人張溥等初結應社，崇禎時，又集合南北文社中人於吳縣，繼東林講學，稱爲復社，以取興復絕學之義。此外有文人互相唱和的各種詩社，如臺灣的東吟社、鍾毓詩社、潛園吟社、崇正詩社、竹梅吟社、斐亭吟社、荔譜吟社、浪吟詩社、牡丹詩社等⑨，使用秘密結社字樣時，既易與文人結社相提並論，又常與秘密宗教混爲一談，以致對異姓結拜組織產生誤解。因此，就研究盛行於南方的各會黨而言，使用秘密結社字樣，其不妥當，實顯而易見。

在清代官書及地方大吏奏摺中常見「結會樹黨」字樣，由異姓結拜組織發展而來的秘密團體，使用秘密會黨一詞，較爲妥當，既符合歷史發展，亦能充分突顯民間異姓結拜組織的特殊性質。

乾隆二十九年（1764）十月，福建巡撫定長具摺奏稱：

　　臣自抵任以來，留心訪察，知閩省各屬向有結會樹黨之惡
　　習，凡里巷無賴匪徒，逞強好鬥，恐孤立無助，輒陰結黨
　　與，輾轉招引，創立會名，或陽托奉神，陰記物色，多則
　　數十人，少亦不下一二十人。有以年次結爲兄弟者，亦有
　　恐干例禁而並無兄弟名色者，要其本意，皆圖遇事互相幫
　　助，以強凌弱，以眾暴寡，而被侮之人，計圖報復，亦即
　　邀結匪人，另立會名，彼此樹敵，城鄉效尤。更間有不肖
　　兵役潛行入夥，倚藉衙門聲勢，里鄰保甲，莫敢舉首，小
　　則魚肉鄉民，大則逞兇械鬥，抗官拒捕，因此而起，是結
　　會樹黨之惡習，誠爲一切奸究不法之根源⑩。

同年十一月，刑部議覆福建巡撫定長奏摺後增訂律例，並寫進大
清律例內，其增訂條文內有「閩省民人除歃血訂盟焚表結拜弟兄
仍照定例擬以絞候，其有抗官拒捕持械格鬥等情，無論人數多寡，
審實各按本罪分別首從，擬以斬絞外，若有結會樹黨，陰作記認，
魚肉鄉民，凌弱暴寡者，亦不論人數多寡，審實將爲首者照兇惡
棍徒例發雲貴、兩廣極邊烟瘴充軍，爲從減一等」等字樣⑪。以
年次結拜弟兄，結會樹黨，創立會名，所以稱爲會黨。會黨一詞，
在清代末葉，使用更爲普遍。國父孫中山先生倡導革命之初，國
內風氣未開，所以從結合會黨入手，使會黨志士在國民革命史上
扮演了重要的角色。光緒二十六年（1900），庚子惠州之役起
事以後，會黨字樣多見於當時的報章雜誌。同年九月廿一日，《
清議報》刊載惠州軍務云：「念二日，馬軍門部下武弁區某親帶
介字營勇欲往平潭防堵，詎被會黨聞知，即就蔗林埋伏鎗手。未
幾，介勇經臨，會黨從林中發鎗攻擊，介勇傷斃甚眾，驚惶逃走。」
⑫同年十月一日，《清議報》轉載香港西字報所刊〈廣東歸善縣

來札〉一　函，文中有「某等並非團匪，乃大政治家、大會黨耳，即所謂義興會、天地會、三合會也」等字樣⑬，由此可知天地會、三合會等，都是光緒年間的大會黨。會黨一詞，沿用久遠，為求符合歷史發展，並充分說明異姓結拜組織的特性，使用秘密會黨字樣，確實較為恰當。但因清初已制訂刑律，查禁異姓結拜弟兄，所以各會黨的倡立，都與清廷律例相牴觸，各會黨的組織與活動，都是不合法的，同樣遭到官方的取締。

　　關於秘密會黨的起源問題，眾說紛紜，莫衷一是，一直尚未得到較有說服力的解答，一方面固然是由於檔案的缺乏所致，另一方面也是由於學者對秘密會黨產生的社會經濟背景，未作進一步的研究，以致對秘密會黨的起源問題，仍然囿於單純時間的考證，自然很難得到一致的意見。社會變遷是社會行為變化的過程，包括社會組織、社會關係、行為模式以及社會風氣或習尚的改變⑭。人口的變動，包括人口的增減、人口的組合及人口的移動，都是社會變遷的主要因素。清代從十七世紀末葉到十八世紀末葉這一長期的休養生息，其人口從一億五千萬增加到三億多，至少增長了一倍。據統計從乾隆四十四年（1779）到道光三十年（1850）前後七十二年之間，全國人口已達四億三千萬左右，增長了五十六％⑮。人口移動是人類對環境中的社會經濟及人口壓力的一種反應，可以引起社會結構的重大改變。隨著人口的成長，無地貧民的人數與日俱增，許多人便從人口稠密的地區遷出，有更多的荒地被開墾出來。有清一代的許多社會現象，也許可以用人口的變動來加以說明。血緣與地緣是中國傳統社會最常見的群體認同法則，宗族是以血緣作聯繫的社會組織，各族姓之間，常因生活利益上的衝突而引起械鬥，大姓強橫，欺壓小姓，於是激起各小姓的自由結合。在移墾社會裏，缺乏血緣的整合條件，以

祖籍爲聚落形成的主要基礎，就是移墾社會的特質⑯。臺灣與閩粵，一衣帶水，地曠人稀，可以容納內地過剩的人口。廣西的幾條河谷地帶是十八世紀以來廣東省東部客家及湖廣南部人民移居的地區，雲貴與川、楚、粵接壤，可供開墾的荒地更多，都是屬於開發中的邊陲地區，人口流動性大，人口組合複雜，地緣意識濃厚，土地競爭激烈，社會不穩定性十分明顯，不易促成宗族組織的發展，社會團體的組成，並非建立在血緣關係之上，而是基於對祖籍的認同，住居社區的組合，宗教信仰儀式的參與，以及對共同目標或利益的追求⑰。秘密會黨的產生，主要是在閩粵人口密集已開發區域聚族而居的核心地區及地廣人稀開發中區域地緣意識較濃厚的邊陲地區。在新開發的移墾社會中，結盟拜會的風氣尤其盛行，秘密會黨的起源及其發展，都與國內移民及社會結構有密切的關係。本文撰寫的旨趣，即在就現存檔案，透過移墾社會的社會結構、族群關係及人群認同意識的探討，以比較臺灣、廣西、雲貴地區秘密會黨的起源及其發展。

二、移墾社會的形成

秘密會黨的起源及其發展，與社會經濟背景有非常密切的關係。許倬雲教授撰〈傳統中國社會經濟史的若干特性〉一文已指出由先秦開始，中國已有在核心區與邊陲區的不同發展。核心區人多地狹，文化發展居於領導地位，也是政治權力的中心。邊陲區人少地廣，又往往必須與民族主流以外的人群雜居混處，其經濟發展，往往比較落後，因此，一方面可能有地方性若干程度自給自足的性質，另一方面由於經濟發展的劣勢，其資源與財力會被核心區吸取⑱。王業鍵教授撰〈清代經濟芻論〉（Some Reflections on the Economy of China under the Ch'ing, 1644-1911）

一文將清代的中國劃分爲三個區域：一爲東部的「已開發區域」
（the "developed area"），包括人口最多的直隸、河南、山東、
山西、江蘇、浙江、安徽、江西、福建、廣東等十個省分；一爲
「開發中區域」（the "developing area"），包括東北、陝西、
甘肅、湖北、湖南、廣西、四川、雲南、貴州和臺灣，其中東北、
廣西、雲南、貴州、臺灣屬於邊地，湖北、湖南、四川、陝西、
甘肅屬於內地；一爲邊陲「未開發區域」（the "undeveloped
area"），包括外蒙古、內蒙古、新疆、西藏及青海。在已開發
區域的特性是農業資源已大爲開發，人口與土地的比例甚高，手
工業頗爲發達。開發中區域的特性是人口與土地的比例較低，以
及自然資源的不斷開發。至於未開發區域不但人口與土地的比例
極低，而且人民經濟生活是以游牧爲主。從十七世紀中葉到十九
世紀中葉是中國人口迅速成長時期，由於人口增加的結果，有許
多人便從人口密集的地區遷移到土地較爲豐富的地區。從十八世
紀下半葉至二十世紀初開發中區域的人口與耕地增加率遠比已開
發區域來得快[19]。秘密會黨盛行的地區，主要是在中國南方人口
密集已開發區域聚族而居的核心區及地廣人稀開發中區域地緣意
識較濃厚的邊地。

　　社會群體是由許多的個人，在某一特定目標下結合而成的，
有推動社會的力量，也有使個人再社會化的力量[20]。人群的結合，有
許多不同的方式，以血緣結合的爲宗族，以地緣結合的爲鄰里鄉
黨。在傳統漢人社會裏，越是歷史悠久而社會穩定，越傾向於以
本地的地緣和宗族關係爲社會群體的構成法則；越是不穩定的移
民社會或邊疆社會，越傾向於以祖籍地緣或移殖性的宗族爲人群
認同標準[21]。由於東晉與南宋政治重心的南移，影響最大的便是
北方戶口的南移，自宋以後，閩粵地區的血族宗法制已日益成長，

聚族而居，其村落的地緣社會與宗族的血緣社會幾乎是完全一致的㉒。宗族是以血緣作聯繫的社會組織，由於空間上的族居，所以宗族很容易結合，一呼即應。康熙中葉以來，閩粵地區人口壓力日增，人口與土地比例失調，社會逐漸呈現不穩定的現象，各族姓之間，每因戶婚地土等利益上的衝突而引起激烈的分類械鬥，大姓欺壓侵蝕小姓，泉、漳二府各屬分類械鬥的風氣尤盛。仙遊《問俗錄》述及大姓欺壓小姓的情形，文中略謂：

> 仙遊小姓畏大姓，甚於畏官，其畏之奈何？一朝之忿，呼者四應，直有劍及寢門，車及蒲胥之勢。而小姓積怨既久，乃群集小姓以與之敵。是即漳、泉之械鬥乎？曰否。彼聞官至即退，非必經旬累月，報復不止。死一人，即龜縮兔脫，不敢再進。且無鳥鎗竹銃，不過扁擔石頭而已。惟竹叉最多，俗名「出傢伙」。界連晉江、惠安一帶，聞有箋紙甲者㉓。

大姓強橫，欺壓小姓，於是激起各小姓的自由結合。江日昇編著《臺灣外記》內永曆四年（1650）載：

> 五月，詔安九甲萬禮從施郎〔琅〕招，領眾數千來歸。（禮即張要，漳之平和小溪人。崇禎間，鄉紳肆虐，百姓苦之，眾謀結同心，以萬爲姓，推要爲首。時率眾統踞二都，五月來歸㉔。

以「萬」爲姓集團，就是抵抗鄉紳或大姓的一個異姓結拜組織，公推萬禮即張要爲大哥。雍正五年（1727）十一月，福建總督高其倬具摺奏稱：

> 查福建泉、漳二府民間，大姓欺凌小族，小族亦結連相抗，持械聚眾，彼此相殺，最爲惡俗，臣時時飭禁嚴查。今查得同安縣大姓包家，與小姓齊家，彼此聚眾列械傷殺，署

縣事知縣程運青往勸，被嚇潛回，隱匿不報，該營遊擊亦不行稟報，殊屬溺職㉕。

泉、漳二府民間，大姓凌壓小姓，每因睚眦之怨，動輒聚眾械鬥，於是出現了「以包爲姓」、「以齊爲姓」的異姓結拜組織。雍正七年（1729）十月，福建觀風整俗使劉師恕具摺奏稱：

> 查泉屬七縣，晉江、南安、同安最爲難治，安溪、惠安次之，永春、德化又次之。其初，大姓欺壓小姓，小姓又連合眾姓爲一姓以抗之。從前以包爲姓，以齊爲姓，近日又有以同爲姓，以海爲姓，以萬爲姓者，現在嚴飭地方官查拏禁止㉖。

泉、漳各屬，由於宗族之間，常起衝突，異姓結拜組織，名目繁多。其沿海地方，向因防堵海寇，各家置有刀鎗器械，自行防守，沿爲積習，更助長了各宗族之間的械鬥風氣。所謂「以海爲姓」、「以萬爲姓」、「以同爲姓」、「以齊爲姓」、「以包爲姓」等集團，其含義不外是象徵四海皆兄弟，天下萬民，共結同心，齊心協力，包羅萬民，其用意，與晉代高僧道安法師提倡破除俗姓，以釋爲氏的精神，頗相近似。化異姓爲同姓，以消除各血族內部的矛盾，打破本位主義，一致對外，發揚四海皆兄弟的精神。各異姓自由結合時，多舉行歃血飲酒，跪拜天地盟誓，結拜弟兄，公推大哥的儀式，後來的秘密會黨，就是由民間異姓結拜組織發展而來的各種秘密團體。

　　明清時期的經濟發展，主要是外延性的成長，即以人口的增加和耕地面積的擴充成爲國民生產總額的增加。在已開發區域的大城市已經停止擴展，城市的發展重心是在靠近農村的商業市鎮。由於城市人口比重下降，人口增加的壓力全部由鄉村承擔下來㉗。閩粵沿海州縣，地狹人稠，不能承擔城市過剩人口的壓力，由於食

指愈眾，人口壓迫日益嚴重，爲謀生計，遂紛向地曠人稀的開發
中區域移徙。臺灣與閩粵內地，一衣帶水，在漢人大量移殖臺灣
以前，島上已住有土著民族，人口稀少，土地膏腴，是屬於未開
發區域，農業技術落後，生產力極低，又缺乏儲蓄的觀念，不願
生產多餘的糧食㉘。宋、元以來，內地漢人已移居臺灣，明代嘉
靖、萬曆年間（1522—1619），內地漢人渡海來臺者更多。荷
蘭人佔據臺灣後，爲了增加蔗糖等作物的生產，大量招徠內地漢
人，據統計在荷蘭人佔據末期，臺灣漢人總數已有二萬五千戶，
約有十萬餘人。鄭成功驅逐荷蘭人以後，實施寓兵於農的政策，
重視開墾。在鄭氏時代的拓墾區域，雖然南至恒春，北至雞籠，
惟其拓墾重心，依舊是承荷蘭人的餘緒，是在以臺南爲中心一帶
㉙。據統計鄭氏時代移殖臺灣的漢人增至二十萬人。由於鄭氏時
代的大量開墾，正好提供了內地漢人一個適宜安居和落地生根的
理想地方。清廷領有臺灣後，臺灣人口繼續成長。雍正初年，丁
隨地起制度實行後，將丁銀攤入地糧內徵收，徭役完全由土地負
擔，免除了無地貧民的丁銀，取消了人頭稅，人身依附土地的關
係減輕了，准許無地貧民自由遷徙㉚，清廷又積極推行墾荒政策，閩
粵地區因人口壓力而向外遷徙的人數，遂與日俱增。這個時期的
臺灣是屬於開發中的區域，可以容納內地過剩的人口，但閩浙內
地兵民所食，多仰賴臺地米穀的接濟，限制臺郡人口的增加，就
成爲清廷解決內地兵民糧食的消極措施㉛。清廷議定章程，嚴禁
內地漢人無照偷渡臺灣。鎮守南澳總兵官張天駿具摺奏稱：「臺
灣地土雖廣，而出米是有定數，況漳、泉等郡，咸爲取資，若查
拿稍懈，則偷渡愈眾，不但奸頑莫辦，有擾地方，且慮聚食人多，
臺地米貴，所係匪細，是以奉旨嚴禁。」㉜臺地人多米貴，直接
受到影響的是閩浙民生問題。閩浙總督喀爾吉善進一步指出「臺

郡生聚日衆，恐有人滿之患，若不及早限制，不特於臺郡民番生
計日蹙，更於內地各郡接濟無資，偷渡一事，實爲臺郡第一要務。」
㉝無照私渡，例禁綦嚴，但官渡必經官府給照，胥役兵丁勒索錢
文，私渡便於官渡，其費亦省，閩粵人民爲解決生計問題，遂絡
繹渡臺就食。凡欲過臺者，多由船戶包攬，每人索取水腳銀二兩
至八兩不等，候有一二百人時，乃將大船停泊於澳口外，乘夜用
小船或舢板將偷渡民人載出外海，再登大船東渡。因偷渡盛行，
臺郡人口成長更加迅速，雍正十年（1732）五月，據廣東巡撫
鄂彌達奏稱，閩粵漢人在臺灣立業者，多至數十萬人㉞。乾隆年
間（1736—1795），**臺灣**府各縣廳的戶口，已經編定保甲，其
民番實數亦另款具報。乾隆二十八年（1763）十二月，巡察臺
灣給事中永慶指出「臺地自開臺以來，多係閩廣人民寄居，迄今
百餘年，生息蕃衍，占籍陸拾餘萬，番民歸化者柒拾餘社。」㉟
是年，據福建巡撫定長奏報臺灣府屬實在土著流寓及社番男婦大
小丁口共六六六、〇四〇名口㊱。嗣後由於臺灣本郡人口的自然
增殖，以及內地移民與日俱增，臺灣人口成長更加迅速，至光緒
二〇年（1894）中日甲午戰前，臺灣人口增至二、五五〇、〇
〇〇人㊲。從康熙二十二年（1683）清廷領有臺灣至光緒二十年
（1894）共二一二年之間，臺灣人口由二〇〇、〇〇〇人增至
二、五五〇、〇〇〇人，平均增加爲十一倍強㊳。

　　西南邊陲的廣西、雲南、貴州，也是開發中區域，地廣人稀，
可以容納鄰近已開發區域的過剩人口。廣西與廣東、湖南、貴州
接壤，境內有三大江，構成水路交通網。其中漓江由湖南零陵縣
入廣西全州境，經桂林、平樂等府；左江由鎮南關外入境，經太
平、南寧、潯州等府；右江由黔粵交界合流，經慶遠、柳州、潯
州等府，三江俱總滙於梧州大河，以達廣東，合計三江水程約三

千餘里，廣東、湖南、貴州等省商賈貨船，往來絡繹。移殖廣西的外省人口，以廣東、湖南為最多，福建較少。廣東地狹人稠，人口壓力日增，是米貴的主要原因。雍正四年（1726）五月，兩廣總督孔毓珣具摺時已指出「廣東素稱魚米之鄉，然生齒繁庶，家鮮積蓄，一歲兩次收成，僅足日食，而潮州一府，界連福建，田少人多，即遇豐歲，米價猶貴於他郡。」㊴同年七月，孔毓珣奏報廣東米價，每石一兩一二錢不等，潮州一府，每石一兩五六錢不等，較他府稍貴，而同時的廣西米價，每石自七錢至八九錢不等，貴賤懸殊㊵。生齒繁庶，食指眾多，是廣東米貴的主要原因，此外廣東普遍的稻田轉作，也是不可忽視的原因。廣東地狹人稠，其市場取向的農村經濟，對農業結構影響極大，農民選擇種植收入較大的作物，使稻米的生產量銳減，以致米少不敷民食。雍正五年（1727）四月，署廣東巡撫常賚奏摺抄錄諭旨一道，略謂：

> 閩廣兩省督撫常稱本省產米甚少，不足以敷民食，總督高其倬亦曾具奏，巡撫楊文乾則云廣東所產之米，即年歲豐收，亦僅足半年之食。朕思本省之米，不足供本省之食，在歉歲則有之，若云每歲如此，即豐收亦然，恐無此理，或田疇荒廢，未盡地力，或耕耘怠惰，未用人功，或奸民希圖重價，私賣海洋，三者均未可定。昨曾面諭九卿，今廣西巡撫韓良輔奏稱，廣東地廣人稠，專仰給於廣西之米，在廣東本處之人，惟知貪財重利，將地土多種龍眼、甘蔗、烟葉、青靛之屬，以致民富而米少。廣西地瘠人稀，豈能以所產供鄰省多人之販運等語，此奏與朕前旨相符，可知閩廣民食之不敷有由來矣㊶。

廣東地土不種稻米，選擇種植收入較大的龍眼、甘蔗、烟葉、青

靛等作物，以致稻米產量減少，其民食不得不藉廣西米穀接濟，廣東饑民就食廣西者尤夥。湖南與廣西水路交通便利，湖南人口流入廣西者亦夥。廣西巡撫循例於每年年終須將各府州縣戶口增減數目，彙報朝廷，茲就現存清代《宮中檔》等資料，將乾隆年間廣西戶口列表於後：

清代乾隆年間廣西省戶口一覽表

| 年分 | 戶　　數 | 大　　　　　口 | | 小　　　　口 | | 合　　計 |
		男　丁	婦　女	男　口	女　口	
15	940,071	1,441,027	1,325,279	505,780	445,279	3,717,365
16	941,043	1,444,729	1,328,090	511,219	449,405	3,733,443
17	942,041	1,448,631	1,330,993	517,025	453,540	3,750,189
18	943,020	1,452,595	1,333,895	523,024	457,702	3,767,216
20	945,121	1,460,882	1,339,883	535,078	466,358	3,802,201
21	946,179	1,466,274	1,343,508	543,201	472,732	3,825,715
28	954,675	1,507,209	1,370,119	602,205	517,729	3,997,262
29	955,913	1,513,262	1,373,853	610,655	524,284	3,022,054
30	957,104	1,519,274	1,377,947	618,292	530,281	4,045,794
32	1,104,519	1,722,412	1,570,619	768,238	644,907	4,706,176
33	1,105,712	1,729,009	1,575,053	776,218	650,544	4,730,824
38	1,111,558	1,760,107	1,595,196	809,661	671,492	4,836,456
42	1,209,844	1,952,857	1,712,591	999,220	808,489	5,473,157
43	1,212,093	1,979,297	1,734,916	1,021,489	826,136	5,561,847
46	1,219,568	2,060,783	1,804,007	1,093,311	886,029	5,844,130
47	1,222,197	2,087,514	1,826,376	1,117,424	907,282	5,938,596
48	1,224,992	2,113,664	1,849,442	1,141,808	928,842	6,033,756
52	1,235,892					6,375,838
53	1,238,650					6,453,340
54	1,241,471					6,530,495

資料來源：宮中檔廣西巡撫奏摺。

　　乾隆十五年分（1750），廣西臨桂等五十四州縣戶口共九四○、○七一戶，大小男女合計三、七一七、三六五人，乾隆五十四年分（1789），戶數增爲一、二四一、四七一戶力大小男女增爲六、五三○、四九五人，從乾隆十五年至五十四年，共四十年間，人口增加爲一倍強。自咸豐初年太平軍起事後，地方久遭破壞，戶口遷辦靡常，難於查報，光緒十四年分（1888），據廣西巡撫馬丕瑤奏報廣西通省各州縣實在戶數爲一、二三五、六四九戶，較乾隆五十四年分減少五、八二二戶，大小男丁共四、○九四、六三九人，婦女共三、四一四、○八七人，合計七、五○八、七二六人，較乾隆五十四年分增加七九八、二三一人㊷。

　　貴州、雲南爲苗疆地區，界連廣西、湖南、四川等省，所有漢人，俱係外來流寓及貿易之人，包括湖廣、兩廣、江西、四川等省的漢人。其中湖南辰州、永順、沅州、靖州與貴州連界，在貴州境內各山到處產蕨，湖南窮民每於秋成農隙時，攜妻帶子，結伴到貴州境內各山挖淘蕨粉，除佐民食外，即以所餘賣易銀錢。雲南礦產蘊藏豐富，外省貧民進入雲南採礦者尤夥，以致戶口頻增。所有在雲貴定居的漢人及納糧徵賦的熟苗，例應查報戶口，茲就乾隆年間雲貴巡撫彙報的民數列表於後。貴州省與廣西、湖南、四川壤地毗連，外省流寓者首先進入貴州，所以貴州人口較雲南爲多，乾隆十五年分（1750），貴州通省人口數爲三、一三四、一○七人，乾隆五十四年分（1789），增爲五、一二五、二五五人，增加不及一倍。乾隆十五年分，雲南通省人口數爲一、九六七、八三七人，乾隆五十四年分增爲二、八五六、七一九人，增加亦不及一倍，人口成長速度較緩慢。

清代乾隆年間雲貴二省戶口一覽表

省分	貴	州	雲	南
年分	戶　數	人 口 數	戶　數	人 口 數
15	611,929	3,134,107	367,363	1,967,837
16	615,298	3,166,662	368,632	1,974,031
17	619,605	3,195,653	369,813	1,980,631
18	629,825	3,248,955	371,284	1,987,427
19	633,893	3,273,343	372,922	1,994,198
20	637,744	3,301,692	374,672	2,000,772
21	639,278	3,315,491	376,442	2,007,349
27	653,686	3,411,148	399,567	2,088,746
28	654,866	3,417,865	402,569	2,099,417
29	656,029	3,424,207	405,932	2,110,510
30	657,012	3,430,086	409,478	2,125,597
31	658,099	3,441,656		
32	659,182	3,446,908	412,915	2,148,597
33			420,389	2,162,324
37	668,895	3,477,601		
38	670,097	3,481,657		2,239,586
41	1,023,096	5,003,177		
42	1,030,394	5,013,908		2,547,308
43	1,032,592	5,021,598		2,566,224
45	1,038,510	5,041,251		
46	1,041,491	5,054,179		2,626,492
47	1,043,311	5,061,530		2,648,170
48	1,045,440	5,069,016		2,673,149
51				2,755,527
52	1,055,378	5,113,954		2,787,656
53	1,056,381	5,118,391		
54	1,058,027	5,125,255		2,856,719

資料來源：宮中檔雲南貴州巡撫奏摺。

　　閩粵內地早期移民渡海來臺後，除開田耕食外，或從事貿易，
或充當雇工，亦有飄蕩寄居全無行業的羅漢腳。其耕田農人大致
可以分爲二類：一類是自墾田土自承種的自耕農；一類是承耕他
人田土的佃戶。各佃戶之中也不相同，有承耕田數甚多且年久者，
亦有承種甚少且年淺者，田數多寡不等，年分久暫亦有別，亦即
有大佃戶與小佃戶的分別。開田耕食的墾戶，起初俱於春時來耕，
秋成回籍，隻身往返，習以爲常。後來由於海禁漸嚴，海盜猖獗，
來去不便，其在臺立有產業者，既不願拋棄田園，遂就地居住，
漸成聚落。所開田園，以甲計算，每田一甲，大約相當內地的十
一畝，分爲上中下三則取租。巡臺御史赫碩色曾指出渡臺漢人在
臺郡城內者居少數，散處者居多數，成家者少，單丁獨漢者居多，
其有田地者稱爲業主，召募流民種地研糖者稱爲佃丁，又叫雇工，
內地民人渡臺餬口者，大致不出此二途㊸。閩粵先民渡海來臺後，披
荊斬棘，墾殖荒陬，使臺灣逐漸形成一個移墾社會，同時建立了
相當複雜的社會經濟關係。臺灣人口的增加與耕地面積的擴充是
齊頭並進的，臺灣南部，因其地理位置恰與福建泉、漳二府相對，
所以當泉、漳二府漢人移殖臺灣之初，即先在臺灣南部立足。由
於土地氣候的差異，臺灣與閩粵內地之間，形成了密切的區域分
工關係，臺灣南部適宜種植米糖，而成爲早期的經濟重心。其後
由於南部本身人口的自然增殖，以及內地移民的不斷湧進，戶口
日增，開發殆盡，拓墾方向逐漸北移㊹。康熙中葉，在諸羅一帶
的移墾人口，與日俱增，雍正初年，諸羅一帶已成爲拓墾重心，
同時向中部拓墾的人口亦成長迅速，耕地面積日益擴充，乾隆中
葉，彰化平原已成爲新的拓墾重心。同時，北部平原可種植稻米，
山區可生產茶和樟腦，臺灣北部積極開發，同、光年間臺灣對外
開放通商後，茶和樟腦的出口與日俱增，遂促成臺灣經濟重心的

北移。

明清之際，臺灣的開發，提供了內地漢人避難和落地生根的海外樂土，而廣西、雲貴地區，則因南明抗清及吳三桂反清運動，而遭受重大的破壞，康熙中葉以來，廣西、雲貴地區的社會秩序逐漸恢復，人口日增。雍正二年（1724）閏四月，廣西提督韓良輔在署理廣西巡撫任內，鑒於廣西土曠人稀，人口日益增盛，而地畝不加墾闢，為籌民食，具摺奏請招徠墾闢荒地，以盡地力⑮。自雍正六年（1728）起至雍正十一年（1733），廣西共開墾過舊荒老荒水旱民屯各項共四、五八五、六○○餘畝，另官員生俊里民捐貲實墾共田六七、六○○餘畝⑯。廣西除荒地可大量開墾外，也盛產礦砂，例如梧州府屬蒼梧縣境芋莢山，桂林府屬臨桂縣境大小江源、陽朔、義寧、恭城等縣的蓮花石、南丹土州，賀縣境內蕉山等處，或產銅鉛，或產錫銀，礦砂豐富，外省貧民往往成群結隊潛往廣西各礦山挖掘礦砂，富戶出貲以圖利，貧民賴傭工以度日。外省流民進入廣西後，生聚力作，漸成聚落。雲貴地區，因「苗性愚而易惑」，與內地不同，所以嚴禁漢人擅入苗地。雍正初年以來，先後改土歸流，積極推行墾荒政策。在清世宗所頒諭旨已指出：「朕念開墾事於民最為有益，雲南現有開墾事例，務須實心奉行，即各省中如能將荒地開墾成熟，則將來民因其利，多有依賴，若聽其荒蕪不治，民鮮耕種之田，野多草萊之地，殊負朕愛民之心，甚為可惜也！」⑯由於清廷飭令墾荒，雲貴遂成為邊陲開發中區域，湖南、四川、廣東、江西等省窮人多往雲貴開墾。在威寧府西北一四○里的稻田壩，東西計十里，南北計十五里，地土平沃，有小河三道，可資灌溉，水田可種稻米，山坡可種麥蕎，因此，貴州威寧總兵石禮哈奏請招徠開墾。同時在稻田壩西北二十里的八仙海子，亦奏請招民開墾，以上二處可

開水田二萬六千餘畝。黎平府八萬古州，南通廣西柳州、羅城、荔波地方，北至湖南靖州，經奏准開墾後，廣東、湖南等省移殖雲貴者，遂絡繹不絕。

　　血緣關係是最基本、最直接的社會整合準則，閩粵地區就是以血緣爲聯繫聚族而居的社會。臺灣在行政區劃上雖然屬於福建省，但因臺灣孤懸海外，其人文景觀卻自成一區。閩粵早期移民來臺後，因其祖籍不同，所以其文化特徵，亦有顯著差異。臺灣社會是屬於移墾型的結構，故其所引起的社會問題，與閩粵內地頗不相同。閩粵先民渡海來臺後，缺乏以血緣作爲聚落組成的條件，多採取祖籍居地的地緣關係，依附於來自同一祖籍的同姓或異姓村落，而形成了所謂地緣村落，同鄉的人遷到同鄉所居住的地方，並與同鄉的人共同組成村落，各村落之間，則以集資建廟，並經由鄉土祭神的供奉及儀式的舉行，連結成爲一體㊼。基於祖籍的不同地緣，益以習俗、語言等文化特質的差異，早期移殖臺灣的漢人，依其來臺先後，大致可以分爲泉州庄、漳州庄及廣東客家庄三個人群，以地緣爲分界，都具有強烈的鄉土觀念。廣東饑民就食廣西後，廣西巡撫即設法安插，並照保甲之例，將各饑民每十家設一甲長，滿百家再設一總甲。廣東、湖南等省人民移殖廣西後，星散居住，以地緣爲分界，各成村落。據兩廣總督孔毓珣指出「各鄉村有十餘家爲一村者，有五六家或兩三家爲一村者，相隔遙遠，難於聯屬。」㊽外省移民進入雲貴地區後，亦以地緣爲分界，各成聚落。貴州巡撫毛文銓具摺時亦稱「貴州一省，多屬江西、湖廣、四川與本地人民參錯而居，彼此嫉妬，不肯相容。」㊾湖廣、四川、廣東、江西、福建等省人民移殖廣西、雲貴後，逐漸形成地緣村落，其地緣性的結合強於血緣性的結合，同鄉意識很強烈，其優點是視同鄉如骨肉，疾病相扶，患難相助，

而缺點則在於移墾不同人群各有畛域，偏狹的地域觀念異常濃厚，各分氣類，各移墾集團之間，因移殖時間先後不同，彼此常有互相凌壓的現象，時常呈現尖銳的對立，巨室豪族勢力強大，往往有以大吃小的事件。明清時期，臺灣、廣西、雲貴都是開發中的邊陲地帶，富於移墾社會的特徵，社會流動性和不穩定性，十分明顯，人口壓力日增，並因人口的迅速成長，男女的比例懸殊，男多於女，精壯者多於倚賴性者，單身男丁、流民或莠離分子的比例亦高，動輒走險輕生，遂因人口壓力而引起社會失調，移墾社會的長期不安，社會組織的不夠健全，社會治安欠佳，各村落或人群尚未趨於整合，社會問題相對增加，分類械鬥，或土客械鬥案件，層出疊見，結盟拜會的風氣，方興未艾，會黨林立，如雨後春筍，都是早期移墾社會中常見的現象。

三、秘密會黨的分佈

　　探討秘密會黨的起源及其發展，不能忽略其創生環境⑤，分類械鬥，或土客械鬥是地緣意識尖說化的結果，秘密會黨多見於地緣意識濃厚的移墾社會。因此，分類械鬥與秘密會黨就是早期移墾社會的產物。排比清代臺灣、廣西、雲貴查辦結盟拜會案件後，可以發現開發中區域的秘密會黨，其出現與移民拓墾方向大致是齊頭並進的。茲就現存檔案、官書所見秘密會黨名稱，依其出現先後列表於下：

清代臺灣、廣西、雲貴秘密會黨一覽表

年　　　月	臺灣		廣西		雲貴		備註
	會名	地點	會名	地點	會名	地點	
雍正 6 年（1728） 3 月	父母會	諸羅縣					
雍正 7 年（1729）	父母會						
乾隆 37 年（1772） 1 月	小刀會	彰化縣					
乾隆 38 年（1773）	小刀會	彰化縣					共三起
乾隆 39 年（1774）	小刀會	彰化縣					
乾隆 40 年（1775）	小刀會	彰化縣					共二起
乾隆 44 年（1779）	小刀會	彰化縣					
乾隆 45 年（1780） 9 月	小刀會	彰化縣					
乾隆 46 年（1781）11 月	小刀會	彰化縣					
乾隆 49 年（1784） 3 月	天地會	彰化縣					
乾隆 51 年（1786） 6 月	添弟會	諸羅縣					
乾隆 51 年（1786） 6 月	雷公會	諸羅縣					
乾隆 51 年（1786） 8 月	天地會	彰化縣					
乾隆 55 年（1790） 7 月	天地會	諸羅縣					
乾隆 56 年（1791） 2 月	天地會	南　投					
乾隆 57 年（1792）	天地會	彰化縣					
乾隆 59 年（1794）	小刀會	鳳山縣					
乾隆 60 年（1795）	天地會	鳳山縣					
嘉慶 2 年（1797）	小刀會	淡水廳					
嘉慶 3 年（1797）	小刀會	嘉義縣					
嘉慶 5 年（1800）	小刀會	嘉義縣					
嘉慶 6 年（1801）11 月	小刀會	嘉義縣					
嘉慶 7 年（1802） 2 月	小刀會						
嘉慶 12 年（1807） 3 月			天地會	平樂縣			
嘉慶 12 年（1807） 5 月			天地會	上林縣			
嘉慶 12 年（1807） 8 月			天地會	向武土州			
嘉慶 13 年（1808） 1 月			天地會	來賓縣			
嘉慶 13 年（1808） 2 月			天地會	來賓縣			
嘉慶 13 年（1808） 2 月			天地會	上林縣			
嘉慶 13 年（1808） 3 月			天地會	平樂縣			
嘉慶 13 年（1808） 3 月			天地會	來賓縣			
嘉慶 13 年（1808） 4 月			天地會	來賓縣			
嘉慶 13 年（1808） 4 月			天地會	藤　縣			
嘉慶 13 年（1808） 5 月			天地會	上林縣			

年月							備註
嘉慶 13 年（1808）5 月			天地會	來賓縣			
嘉慶 13 年（1808）7 月			天地會	來賓縣			
嘉慶 13 年（1808）7 月			天地會	平南縣			
嘉慶 13 年（1808）8 月			天地會	平南縣			
嘉慶 13 年（1808）8 月			天地會	容　縣			
嘉慶 13 年（1808）12 月			天地會	岑溪縣			
嘉慶 16 年（1811）10 月			添弟會	融　縣			
嘉慶 17 年（1812）					添弟會	師宗縣	
嘉慶 18 年（1813）					添弟會	寶寧縣	
嘉慶 18 年（1813）			添弟會	富川縣			
嘉慶 19 年（1814）			良民會	南寧府			
嘉慶 20 年（1815）3 月			添弟會	融　縣			
嘉慶 20 年（1815）10 月			忠義會	恭城縣			
嘉慶 20 年（1815）11 月			添弟會	遷江縣			
嘉慶 21 年（1816）2 月					添弟會	文山縣	
嘉慶 21 年（1816）3 月			添弟會	蒼梧縣			
嘉慶 21 年（1816）5 月					添弟會	興義府	
嘉慶 21 年（1816）6 月			添弟會	融　縣			
嘉慶 21 年（1816）8 月					孝義會	古州廳	又 名 邊錢會
道光 1 年（1821）2 月			老人會				
道光 6 年（1826）4 月	兄弟會	貓　裏					又 名 同年會
道光 10 年（1830）					添弟會	寶寧縣	
道光 11 年（1831）1 月					三合會	開泰縣	
道光 12 年（1832）					添弟會	寶寧縣	
道光 15 年（1835）6 月					添弟會	古州廳	
道光 15 年（1835）6 月					邊錢會	黎平府	
道光 15 年(1835)閏 6 月					添弟會	黎平府	
道光 15 年(1835)閏 6 月					邊錢會	黎平府	
道光 15 年（1835）8 月					添弟會	黎平府	
道光 17 年（1837）9 月					添弟會	鎮雄州	
道光 20 年（1840）10 月					老人會	大定府	
道光 24 年（1844）			拜上帝會	桂平縣			
道光 27 年（1847）8 月			棒棒會	全　州			
道光 27 年（1847）10 月			天地會	平樂縣			
道光 27 年（1847）10 月			靶子會	全　州			
道光 28 年（1848）			天地會	鎮安府			
道光 30 年（1850）6 月			天地會	貴　縣			
道光 30 年（1850）7 月			三合會	太平府			

時間	會名	地點	會名	地點	會名	地點
道光30年（1850）8月			三合會	龍 州		
道光30年（1850）8月	小刀會	彰化縣				
道光30年（1850）11月			天地會	信宜縣		
咸豐2年（1852）8月			孝義會	全 州		
咸豐3年（1853）	小刀會	臺灣縣				
咸豐3年（1853）	小刀會	鳳山縣				
咸豐4年（1854）	小刀會	淡水廳				
咸豐4年（1854）			天地會	容 縣		
咸豐4年（1854）			天地會	貴 縣		
咸豐4年（1854）			天地會	灌陽縣		
咸豐5年（1855）9月			天地會	鎮安廳		
咸豐7年（1857）2月			天地會	北流縣		
咸豐7年（1857）6月			三合會	貴 縣		
同治5年（1866）9月					哥老會	
同治6年（1867）	太子會	彰化縣				
同治6年（1867）	銃 會	嘉義縣				
同治6年（1867）	白旂會	彰化縣				
光緒1年（1875）			三合會	潯、梧		
光緒5年（1879）10月					哥老會	貴陽府
光緒6年（1880）6月					哥老會	普安縣
光緒8年（1882）12月					哥老會	興義府
光緒17年（1891）			哥老會			
光緒19年（1893）5月			哥老會	永安州		
光緒23年（1897）3月			哥老會	興安縣		
光緒23年（1897）5月			哥老會	全 州		
光緒28年（1902）8月					哥老會	羅斛廳
光緒年間(1875～1908)			三點會			

資料來源：宮中檔、軍機處檔、實錄等。

如上表所列，雍正年間，臺灣已破獲秘密會黨，廣西在嘉慶中葉始破獲秘密會黨，雲貴在嘉慶末葉始破獲秘密會黨，顯然與人口流動及移殖拓墾社會的形成有極密切的關係。明末清初，內地漢人渡海來臺後，由於人口成長迅速，耕地面積擴充亦極迅速，很快就形成臺灣的移墾社會，而同時期的廣西、雲貴則兵事方殷，地方殘破，土曠人稀，尚未形成移墾社會的形態，人口壓力不大。據《臺灣省通志》、《鳳山縣志》、《彰化縣志》、《淡水廳志》

等書的記載，在清代治臺的二一二年期間，臺灣發生大規模的分類械鬥共三八次，其中康熙朝一次，在鳳山縣；雍正朝一次，在鳳山縣；乾隆朝三次，在彰化縣及淡水廳；嘉慶朝八次，二次在彰化縣，六次在淡水廳，道光朝十一次，七次在淡水廳，此外彰化縣二次，鳳山縣、噶瑪蘭各一次；咸豐朝七次，都在淡水廳；同治朝五次，二次在淡水廳，三次在噶瑪蘭；光緒朝二次，分別發生在新竹縣及安平縣㉕。康熙年間的拓墾重心是在臺灣南部，朱一貴結盟起事的地點也在鳳山縣；雍正朝的結會案件共二起，其中子龍會的地點待查，父母會在諸羅縣境內，諸羅一帶就是當時的拓墾重心。乾隆年間，彰化成為拓墾重心，乾隆朝秘密會黨案件共十六起，其中小刀會、天地會計十一起在彰化，添弟會、雷公會等三起在諸羅縣，小刀會、天地會各一起在鳳山縣；嘉慶朝會黨案件五起，淡水廳已出現小刀會；道光年間，屬於淡水廳的貓裏即苗栗破獲兄弟會。同光年間，由於經濟發展，對外貿易緩和人口壓力，行政區劃重新調整，教育工作使褊狹的地域觀念逐漸消失，地方治安日臻良好，臺灣社會漸趨整合，分類械鬥案件亦漸減少，結盟拜會的風氣並不盛行，秘密會黨已不多見。由各地方案件發生的次數及地點，可以了解臺灣分類械鬥及秘密會黨的創生發展，與臺灣移墾社會的形成及拓墾重心的轉移是齊頭並進的。雍正年間，推行墾荒政策，不遺餘力，廣西、雲貴人口頻增，耕地面積擴充日益加廣，乾隆年間，外省流入人口更多，嘉慶中葉以降，廣西會黨開始被官方查獲，平樂縣、上林縣、來賓縣、藤縣、平南縣、容縣、岑溪縣等地先後查獲天地會多起，融縣、富川縣、遷江縣、蒼吾縣查獲添弟會，南寧府查獲良民會，恭城縣查獲忠義會。從嘉慶中葉起，雲貴師宗縣、寶寧縣、文山縣、興義府始破獲添弟會，古州廳破獲孝義會。道光年間，臺灣

只查獲兄弟會及小刀會，廣西除老人會外，桂平縣創立拜上帝會，平樂縣、鎮安府、貴縣、信宜縣查獲天地會，全州查獲棒棒會、靶子會、太平府、龍州查獲三合會。雲貴寶寧縣、古州廳、黎平府鎮雄州查獲添弟會，開泰縣查獲三合會，黎平府查獲邊錢會，大定府查獲老人會。咸豐年間，廣西天地會及三合會十分活躍。同光年間，廣西、雲貴除查獲三合會、三點會外，主要爲哥老會，廣西永安州、興安縣、全州查獲哥老會，雲貴貴陽府、普安縣、興義府、羅斛廳查獲哥老會。簡言之，臺灣會黨出現較早，從雍正年間起，臺灣會黨，名目繁多，廣西從嘉慶中葉起始出現會黨，雲貴從嘉慶末年起始出現會黨，光緒年間，臺灣會黨已罕見，而廣西、雲貴會黨仍甚活躍。

　　早期移殖臺灣的內地漢人，以泉州人來臺較早，人數也最多，漳州人來臺較晚，人數不及泉州人，廣東客家人來臺最晚，人數也最少，臺灣會黨的籍貫分佈，一方面與地緣有關，另一方面與來臺先後有關。渡海來臺傳授天地會的嚴烟，其籍貫爲福建漳州府平和縣人，向來賣布爲生。乾隆四十七年（1782），廣東人陳彪至福建平和縣行醫，並招人加入天地會，嚴烟隨同入會。次年，嚴烟渡海來臺，在彰化地方開設布店，時時引人入會。乾隆四十九年（1784），嚴烟在溪底阿密里庄遇見林爽文，彼此認識，林爽文要求加入天地會㉒。林爽文所領導的天地會，其主要成員的原籍多隸福建漳州府各縣，茲據國立故宮博物院典藏宮中檔、軍機處檔及第一歷史檔案館現存臺灣檔等資料，將乾隆末年臺灣天地會成員的籍貫分佈例表於下：

清代乾隆年間臺灣天地會籍貫分佈表

姓　名	原　　　　籍	在臺居地	入會年分	職　　　稱
嚴　烟	福建漳州府平和縣	彰　　化	乾隆47年	
林爽文	福建漳州府平和縣	大里杙	乾隆49年	盟主大元帥
林　繞	福建漳州府平和縣	大里杙	乾隆51年	耆老
林　領	福建漳州府同安縣	大肚溪	乾隆51年	大都督
林水返	福建漳州府平和縣	田中央	乾隆51年	副元帥
林　漢	福建漳州府同安縣	鳳　　山	乾隆52年	輔國左將軍
林　舊	福建漳州府平和縣	大　墩	乾隆51年	總先鋒
林　全	福建漳州府平和縣	彰　　化		總曹帥府
林　九	福建漳州府平和縣	彰　　化	乾隆51年	鎮北將軍
林　扇	福建漳州府平和縣	大　墩	乾隆51年	鎮北將軍
林　楓	福建漳州府平和縣	尖厝園	乾隆52年	九門提督
林　駕	福建廈門	茄老庄	乾隆51年	右衛大將軍
林　達	福建漳州府南靖縣	諸　　羅	乾隆52年	宣略將軍
林小文	臺灣淡水廳	新　　庄	乾隆51年	元帥
林　茂	福建漳州府平和縣		乾隆51年	建武監軍
林　侯	福建漳州府南靖縣	大里杙	乾隆52年	管糧官
林　良	福建漳州府平和縣		乾隆51年	後衛將軍
何有志	福建漳州府平和縣	大肚溪	乾隆51年	右都督
何　泰	福建漳州府平和縣	大排竹		中路總提督
何　洪	福建漳州府平和縣	彰　　化	乾隆51年	武勝將軍
何光義	福建漳州府平和縣	楠仔仙	乾隆52年	順天副元帥
王　茶	福建漳州府同安縣	葫蘆墩	乾隆51年	遊巡將軍
王什方	福建漳州府龍溪縣	鳳　　山	乾隆52年	副先鋒
李春風	福建漳州府詔安縣	彰　　化	乾隆52年	順勇將軍
李　斌	福建漳州府詔安縣	貓盂寮庄	乾隆51年	掃北將軍
吳　領	福建漳州府漳浦縣	彰　　化	乾隆52年	股頭
柯　春	福建漳州府龍溪縣	大排竹	乾隆51年	鎮國大將軍

莊大田	福建漳州府平和縣	篤家莊	乾隆51年	輔國大元帥
莊大韭	福建漳州府龍溪縣	鳳　山	乾隆51年	開南大將軍
莊大九	福建漳州府平和縣	鳳　山	乾隆52年	護國元帥
陳　傳	福建漳州府海澄縣	南　投	乾隆52年	安南大將軍
陳　梅	福建漳州府安南縣	笨　港	乾隆52年	軍師
陳　牙	福建漳州府海澄縣	鳳　山	乾隆52年	開南左先鋒
陳　榜	福建漳州府漳浦縣	彰　化	乾隆51年	
陳秀英	福建漳州府晉江縣	諸　羅	乾隆51年	中南總統大元帥
陳天送	福建漳州府晉江縣	彰　化	乾隆51年	巡查察院
陳　舉	福建漳州府龍溪縣	鳳　山		洪號大將軍
陳寧光	福建漳州府龍溪縣	布袋尾庄	乾隆52年	護駕大將軍
陳　元	福建漳州府平和縣		乾隆52年	遊擊將軍
陳　闖	福建漳州府詔安縣	諸　羅	乾隆52年	北路先鋒
陳　商	福建漳州府漳浦縣	諸　羅	乾隆52年	水陸將軍
陳　泮	福建漳州府漳浦縣	虎仔坑	乾隆51年	征南大都督
許光來	福建漳州府同安縣	鳳　山	乾隆52年	副主帥
許　尙	福建漳州府同安縣	大武壠	乾隆52年	靖海侯
涂　龍	福建漳州府詔安縣	諸　羅		左監軍
涂　虎	福建漳州府詔安縣	大康榔	乾隆52年	遊擊將軍
張益光	福建漳州府同安縣	鳳　山	乾隆51年	招討使
張　回	福建漳州府同安縣	彰　化	乾隆52年	
郭　鑒	福建漳州府同安縣	北　投	乾隆51年	護國將軍
郭漢生	福建漳州府龍溪縣	彰　化	乾隆51年	輔信將軍
郭　丕	福建漳州府漳浦縣	大肚社	乾隆51年	
黃　潘	臺灣			金吾將軍
黃　成	福建漳州府同安縣	下淡水	乾隆52年	副主帥
黃　富	福建漳州府同安縣	北　投	乾隆52年	護國將軍
簡添德	福建漳州府南靖縣	阿里港	乾隆52年	總參軍
高文麟	福建漳州府龍溪縣	彰　化	乾隆52年	管海口總爺
楊振國	福建漳州府漳浦縣	彰　化	乾隆51年	副元帥
楊　軒	福建漳州府龍溪縣		乾隆51年	辦理軍務
楊　章	臺灣	諸　羅	乾隆51年	管隊

朱	開	福建漳州府平和縣	彰　　化	乾隆51年	
賴	達	福建漳州府平和縣	獺楚埔庄	乾隆51年	保駕大將軍
賴	樹	福建漳州府平和縣	新　　庄	乾隆51年	北路大將軍
蔡	福	福建漳州府平和縣	諸　　羅	乾隆51年	軍務總督
蔡	綱	福建漳州府南靖縣	淡 水 廳	乾隆51年	把總
謝	檜	福建漳州府龍溪縣	石 落 潭	乾隆52年	都督將軍
鄭	記	福建漳州府晉安縣	阿 里 港	乾隆51年	總先鋒
葉	娥	福建漳州府同安縣	水 底 寮	乾隆52年	洪號右將軍
蘇	敬	福建漳州府永定縣	牛 罵 頭	乾隆52年	左都督
蘇	良	福建漳州府同安縣	竹 頭 崎	乾隆52年	征西將軍
蘇	普	福建漳州府同安縣	諸　　羅	乾隆51年	存城千總
蔡	挺	福建漳州府南靖縣	臺　　灣	乾隆52年	信義將軍
劉	升	福建漳州府龍溪縣	茄老角庄	乾隆51年	盟主副先鋒
劉志賢		福建漳州府惠安縣	彰　　化	乾隆51年	
劉	三	福建漳州府南安縣		乾隆52年	忠武將軍
劉	笑	福建漳州府南靖縣	貓 霧 捒	乾隆51年	英武將軍
張	文	福建漳州府長泰縣	刺桐腳庄	乾隆51年	
鍾	祥	福建汀州府武平縣	碑 仔 頭	乾隆51年	
陳	樵	福建漳州府漳淵縣	大 肚 山	乾隆51年	
林天球		廣東饒平縣	彰　　化	乾隆51年	
劉	實	廣東饒平縣	彰　　化		
林	萬	福建漳州府龍溪縣	彰　　化	乾隆51年	
張	標	福建漳州府	南　　投	乾隆55年	會首

資料來源：國立故宮博物院宮中檔、軍機處檔、第一歷史檔案館臺灣檔。

　　就上表所列天地會主要成員共八二人，原籍隸福建省者計七七人，約佔九三‧九七％，籍隸廣東省者僅二人，其餘在臺灣者二人。在籍隸福建省的七七人內，其原籍隸漳州府者計五六人，約佔七三‧○七％，隸泉州府者計十八人，約佔二三‧○七％。乾隆末年臺灣天地會就是以福建漳州人為基礎的異姓結拜組織。當林爽

文起事以後，有少數泉州人被裹脅而加入天地會。當籍隸泉州的林領、陳梅等被解送京師後，軍機大臣連夜熬訊。軍機大臣詰問林領等云：「你們既是泉州人，向來泉州與漳州既不和睦，現在做賊的，又漳州的人多，你們就該幫同義民殺賊，爲何反入了林爽文賊伙呢？」據陳梅供稱：「我雖係泉州人，原住在笨港，算命起課度日。上年六月，林爽文來攻笨港，燒毀村庄，將我家屬收禁，我所以從了他們入伙。後來林爽文又封我做軍師是實。」⑬在前表籍隸泉州的十八人，有多數是被裹脅入伙的。臺灣小刀會的主要成員亦多爲漳州人，例如彰化小刀會首領林阿騫就是大里杙林爽文的同族，且居住於其隣村。鄭光彩，原籍漳州府龍溪縣，在乾隆五十九年（1794）五月結拜小刀會。戴潮春，又名戴萬生，其原籍也是彰州府龍溪縣，移居臺灣彰化四張黎，同治元年（1862）三月，戴潮春倡立添弟會。由廣東客家移民所倡立的臺灣會黨，並不多見。道光六年（1826）四月，臺灣彰化廣東庄被閩人焚搶，淡水廳所屬各廣東庄憤圖報復，閩粵分類械鬥規模擴大。因廣東庄勢孤力單，銅鑼灣廣東庄客家巫巧三等人爲強化組織，於是結拜兄弟會，又名同年會。

　　嘉慶年間，廣西天地會分佈的地點如岑溪、容縣、藤縣、平南、來賓、上林、平樂等縣，多接近廣東，各股天地會的倡立者及重要成員，多籍隸廣東，其籍隸福建者甚屬罕見。嘉慶十一年（1806）四月，廣東南海縣人周宗勝前往廣西上林縣傭工度日，次年五月初八日，周宗勝與李桂相商結拜天地會，共糾邀陳老等三十人，同年五月十三日，衆人齊至縣境東山嶺關帝廟內結拜天地會，公推李桂爲大哥，周宗勝爲二哥，按照會名，將會員分爲天、地兩號，李桂管「天號」，周宗勝管「地號」，每號各十五人。嘉慶十二年（1807）三月，廣東人楊開泰等三人在廣西平

樂縣隴家嶺結拜天地會，共九十餘人。同年七月，廣東始興縣生員林瓊宴前往廣西向武土州，以堪輿為業。八月初二日，林瓊宴在向武土州把荷壚地方會遇福建汀州府上杭縣人游德，各道貧苦，起意糾邀劉英才等八人結拜天地會，以便歛錢使用。鍾亞茂，籍隸廣東南海縣，在廣西上林、宜山一帶幫工度日，嘉慶十三年（1808）二月，鍾亞茂等十九人在上林縣劉老玉店屋後園結拜天地會。南海縣人顏超於嘉慶三年（1798）赴廣西貴縣尋覓生理。南海縣人顏亞貴寄居廣西貴縣，販馬為生。嘉慶十三年（1808）二月，顏亞貴往來賓縣樟木壚，遇見顏超，同店居住，因彼此是同姓同鄉，交談投契，各道貧苦，顏超告以藏有桃園歌本，並商謀邀人拜會，以便遇事幫助，可保家財。同年四月十二日，共二十三人在來賓縣那錢村後古廟內結拜天地會。此外，顏超又與來賓縣生員蔣聲雋、武生范友蘭、民人李文達父子等另結天地會，傳授桃園歌。古致昇，籍隸廣東，在廣西平南縣賣藥營生。嘉慶十三年（1808）二月間，古致昇在平南縣丹竹壚地方會遇同鄉蘇顯名，談及賣藥利微，並時常被人欺侮，欲另謀生理。蘇顯名即告以糾人結拜天地會，既可歛錢使用，又可搶劫財物，凡遇爭鬥，得有幫助，於是傳授結拜儀式，用紅布書寫「江洪汩淇漆」等字，稱為腰憑，使會內人相遇，便知互相照應。蘇顯名返回廣東原籍後，古致昇仍以賣藥為生，同時邀人入會。同年四月十七日夜間，共卅三人，在藤縣古得埇山僻古廟內結拜天地會⑭。

　　廣西除了與廣東毗連外，又與湖南接壤，湖南人徙居廣西後，亦結盟拜會。全州、恭城等地，接近湖南，嘉慶年間查獲的忠義會，道光末年查辦的棒棒會，都是由湖南人倡立的會黨。李泳懷籍隸湖南衡陽，在廣西恭城縣貿易營生。嘉慶二十年（1815）十月，李泳懷與來自廣東佛山鎮的民人梁老三談及孤身無靠，起

意邀人結拜忠義會。李世得籍隸湖南新化，寄居廣西全州大梅頭
莊塘，平日率同全家茹素邀福，與湖南新寧人雷再浩是戚好，往
返素密。道光廿七年（1847）八月，雷再浩與李世得等商謀以
患難相顧爲名，糾衆拜會，分立青紅兩會，青會茹素，紅會葷食，
統稱棒棒會，衆達二千餘人，遍及新寧、全州兩處。當雷再浩起
事失敗後，其餘黨李沅發改立靶子會。光緒年間，哥老會從貴州、
湖南流入廣西後，蔓延甚速。貴州人全若賓是哥老會的會員，與
湖南零陵縣人蔣德標熟識，曾給與飄布。光緒十九年（1893）
五月，蔣德標移居廣西永安州，因日用缺乏，起意放飄歛錢，倣
照全若賓所給飄布式樣，潛刻「天臺金龍山」印板，用布刷印多
張，自充正龍頭，以永安州人覃因詳爲副龍頭，莫溢山爲新副，
陳金萬爲第三排當家⑤。雲南人海雲峰曾入哥老會，廣西興安縣
人唐燕亭聽從海雲峯糾邀，加入哥老會，被分派爲坐堂，給與飄
布一〇〇張，飄布上印有「天圓山忠孝堂紅旗」字樣。

　　雲貴爲苗疆新闢地區，沿邊各屬與川楚粵毗連，在雲貴查獲
的各種秘密會黨，其首領及重要成員，多爲廣東、廣西人，此外
有籍隸福建、四川、湖南者。嘉慶十七年（1802），有廣東人
林閏才等在雲南師宗縣寶寧地方邀人興立添弟會。廣東曲江縣人
楊愍頭曾拜廣東高要縣人王姓爲師，加入添弟會。嘉慶二十年（
1815）十月，楊愍頭移居雲南開化府文山縣新寨塘，與文山縣
人楊贊熟識，一同居住。楊愍頭素性兇悍，村民常受欺凌，每逢
年節，均致送食品。楊愍頭見村民易於欺壓，起意糾衆拜會，次
年二月廿八日夜間，共廿七人在鄧七家後園空地擺設香案，寫立
五祖牌位，結拜添弟會，每人各出銀一兩，或出錢米，多寡不等，
共推楊愍頭爲大爺，朱仕榮爲先生。因恐紅布腰憑易於遺失，規
定將髮辮向左邊繞去挽住，爲會中記號。嚴老三、嚴老五籍隸福

建，麥青籍隸廣東，均在貴州興義府寄住，彼此熟識。嘉慶十九年（1814）十一月，麥青前往廣西百色地方販賣雜貨，路遇福建人黃焦敬，兩人偕行，黃焦敬告以從前曾得有添弟會書本，若出外貿易，遭人搶劫，照書內所載手勢口號行動，對方知是同會，便可保全無事，麥青抄寫會書一本，携回貴州。嘉慶二十一年（1816）五月，嚴老五與麥青在嚴老三家相遇，言及生意平常，嚴老三稔知結拜添弟會，可以恃衆搶劫，先後糾邀九十二人，各出錢一二百至五六百文不等，於是月二十五、二十六日分兩次結拜添弟會，因嚴老三爲人明白，衆人推爲先生，稱嚴老五、麥青爲大爺㊞。道光十年（1830）十二月，雲南寶寧縣人平四赴廣西百色地方貿易，有廣西人劉阿大傳授添弟會。平四因生意折本，返回雲南原籍，邀得黃亞岡等卅八人結拜添弟會㊞。道光十一年（1831）正月間，貴州開泰縣人馬紹湯在懷遠古宜地方會遇廣東船戶吳老二，談及廣東舊有添弟會，改名三合會，並傳授結會儀式。馬紹湯返回開泰縣後，邀得馬正邦等卅二人結拜三合會。徐玉潰籍隸黎平府，寄居古州廳，道光十五年（1835）二月，徐玉潰出外貿易，途遇廣東人曾大名，結伴同行，曾大名告以在原籍抄有添弟會書本，可以結會歛錢。同年六月，徐玉潰邀得蔣老二等人結拜添弟會。王大任、儲尙志等人籍隸黎平府，道光十五年（1835）二月，王大任、儲尙志結伴赴廣西貿易，搭坐梁亞崑船隻，在舟中閑談，梁亞崑傳授添弟會口號詩句及結拜儀式。王大任等因生理折本，各自回家，閏六月，王大任因貧難度，起意結拜添弟會。同年八月，儲尙志亦因貧難度，邀得廿四人結拜添弟會。至於貴州的哥老會，是由四川流入的。光緒初年，貴州巡撫林肇元具摺時指出「臣初從軍，由湘而鄂，尙未聞此，由鄂而川，則確見此，繼而入黔，黔染川習，亦復有此。」㊞除四川

外，哥老會亦由湖南流入，光緒年間，廣西、雲貴哥老會的勢力
方興未艾。

四、秘密會黨的性質

有清一代，秘密會黨名目繁多，其性質並不盡相同，因生態
環境不同，各會黨仍有其差異性。各會黨的名稱固然不同，其宗
旨及性質亦不一致，有的是民間互助團體，有的是自衛組織，有
的是分類械鬥或土客械鬥團體，有的是竊盜集團，有加以分類的
必要。在早期移墾社會的村落生活當中，彼此之間常有互助合作
的需要，為了滿足各種社會需要，於是就有許多民間互助團體的
產生。基於社會需要而產生的地方社會共同體，在下層社會中歷
歷可見，這種為了滿足社會需要而自動成立的民間互助組織，即
所謂民間互助團體。早期移殖到臺灣的內地漢人，同鄉觀念很濃
厚，村鄰中的婚喪喜慶，彼此熱心相助，疾病相扶，成為移墾社
會的共同習俗。《諸羅縣志》記載諸羅地方的社會習俗云：

> 土著既鮮，流寓者無朞功強近之親，同鄉如骨肉矣。疾病
> 相扶，死喪相助，棺欲埋葬，鄰里皆躬親之。貧無歸則集
> 眾捐囊襄事，雖慳者亦畏譏議。詩云：「凡民有喪，匍匐
> 救之。」此風較內地猶厚⑲。

疾病相扶，死喪相助，就是地緣村落中守望相助的精神表現。福
建省大吏在臺灣最早查禁的秘密會黨，叫做父母會。雍正四年（
1726）五月初五日，諸羅縣民人蔡蔭等十三人在蓮池潭地方拜
把結盟，以蔡蔭為大哥。雍正六年（1728）三月十八日，是註
生娘娘生日，蔡蔭等二十人又在村民蕭養家結拜父母會，仍推蔡
蔭為大哥，以石意為尾弟。諸羅縣民湯完，住在離縣城八十里的
茇仔林地方。雍正六年（1728）一月十二日，縣民陳斌等廿三

人在湯完家歃血盟誓，結拜父母會，各人以針刺血，滴酒立誓，公推湯完爲大哥，以朱寶爲尾弟，蔡祖爲尾二，每人入會時，各出銀一兩。當蔡祖等被捕後供稱：「雍正六年正月十二日，陳斌在湯完家起意招人結父母會，每人出銀一兩拜盟，如有父母老了，彼此幫助。」⑩由此可知諸羅縣境內所查禁的父母會，就是屬於一種民間互助團體，會中某一成員的父母身故時，全體會員互助喪葬費用，具有保險的性質⑪。《臺灣舊慣習俗信仰》一書已指出父母會的性質，原書略謂：

> 所謂父母會，就是各會員父母去世時，以父母資助喪葬費用爲目的而組成。他們雖說祭祀神佛，其實等於利用神佛，和現在的人壽保險相差無幾。類似父母會的還有孝子會、孝友會、長生會、兄弟會等，名稱雖然不同，但組織幾乎相同。就是當幾十個人創立父母會時，先各自捐出一定的金額，用其利息作爲祭祀神佛之用。又各會員分別指定其尊族中的一人，當此人死亡時，各會員再捐款作爲喪葬費，如此其會員資格就算消滅，一直到所指定的尊族全部死亡才解散，不過這種父母會現在已經很少⑫。

父母會成立的宗旨就是爲了父母年老身故而預籌喪葬費用，也就是會中各成員父母去世時，以資助喪葬費用爲目的而組成。但孝子會、兄弟會等會黨，其成立的宗旨或目的，並不相同，不可混爲一談。現存《上諭檔》記載乾隆四十九年（1784）漳州府民間立有孝子會名目⑬，但在臺灣未曾查獲孝子會。臺灣父母會結會時，舉行歃血盟誓的儀式，就其組織而言，是屬於異姓結拜組織，但因其結會的目的是爲了會中父母身故籌措喪葬費用，以滿足社會的需要，所以在分類上是屬於地方性的民間互助團體，這種互助團體的存在，是早期移墾社會中常見的現象。道光二十年

（1840）十月，貴州大定府白蟒硐人汪擺片因張老四之母病故，無力殮埋，於是邀同陳水蟲等廿七人結拜老人會，幫助張老四銀錢包穀，以資喪葬。後來汪擺片又另邀人結會，以便遇事相幫，不致被人欺悔。同年十月，共邀四十六人結拜，公推汪擺片為大哥，汪擺片派陳小蟲等十二人為二哥，陳二纏等十二人為三哥，張老四等十人為四哥，張老三等九人為五哥，許小么等二人為么大，羅大蜊等二人為滿大，如遇事出力，則么大、滿大昇為五哥，其餘皆以次遞昇，倘臨事退縮，亦以次遞降，悉聽汪擺片號令。汪擺片寫立黑大王神牌，用竹竿作架，懸刀三把，將雞血滴入酒內，由眾人分飲，俱從刀下鑽過，向神牌磕頭，對眾盟誓⑥。雍正年間臺灣諸羅縣查禁的父母會，與道光年間貴州大定府查禁的老人會，在組織形式上都是異姓結拜團體，在分類上而言，則屬於地方性的民間互助團體，具有正面的社會功能。

臺灣彰化地方，番漢雜處，又多僻徑荒山，犯罪後易於藏匿，故多設汛兵，以便彈壓番民。但營伍廢弛，兵丁貪黷牟利，結夥肆虐，欺壓人民，兵民糾紛案件，屢見不鮮，乾隆年間彰化小刀會就是兵民糾紛期間的自衛組織。乾隆卅七年（1772）一月間，大墩（臺中市）街民林達因賣檳榔，被汛兵強買毆辱，林達即邀同林六等十八人結會，相約如遇營兵欺悔，各帶小刀幫護，故稱小刀會⑥。次年，彰化縣民林阿騫邀約黃添等六人結拜小刀會，相約各備小刀防身，如遇營兵及外人欺悔時，即各執小刀幫護。乾隆四十五年（1780）七月廿九日，興化營兵丁洪標等七名，齊抵彰化濘田地方，公祭遠年平番陣亡兵丁。因舊時設祭處所被縣民楊振文蓋造房屋，兵丁洪標等即在楊振文門首擺列祭物。楊振文率眾攔阻，兵民彼此毆鬥，兵丁鄭高受傷後，回營携取鳥鎗施放，誤傷販賣菓物的街民林水左腿肚，林水赴縣城控告。兵丁

鄭高等被革糧逐伍後，挾林水赴縣城控告之嫌，屢次騷擾林水等人。是年九月，林水邀得孫番等四人結拜小刀會，亦相約如遇營兵欺凌，彼此帶刀幫護⑥。福建漳州府龍溪縣人吳成，充當漳州鎮左營兵丁，派撥彰化縣城守汛，與同伍兵丁張文貴合夥開張估衣店。乾隆四十六年（1781）十一月十五日，兵丁黃文水向吳成索欠爭鬧，小刀會首領林文韜與堂叔林庇出勸，因袒護黃文水，吳成忿恨，於同日夜晚邀約同伍兵丁楊祐等人攜帶鳥鎗，往林庇店尋仇報復，搗毀店舖，後來又將林文韜擒入營盤，剜瞎林文韜右眼。福建水師提督黃仕簡赴臺灣查辦彰化小刀會案件後指出「彰邑城內，兵民雜處，兵悍民強，各不相下，由來已久，而小本經濟之人，歷被營兵短價勒買，遂各聯同類，藉以抵制。」⑥多羅質郡王永瑢等議覆小刀會滋事原因時亦云：「查臺灣一府，地居海中，番民雜處，是以多設兵丁，以資彈壓，乃兵丁等反結夥肆橫，凌辱民人，強買強賣，打毀房屋，甚至放鎗兇鬥，以致該處居民，畏其強暴，相約結會，各持小刀，計圖抵制，是十餘年來，小刀會之舉，皆係兵丁激成。」⑥營兵肆虐，欺壓善良，居民為抵制營兵，遂相約結拜小刀會。因此，彰化小刀會就是一種自衛性質的秘密會黨。

　　在早期移墾社會中，治安基礎尚未建立，公權力薄弱，在偏遠地帶，往往處於無政府狀態，民間為自求解決糾紛，動輒聚眾械鬥，乾隆年間，臺灣諸羅縣查辦的添弟會與雷公會就是屬於一種械鬥團體。諸羅縣九芎林地方有捐職州同楊文麟收養的長子楊光勳與親生子楊媽世兄弟二人因爭奪家產，彼此不睦。楊文麟溺愛楊媽世，而將楊光勳析居相隔數里外的石溜班地方，每年分給定數的銀穀。楊光勳因銀穀不敷花用，時常爭鬧。乾隆五十一年（1786）六月，楊光勳糾眾到養父楊文麟臥室搬取財物，被楊

媽世率衆逐散，楊光勳更加懷恨，自是年七月初一日起先後邀得七十五人，結拜添弟會，每人給與番銀二圓，每番銀一圓折算紋銀七錢，合計銀一兩四錢，並允諾於秋收搶割楊文麟田園稻穀事成後，另行分潤。楊媽世聞知楊光勳結拜添弟會後，亦陸續邀得廿四人，結拜雷公會，每人給與制錢五百文。楊媽世以楊光勳忤逆不孝，必被雷擊斃，所以取名雷公會。楊光勳結拜添弟會，意欲弟兄日添，則爭鬥必勝，所以取名添弟會，其目的是「因被伊義父楊文麟析居，心懷不忿，楊文麟田園較廣，冀圖糾衆搶割，兼備鬥毆。」⑥⑨楊媽世結拜雷公會的目的是「聞知楊光勳結會之事，因離城較遠，且田穀將熟，告官禁阻，恐致無及，隨亦就近結會，以備抵禦。」⑦⑩楊光勳與楊媽世對公權力不信任，各自結會，添弟會顧名思義就是一種異姓結拜團體，雷公會也是相應添弟會而產生的異姓結拜團體，俱導因於家庭內部的財物糾紛。因此，就添弟會與雷公會的性質而言，都是異姓結拜組織，惟就其分類而言，則屬於同籍同姓而鬥的械鬥團體。

　　彰化一帶的早期村落，泉、漳二府移民分庄而居，其中大里杙、過溝子、三塊厝都是漳州庄，而快官庄、鹿仔港、番仔溝則爲泉州庄。乾隆四十七年（1782）八月，泉、漳民人因賭毆鬥，泉人廖老被漳人黃添之子黃璇毆斃，泉人報復，黃添見泉人衆多，即邀約漳州庄內大里杙林姓率衆攻打鹿仔港、番仔溝等庄，分類械鬥規模擴大。在泉、漳大規模分類械鬥期間，大里杙林姓族大丁多，扮演了重要的角色，被官方指爲起事首惡，成爲官方懲治的主要對象。漳州府平和縣人嚴烟，與林爽文同鄉，乾隆四十八年（1783），嚴烟渡海來臺，在彰化開張布店，並傳授天地會。據嚴烟供稱：

　　　　天地會名目，因人生以天地爲本，不過是敬天地的意思。

要入這會的緣故，原為有婚姻喪葬事情，可以資助錢財；
與人打架，可以相幫出力；若遇搶劫，一聞同教暗號，便
不相犯；將來傳教與人，又可得人酬謝，所以願入這會者
甚多⑦。

臺灣天地會的宗旨，主要是在於內部成員的互助問題。加入天地
會後，弟兄彼此照顧，患難相助，平時在家可免他人偷竊，有事
外出可免搶劫，加入天地會後，大樹可以遮蔭，享有片面的現實
利益，在開發中的早期移墾社會中，社會組織不健全，治安不佳，
且公權力薄弱，成立會黨就是企圖自我解決困難的一條途徑，具
有負面的社會功能。乾隆四十九年（1784）三月，林爽文聞知
天地會人多勢眾，便於糾搶，即要求入會。乾隆五十一年（
1786），添弟會與雷公會因爭產械鬥殺害把總陳和，地方兵役
嚴拏要犯，各要犯紛紛逃匿大里杙庄內，地方官查辦過激，牽連
天地會，兵役肆虐，藉端索詐，焚燬民房，人心不服，大里杙天
地會為求自保，遂邀約各漳州庄共同抗拒官兵，是年十一月廿七
日夜間攻佔大墩營盤，次日夜間，又攻破彰化縣城，終於走上變
亂之途。秦寶琦等撰〈試論天地會〉一文指出從大量材料證明，
天地會在它開始活動的相當一段時間裏，根本就沒有提出過「反
清復明」口號，過去一般都認為「反清復明」是天地會自始至終
所用的一個政治口號，這是不符合歷史事實的。「反清復明」並
非天地會在初創時就存在的，而是經過了一個逐步明確和發展的
過程，陶成章先生等人所說天地會是明朝遺臣為了「反清復明」
而創立的說法是難以成立的⑦。至於「鄭成功為天地會創始人之
說則更難令人折服，無論檔案史料，還是天地會祕密文件內有關
天地會創立的傳說中，皆無鄭成功創立天地會的內容，在有關鄭
成功本人的大量文獻資料中，也無一處提到他曾創立天地會一事。」

⑦臺灣天地會是始自乾隆四十八年（1783），由福建傳入，因泉、漳分類械鬥規模的擴大而興盛。因此，就臺灣天地會的性質而言，是由異姓結拜組織發展而來的秘密會黨，就其分類而言，則屬於泉、漳分類械鬥的械鬥團體。

　　廣西、雲貴地區，土客械鬥案件，層出不窮，各種自衛性質的秘密會黨往往就是一種械鬥團體。王開機籍隸貴州開泰縣，寄居古州廳地方，嘉慶廿一年（1816）七月，王開機起意邀人結拜弟兄，先後糾得廿四人，各出錢二三百文不等。同年八月初九日五更時分齊至古州廳屬塵頭嶺顧幗華家中結拜，望空焚香，砍香盟誓。王開機專主會事，將同夥姓名年庚寫立盟單，會中議立條款，凡在會之人，不許自相欺凌，遇有事故，共相資助，若遇危急，彼此相顧，不許畏縮。若犯會中條款，重則捆縛投溺河內，輕則砍去手指腳趾，若傳喚不到，公議處治，因係義氣之事，稱為孝義會。並將銅錢三枚砍為六半，用五色絲線纏紮，設立坐令、平令、行令三項名目，以劉東海、鍾學仁掌坐令，各執半邊錢為據，倘有違犯會規，即告知掌坐令者，號召傳人，掌平令者定斷處治，掌行令者奔走通信。王開機因會中號令，以半邊錢為據，又稱為邊錢會，劉東海素能拳棒，負責教習拳棒，聞連貴最有膂力，稱為大五，負責約束會衆，並經管銀錢，鍾學仁、胡潮英二人年輕善走，稱為大滿、小滿，負責探聽信息。據王開機等供稱邊錢會歃血盟誓，原欲「誘賭竊劫，逞兇訛詐，欺壓苗民。」⑦雲貴地區，漢苗雜處，土客衝突事件，時有所聞，貴州邊錢會就是由移居苗疆的漢民所倡立的械鬥團體。

　　早期渡海來臺的內地漢人，以閩人來臺較早，人數衆多，廣東客家來臺較晚，人數較少，閩粵分類械鬥案件，層見疊出。道光六年（1826）四月，彰化縣廣東庄被閩人焚搶，淡水廳所屬

各廣東庄憤圖報復，閩粵移民又引發大規模的分類械鬥。廣東庄因勢孤力單，爲強化團隊精神，銅鑼灣廣東庄巫巧三等人起意結拜兄弟會，又名同年會，議明與人爭鬥，同心協力，互相幫助，並勾連中港溪上游三灣內山生番助鬥。兄弟會的性質也是一種異姓結拜組織，會中以兄弟相稱，就會黨名稱而言，兄弟會最具備異姓結拜組織的特徵，兄弟會倡立的原因是由於廣東庄屢受閩人欺侮，所以聚眾拜會，同心協力，冀圖報復，兄弟會既爲閩粵分類械鬥的產物，所以就其分類而言，兄弟會就是屬於廣東庄倡立的械鬥團體。

五、秘密會黨的社會侵蝕

劫奪他人的財物，是一種不道德的行爲，但在盜賊充斥的社會裏，劫奪行爲，司空見慣，彼此模仿，積漸成爲一種社會風氣。嘉道年間以來，由於兩廣官吏控制意志的鬆弛，大吏諱言會盜，以致會黨蔓延，盜匪猖獗，天地會遂由拜會而劫掠，在兩廣進行社會侵蝕作用⑦。由於廣西、雲貴天地會與土盜游匪的勾結合流，由勒索劫奪村民，進而攻掠城鎮，廣西、雲貴社會受天地會及其他會黨侵蝕的現象，極其嚴重。嘉慶十三年（1808）五月，廣東南海縣人周宗勝與李桂等人在廣西上林縣結拜天地會，以便「凡遇行劫打降，得有幫助。」會中共有三十人，同年六月十一日，李桂與周宗勝起意行劫宜山縣思練堡莫驕家財物，由陳老二等二十八人劫得馬匹、衣物、銅錫器皿，李桂與周宗勝兩人坐地分贓⑦。廣東南海縣人鍾亞茂，移居廣西後，在上林、宜山一帶幫工度日，與宜山縣懷遠鎮承辦官硝的宋青熟識。嘉慶九年（1804）七月，鍾亞茂和同姓不宗的鍾和超商議，欲向宋青私買硝勸轉售圖利，宋青不允，彼此爭吵，宋青將鍾和超擎送縣衙枷責，鍾和

超因此挾恨，冀圖報復。嘉慶十三年（1808）二月，鍾和超糾邀十九人在上林縣地方結拜天地會，言明「遇事彼此幫助，免致被人欺侮，並可搶劫財物分用。」同年六月，鍾和超等二十六人至宋青家行劫銀兩分用。古致昇籍隸廣東，嘉慶十三年（1808）四月，古致昇邀得三十三人在廣西藤縣結拜天地會。同年五月，會員黃德桂在縣境和平墟開走，瞥見縣民何鳳儀等兌收穀價銀兩，探明即將於次日開船回家，即糾邀會中弟兄謝有亮等十三人上船打開衣箱，搜取銀兩衣物分用。同年八月，廣西桂平縣人蘇光等三十六人在平南縣結拜天地會，會中公推黎漢章爲大哥，蘇光爲師傅。九月間，黎漢章與蘇光商議製備檔牌船槳行劫客船，約定於十月至平南河下行劫，但在前一日即被拏獲。

廣西良民會是一種訛詐歛錢的秘密會黨，嘉慶十八年（1813）十二月，廣西南寧府人汪定湖等結盟拜會。次年四月，汪定湖又與吳舉糾邀二十人拜會歛錢。南寧府土忠州生員吳中聘聞有拜會之事，起意藉告狀爲由，歛錢漁利，恐村民不肯附和，商謀興立良民會，編造良民與匪類二冊，赴各村歛錢，凡肯出錢者，列入良民簿內，不肯出錢者，即列入匪類簿內。有村民何鸞因不肯出錢，而將其子列入匪類簿內，後經送給財物，始行除去，其餘未經出錢之人，俱列入匪類簿內，填列各村頭人姓名，携往南寧府首告。同年七月，良民會的會員盧居安因失竊衫褲，疑爲未經出錢的村民楊振儒所竊去，於是往拏解府審訊。八月內，良民會內隆振安亦因衣物被竊，疑爲未經出錢的民人黃庭進盜去，邀衆往拏，經南寧府審明，並無爲匪之事，廣西巡撫慶保具摺時指出吳中聘所稱良民會實係匪黨，而其所指匪類，實係良民⑰。所謂良民會，就是歛錢訛詐欺壓善良的犯罪團體。

廣西界連湖南、廣東、貴州等省，陸路則深林密箐，山嶺崎

嶇；水路則汊港繁多，四通八達，外省游民多往廣西謀生。道光元年（1821）二月，兩廣總督阮元具摺指出：

> 查粵西民情，本屬淳樸，因該省與廣東、湖南、雲南等省連界，外省游民多來種地，良莠不齊，以致引誘結拜添弟等會，遂有鄉民因勢孤力弱，被誘入會，希圖遇事幫護，又或有殷實之戶，恐被搶劫，從而結拜弟兄，以衛身家。其初，該匪等不過誆騙歛錢，沿襲百餘前舊破書本，設立會簿、腰憑，傳授口號，或稱大哥，或稱師傅，或知天地會罪重，改稱老人等會名號，每起或一二十人，或數十人不等，並無數百人同結一會之案，間有一人而結拜二、三會者，夥黨漸多，旋即恃眾劫掠，又復勾結書役兵丁，同入會內，冀其包庇，倖免破獲，其意僅在得財花用，尚無謀爲不法情事，但惑誘良民，糾眾劫擾，實爲地方大害⑱。

外省游民流入廣西者日眾，盜賊益夥，推其所致，實因民窮。爲糾眾劫掠，遂爭相結盟拜會，但老人會並非由天地會改名而來。兩廣總督阮元從嘉慶二十二年（1817）冬間到任以後，即飭各屬嚴拏會黨，三年之間，先後拏獲會盜兩項彙併審辦者共一千五百餘名。不僅天地會糾眾劫掠，其他各會黨亦與土盜游匪勾連劫擾。光緒十七年（1891）六月初六日，清廷所頒諭旨已指出「各省哥老會匪，最爲地方之害，此等匪徒，行蹤詭秘，與游勇地痞暗相勾結，動輒糾黨煽亂。」⑲會黨與游勇盜匪勾結後，其勢益盛，更是滋蔓難圖。

　　廣西頻年裁汰邊防，游勇日眾，會黨、盜匪、游勇遂成爲廣西社會的亂源。光緒二十八年（1902）七月，山東道監察御史關榕祚具摺指出廣西的亂源，其原摺略謂：

> 夫粵西之亂，游勇也，土匪也，會匪也。游勇之患，釀於

提督蘇元春，臣固已屢言之；土匪大半皆是貧民，爲饑寒
所迫；會匪亦分三類：光緒初年，三合會始在潯梧一帶結
盟，然未嘗滋事；十七年，始有哥老會入境，臣回京供職，
道出梧州，即聞拏獲數人正法；三點會則起於近年，明火
劫搶，皆其黨類，此三者互相依倚，聲勢遂壯，聞近來迫
脅日多，幾於各府州縣皆是，勤辦之法，大要解散土會匪，
以孤游勇之勢，痛勤游勇，以寒土會匪之心，兩策而已矣
⑧。

會黨與散兵游勇及土盜各匪合流後，其勢愈盛，其害愈烈。兩廣
總督陶模曾指出游勇的禍害，略謂「廣西遊匪，本係關外散勇，
始僅在邊地搶掠，近年各處匪類，陸續歸附，黨羽日衆，遂與內
地會土各匪狼狽勾結，擾及腹裏州縣，滇黔同受其害。」⑧提督
蘇元春督邊防二十五營，計一二、五〇〇餘人，扣尅軍餉，縱兵
爲匪，捉人勒贖，搶掠過客，打村劫市。當岑春煊督師廣西時，
已洞悉蘇元春所部邊軍，「即勇即匪」，「積年游匪，脅從拜會，
糾邀搶劫，遍地皆賊。」⑧游勇以土匪爲巢穴，土匪以游勇爲護
符，會黨與土匪、游勇的合流，更擴大了廣西、雲貴地方的亂源。
光緒二十九年（1903）四月十二日，寄信上諭已指出「粵匪羽
翼日廣，有會而匪者，兵而匪者，商而匪者，官而匪者，與黔滇
接壤各地，幾於無人不匪。」⑧光緒年間，刑部通飭各省所獲會
盜案件，如實係距省城窵遠，解犯堪虞時，就近解歸各道府覆審
稟候督撫批飭就地正法，彙案具奏，免其解送省城。茲將光緒十
九、二十七、二十九、三十三等年貴州各府廳州縣就地正法會盜
案件及人數，列表於下。

貴州各府廳州縣會盜各案一覽表

地　　區	光緒十九年		光緒二十七年		光緒二十九年		光緒三十三年	
	案件	人數	案件	人數	案件	人數	案件	人數
遵　義　　府	5	8	6	15	2	8	42	94
黔　西　　州	1	4	1	4	3	10	16	40
龍　泉　　縣	1	1					1	2
古　州　　廳	2	4					1	2
水　城　　廳	1	1	1	4				
湄　潭　　縣	1	2						
普　安　　廳	4	5						
普　安　　縣	1	5						
興　義　　府	3	4	1	3	1	3		
貞　豐　　州	1	2						
都　勻　　府	2	4	4	8	6	18	2	2
鎮　遠　　府	2	4	3	10	7	18	5	8
臺　拱　　廳	1	2						
羅　斛　　廳	1	4						
貴　筑　　縣	1	5					3	4
貴　陽　　府	2	3					1	2
普　定　　縣	3	17	3	3	1	4		
郎　岱　　廳	1	3					1	5
永　寧　　州	2	5	3	5				
鎮　寧　　州	2	9	1	2	1	3		
清　鎮　　縣	2	4			1	2	1	4
歸　化　　廳	1	2						
思　南　　府			1	3	1	2		
思　州　　府			1	1	1	1	1	1
定　番　　州			1	1	1	4	1	1
開　　　　州			1	5			2	6
銅　仁　　府			1	1			5	6
貴　東　　道			2	4				
石　阡　　府			2	10	1	4		
大　定　　府			2	4			1	4
餘　慶　　縣			1	2			2	4

	1	2	3	4	5	6	7	8
甕安縣			2	3	1	1	2	4
清平縣			1	2				
畢節縣					1	3	1	5
黎平府					2	2	1	3
荔波縣					1	4		
修文縣					2	6	11	22
安平縣							1	5
麻哈州							1	6
平越州							1	2
天柱縣							1	1
松桃直隸州							1	2
正安州							1	4
綏陽縣							1	2
安番州							1	1
合計	40	98	38	90	33	93	108	231

資料來源：軍機處檔月摺包奏摺錄副。

光緒十九年（1893）分，貴州省各屬詳報拏獲會黨強劫就地正法共四十案，總計先後就地正法人犯共九十八名，據貴州巡撫崧蕃奏摺附呈「黔省就地正法各犯案由清單」所列案犯，包括：遵義縣四案，計七名；黔西州一案，計四名；龍泉縣一案，計一名；古州廳二案，計四名；水城廳一案，計一名；湄潭縣一案，計二名；仁懷縣一案，計一名；普安廳四案，計五名；普安縣一案，計五名；興義府二案，計三名；興義縣一案，計一名；貞豐州一案，計二名；都勻府二案，計四名；鎮遠府二案，計四名；臺拱廳一案，計二名；羅斛廳一案，計四名；貴筑縣一案，計五名；貴陽府二案，計三名；普定縣三案，計十七名；郎岱廳一案，計三名；永寧州二案，計五名；鎮寧州二案，計九名；清鎮縣二案，計四名；歸化廳一案，計二名；貴筑縣一案，計二名㊶。光緒二十七年（1901）分，貴州各屬拏獲會黨糾夥強劫就地正法案犯，

共三十八案，計九十名⑧。光緒二十九年（1903）分，共三十三案，計九十三名。光緒三十三年（1907）分，共一〇八案，計二三一名。據上列案件人數，可知光緒十九、二十七、二十九、三十三年分，貴州各屬內會黨強劫正法案件最頻繁的地帶，是在遵義府，合計五十五起，共一二五人，其次是黔西州，合計二十一案，共五十八人，再次為鎮遠府，合計十七案，共四十人，又再次為都勻府，合計四十人。

　　光緒年間，廣西巡撫將各屬會盜就地正法案件彙製表冊，呈報軍機處。茲據現存光緒三十三年、三十四年分會盜就地正法人犯表冊，列表於下：

廣西各府廳州縣劫擄拜會就地正法人犯統計表

地　區	光　緒　三　十　三　年								光　緒　三　十　四　年			
	三月	四月	五月	六月	十月	十一月	十二月	合計	七月	八月	九月	合計
桂　林　府									1			1
中　渡　廳			1				2	3	1			1
興　安　縣				2				2				
永　福　縣						1	2	3		1		1
灌　陽　縣						3		3				
平　樂　府									5	2	7	14
平　樂　縣					5		1	6				
			1					1				
永　安　州	9		64	14				87				

									1			1
恭城縣						2		2				
富川縣		3						3				
賀縣	15				4		1	20				
										2		2
荔浦縣	1			1				2				
昭平縣	4	2	9				8	23				
		4		2				6	2			2
修仁縣		2						2				
					2			2				
信都廳					2		4	6				
										1		1
梧州府	2	4		1				7	3	1	4	8
	17						1	18	13	2		15
蒼梧縣	2	4		5				11				
		1	4	3				8				
藤縣	55	16	7	4			9	91				
		3						3				
容縣		33				6	3	42				
		13						13				
岑溪縣	5			1				6				
懷集縣	1	6	5	3				29		1		1
		6					14	6				
鬱林直隸州	25	11	13	13	11	47	25	145	67	16	70	153
				5				5	17			17
博白縣		11			15	12	20	58				

			7	5				12				
北　流　縣	17	4	8	4	4	13	44	94				
陸　川　縣	4	5	14	5	9		16	53				
		5						5				
興　業　縣			2	1		6	3	12	3			3
			15				3	18				
柳　州　府	3	3			4			10	2	4		6
馬　平　縣	4				7			11				
雒　容　縣				2		3	1	6				
羅　城　縣					1	2		3				
柳　　　州									16	3		19
來　賓　縣	9	6			7			22				
柳　城　縣			4			1		5				
融　　　縣			2		3		1	6				
象　　　州			2	1		4	5	12				
						3	1	4				
慶　遠　府			3	1		3	5	12			1	1
	4						1	5				
宜　山　縣						3		3				
	4		2			1		7				
思　恩　縣	2	8						10				

河池州	11	1		1			2	15			1	1
					1		27	28				
東蘭州												
安化廳			1					1				
思恩府	6	8						14	2		11	13
武緣縣	1	1	5					7	2	9		11
賓　州	16	6	2	7	4	6		41		3		3
遷江縣	11		3	4		3		21				
上林縣	1	5	2				3	11				
那馬廳							1	1				
潯州府	6	17	31	10	52	9	19	117	80	18	33	131
桂平縣	15							15				
	4							4				
平南縣	16	4	22	16	12	5	32	107				
		2	12					14				
武宣縣					1		2	3				
貴　縣	11				12	5	16	44				
	12	14		9				35				
南寧府		2		8				10	9	32	2	43

宣　化　縣	2		1		5			8	12			12
新　寧　州	5	2		2		2	1	12		1		1
永　淳　縣	3			1			1	5				
隆　安　縣	3							3			1	1
橫　　　州	4	2	12	3			6	24				
	6							9				
上思直隸廳					1			1				
太　平　府				3			1	4		1		1
龍　州　廳					3	2	11	5		6		6
					3			14				
崇　善　縣		1						1				
養　利　州									1			1
寧　明　州							5	5	2			2
凌　雲　縣		2					2	4				
西　林　縣	1				4	2	1	8			6	6
西　隆　州		2						2				
鎮　安　府		1	1					2				

天　保　縣			1			6	1	8				
奉　議　州	6	2	3	10			2	23				
			1					1				
百色直隸廳	7	17	1	5			3	33	2	1		3
恩　隆　縣	7	7	2	1		3	3	23		3		3
合　　計	337	242	268	143	145	160	311	1606	253	106	138	497

資料來源：軍機處存廣西各府廳州縣辦匪表冊。

現存軍機處光緒三十三年（1907）分《廣西各府廳州縣辦匪表冊》，含三、四、五、六、十、十一、十二等月分，包括劫擄及拜會兩項就地正法人犯，共計一、六〇六人，其中三月分人犯最多，計三三七人，約佔總人犯21％，其次為十二月分，計三一一人，約佔總人犯19％，平均每月犯案人數為二二九人。在各月分中合計兩項人犯最多的地區是鬱林直隸州，計一五〇人，其次是平南縣，計一二一人，潯州府計一一七人，北流縣九十四人，藤縣九十四人，永安州八十七人。在各人犯總數內書明拜會字樣的人犯，共計一九〇人，約佔總人犯12％。會黨分佈最多的地區是貴縣，計三十五人，其次興業縣十八人，平南縣、龍州廳各十四人，容縣十三人，博白縣十二人，南寧府十人，橫州九人，宜山縣七人，蒼梧縣八人，懷集縣六人，慶遠府五人，桂平縣四人，藤縣三人，修仁縣二人，平樂縣、崇善縣、奉議州各一人。光緒三十四年（1908）分表冊，含七、八、九三個月分劫擄及拜會兩項人犯，共計四九七人，其中七月分人犯最多，計二五三人，

約佔總人犯五十一％，其次爲九月分，計一三八人，約占二十八％，八月分計一〇六人，約佔二十一％，平均每月犯罪人數爲一六六人。在各月分中合計兩項人犯較多地區是鬱林直隸州，共一七〇人，潯州府一三二人，南寧府四十三人，宣化府二十四人，梧州府二十三人，柳州府十九人，思恩府十三人。在各人犯總數內，各月分拜會人犯共四十七人，約佔總人犯九％。在劫擄人犯內雖未書明結會或拜臺字樣，但必含有會黨在內，在表冊內詳錄電文，開列犯罪事實，如光緒三十三年（1907）三月初四日電，梧州府拏解何四等六名，供認拜會劫擄得贓。三月初八日電，桂平縣兵練拏解江日安等四名，供認聽糾拜會，迭劫得贓，並斃事主。同日電，宜山縣兵練拏獲黃五等四名，供認拜會劫殺過客。三月十一日電，梧州府緝獲潘樹源等八名，供認拜會窩夥搶劫接濟引線。三月十八日電，梧州府緝獲范子辰等三名，供認跟幫拜會，迭劫得贓。同日電，慶遠府緝獲賈羨卿等四名，供認跟幫焚掠，並拜會得贓。四月初一日電，貴縣緝獲李福清等三名，供認入會充幫，傷斃事主，迭劫得贓。四月初八日電，陸川縣緝獲謝亞丁三等五名，供認拜會迭劫得贓。四月十三日電，昭平縣兵練拏獲張七等四名，供認拜會迭劫得贓，殺斃事主。四月十四日電，平南縣緝獲許四興一名，供認拜會夥劫。四月二十日電，貴縣緝獲潘特恆等六名，供認入會充幫，迭劫得贓。四月二十七日電，貴縣緝獲陳二等三名，供認入會充幫，傷斃事生，迭劫得贓。蒼梧縣拏獲陳佐奇一名，供認跟幫拜會，夥劫得贓。四月三十日，平南縣緝獲王廷繼一名，供認拜會，殺斃更夫得贓，其餘年月電文俱載明各犯拜會夥劫打單焚搶拉生擄人勒贖等項罪情，因此，光緒年間廣西各屬會黨多屬於竊盜集團，亦即所謂犯罪團體，對廣西社會進行嚴重的侵蝕作用。光緒三十三年（1907）五月初

九日電文中記述廣西興業縣會黨頭目劉晚等率領會員五十餘人，
與兵練作戰，殺傷多人，會當使用各種西方新式武器，被官方搜
獲的武器包括單響鍼鎗一枝，九響鍼鎗四枝，吉鎗三枝，短鎗三
枝，由於會黨採購新式洋鎗，更助長了廣西會黨的勢焰。

六、秘密會黨的應生團體

　　當某一原生團體進行活動時，其影響所及，往往能刺激另一
應生團體的出現[86]。清代臺灣義民組織就是受秘密會黨刺激而產
生的應生團體。乾隆五十一年（1786）十一月，林爽文以天地
會爲基礎，攻陷彰化縣城，正式起事，聲勢浩大。但天地會遭到
義民的強烈反制，終於使林爽文走上最後的悲劇下場。義民與會
黨是臺灣分類械鬥期間的對立團體，義民就是天地會的應生團體，
而成爲抗拒天地會的主要力量。當林爽文起事以後，漳州庄移民
紛紛被邀加入天地會，南北兩路會黨如響斯應，小刀會、添弟會、
雷公會與天地會形成了聯合陣線，加入反抗政權的行列。但由於
臺灣番漢、閩粤、漳泉多種對立團體的存在，而產生了與會黨勢
不兩立的敵對力量，以廣東庄、泉州庄爲基礎的移民，形成了廣
大的義民團體。清廷善於利用這一股強大的力量，嘉獎義民，屢
飭地方官查明優賞，「如係務農經商生理者，即酌免交納賦稅。
若係首先倡義紳衿，未有頂帶者，即開列名單，奏明酌予職銜，
以示優異。」清高宗以廣東、泉州民人急公嚮義，故賞給匾額，
令大學士福康安遵照鈎摹，徧行頒賜，以旌義勇。同時爲了將漳
州移民從天地會中分化出來，清高宗復諭令將臺郡所屬各縣廳應
徵地丁錢糧悉行蠲免，以示「一體加恩，普施惠澤」之至意。
　　臺灣天地會因分類械鬥規模擴大，由地方性的泉、漳衝突，
釀成反抗政權的叛亂，對移墾社會產生重大的侵蝕作用，廣東庄、

泉州庄多遭焚搶，受到嚴重的破壞，廣東庄、泉州庄移民爲保境安民，充分發揮了地緣村落守望相助的精神，以抗拒天地會的入境騷擾。大學士福康安具摺時指出南路山豬毛廣東庄是東港上游，粵民一百餘庄，分爲港東、港西兩里，因康熙年間平定朱一貴，號爲懷忠里，在適中之地建蓋忠義亭一座，林爽文、莊大田起事後，曾遣涂達元、張載柏執旗前往招引粵民入夥，兩里粵民誓不相從，竟將會黨涂達元、張載柏兩人即時擒斬。粵民齊集忠義亭，供奉萬歲牌，決心共同堵禦會黨，挑選丁壯八千餘名，分爲中左右前後及前敵六堆，按照田畝公捐糧餉，由舉人曾中立總理其事，每堆每庄各設總理事、副理事，分管義民，由劉繩祖等充任副理事。清高宗爲了要獎勵義民，特頒御書褒忠匾額。各處義民，除少數由地方官衙門招募充當外，多由紳衿舖戶等招集，義民每日口糧亦多由義民首捐貲備辦。捐納四品職銜楊振文、文舉人曾大源，世居彰化，林爽文起事後，拒絕入夥，棄家返回泉州。大學士福康安在大擔門候風時，將楊振文、曾大源帶赴鹿仔港，招募義民，隨清軍進勦。諸羅縣義民首黃奠邦、鄭天球、王得祿，元長庄義民首張源懃等隨同清軍打仗，搜拏會黨，購線招降，離間會黨，並差遣義民假扮會黨，四出偵探會黨內部軍情。淡水義民首王松、高振、葉培英，東勢角義民首曾應開，熟諳內山路徑，深悉番情，奉諭前往屋鰲、獅子等社，率領各社番在要隘地方堵截會黨，林爽文失敗的主要關鍵就是自始至終都遭到義民的強烈反制，以致臺灣府城久攻不下，彰化、諸羅等處得而復失、鹿耳門、鹿仔港俱不能扼守，清軍得以順利登陸。

　　清軍進勦林爽文期間，廣東庄與泉州庄義民，確實扮演了非常重要的角色。當天地會黨攻破彰化縣城後，林爽文深恐各地村民充當義民，於是在天地會控制地區，通令村民在辮頂外留髮一

圈，以便識認。乾隆五十一年（1786）十二月十二日，署鹿仔
港守備事千總陳邦光邀約泉籍義民首林湊、林華等往救彰化縣城，
林爽文聞知清軍將至，即出西門外駐箚，奪取彰化營汛鎗礮，陳
邦光命義民分爲左右兩翼向前攻殺，會黨敗退，前後不能相顧，
其執旗指揮的天地會副元帥楊振國、協鎮高文麟、先鋒陳高、辦
理水師軍務楊軒等四名俱被義民擒獲，彰化縣城遂爲義民收復。
陳邦光以署守備防守鹿仔港汛地，僅有汛兵五十餘名，其能收復
彰化縣城，屢敗會黨，實由於該處義民首林湊等招募義民，始克
藏功。是月十三日，署都司易連帶領兵丁義民進攻新庄，守備董
得魁等帶領義民五〇〇名由艋舺渡河直攻下庄，李因等督率義民
五〇〇名進攻新庄境內的中港厝，監生黃朝陽督率義民六〇〇名
進攻鶯歌與三峽之間的海山頭。粵庄義民邱龍四等埋伏於臺北樹
林南方的彭厝庄。滬尾庄蔡才等率領義民三〇〇名，和尙洲鄭窓
等率領義民六〇〇名，大坪頂黃英等率領義民四〇〇名，合攻滬
尾、八里坌等處。和尙洲鄭享等率領義民五〇〇名由北投唭哩岸，
孫勳等率領義民六〇〇名由上埤頭會攻八芝蘭。同月十八日，淡
水同知幕友年已七十高齡的壽同春，用計退敵，親赴各庄招集義
民，收復竹塹，乾隆五十二年（1787）二月十二日，清軍探知
林爽文率衆聚集於諸羅縣城外二十里的大坪頂地方，命義民首黃
奠邦帶領義民於是日夜間五更啓程，次日黎明抵達大坪頂，擊退
會黨。諸羅縣城被天地會圍困數月之久，糧食匱乏，岌岌不保，
天地會久攻不克，實得力於義民的堅守。清高宗頒諭指出「林爽
文糾衆倡亂以來，提督柴大紀統兵勦捕，收復諸羅後，賊匪屢經
攻擾，城內義民幫同官兵，奮力守禦，保護無虞，該處民人，急
公嚮義，衆志成城，應錫嘉名，以旌斯邑。」⑧同年十一月初三
日，詔改諸羅爲嘉義，取嘉獎義民之義⑧。十一月二十四日，清

軍攻克天地會大本營的大里杙後，林爽文家眷藏匿於水裏社，大
學士福康安即遣義民首楊振文、舉人曾大源曉諭社丁杜敷前往擒
獻。乾隆五十三年（1788）一月初五日，林爽文在淡水廳境內
老衢崎地方，最後被義民高振等人所擒獲，南北兩路旋即平定。

　　清軍平定林爽文，臺灣義民實有不世之功。當天地會要犯被
擒獲後，多供出義民不肯入夥，拒絕接受林爽文的領導。林爽文
在供詞中已指出天地會平海大將軍王芬等人「被鹿仔港義民殺了」。
大都督林領供稱「十二月初一日，我們的家眷又被義民殺了，都
逃到貓霧捒，常與義民打仗。」右都督何有志供稱「官兵沿途追
殺，直趕到淡水山內老衢崎地方，四面圍住，被官兵義民及淡防
廳差役將我拏來。」由天地會與義民的對立過程，可以了解天地
會在臺灣的發展，與閩粵及泉、漳分類械鬥有極密切的關係，天
地會的成員主要為漳籍移民，當彰化泉、漳分類械鬥規模擴大後，
彼此報復，焚燬村落，大里杙為漳籍墾戶所聚居的地緣村落，丁
多勢盛，林爽文為擴大力量，以抗泉州籍移民，於是加入天地會。
當天地會起事後，焚搶裹脅，廣東庄、泉州庄移民為保境安民，
紛紛充當義民，天地會與義民的戰鬥，就是分類械鬥的形態，廣
東庄與泉州庄形成了聯合陣線，以漳籍移民為基礎的天地會，同
時遭受廣東庄、泉州庄的聯合抵抗，又加上清軍的進勦，天地會
的勢力終於被摧毀。因此，臺灣天地會從其倡立，到林爽文等人
被擒獻，整個過程裏，分類械鬥的色彩始終很濃厚。

　　當原生團體的活動趨於激烈時，其應生團體亦趨於活躍，並
得到官方的獎勵。但當原生團體消滅時，其應生團體亦隨之衰歇，
同時遭受官方的壓抑。臺灣林爽文起事之初，南北兩路會黨聲勢
既盛，臺灣戍兵固然缺乏戰鬥能力，其防守城池亦未得力，所以
不得不多招義民，藉助地方上的自衛力量，仰賴義民驅逐外力，

保衛桑梓。地方文武大吏深信多增一千義民，即減去一千會黨，所以廣招義民，被裹脅的泉民亦紛紛投出，充當義民，義民人數與日俱增，義民作戰時，每隊各製一旗，以示進退。義民雖未經訓練，但用以防守地方維持治安，則頗為奮勇可恃，十分得力。臺灣南北兩路平定後，義民首舉人曾中立，經大學士福康安奏請賞戴花翎，教授羅前蔭協同管理義民，頗著勞績，福康安奏請按照曾中立之例賞給同知職銜，義民副理事劉繩祖、黃袞、涂超秀、周敦紀四名，最為出力，俱賞戴藍翎，義民首黃奠邦，原籍廣東，由武舉出身，打仗出力，曾賞給巴圖魯即勇士名號，福康安奏請以守備補用，清高宗加恩改授同知，張源懃、王得祿等換戴花翎。義民首葉培英等曾隨官兵在內山進勦會黨，賞給藍翎，以千總補用。臺灣義民首黃奠邦是武舉出身，其餘義民首曾中立、曾大源等也是舉人，是屬於文化群，對安定臺灣社會，貢獻卓著。乾隆五十二年（1787）十二月以後，諸羅等處先後收復，不需多人防守，福康安即下令將中路各處官給口糧的義民大量裁減。當南北兩路平定後，各處義民陸續歸庄，所有自備刀矛，俱令義民逐件繳銷，發交地方官改鑄農器，散給貧民耕種，嚴禁私造器械。除菜刀、農具外，倘若私藏弓箭、腰刀、撻刀、半截刀、鏢鎗、長矛之類，即行從重治罪。泉、漳分類械鬥時，多用旗幟號召，即使不肯助鬥的村庄，亦須豎立保庄旗一面，方免蹂躪。清軍平定南北兩路後，福康安奏請禁止義民私造旗幟，若有私造旗幟者，即照私造軍器例一體治罪。

　　嘉慶初年，川陝楚白蓮教亂，團練是平定教亂的主要力量。嘉慶末年以來，廣西、雲貴地區，由於秘密會黨的日益盛行，團練又再度活躍起來，這種團練就是秘密會黨的應生團體。團練或由官方倡辦，或由民間急公好義的紳商自動組成，連結鄉民，自

衛本土，以忠義相砥礪。團練在性質上而言，也是一種義民組織，在群盜如毛的地區，多一練丁，即少一盜匪，廣西、雲貴地區，團練的回春現象，就是受秘密會黨的刺激而產生的。道光二十八年（1848），廣西按察使勞崇光在梧州倡辦團練，以十家為甲，有甲長，聚甲為團，有團長，聯團為總，有團總，富者出貲，貧者出力，各籌旗幟器械糧食⑱。咸豐年間，朱孫貽在廣西倡辦團練，其組織為：一鄉舉一團總，一都舉一團長，一團舉一團正。每團總領數團長，每團長領數團正⑲。在城內設有團練總局，公舉紳士司其事，即所謂團總，由團總擇幫辦數人，團總之下有團長、團正，其出身，或為舉人，或為貢監生員，一如臺灣義民首領，多屬於文化群。團練的基層人員稱為練丁，或團丁，其來源，或為招募的練丁，即所謂練勇，或為按戶抽丁的練丁，稱為團勇。同光年間，廣西、雲貴地區，練丁與營兵並肩作戰，以擒殺會黨，官書上每見兵練、兵團、營團並稱的字樣。團練在清季維持地方治安，或民間自我防衛方面，確實扮演了重要的角色。由於秘密會黨的盛行，會黨與游勇、土匪的結合，原生團體的活動益趨激烈，因此，廣西、雲貴地區由原生團體刺激所產生的團練，直至清末仍未自行衰歇，與臺灣義民的解散，並不相同。但義民與團練為保境安民維持社會利益所形成的勢力，確實產生了社會制裁的力量。

七、結　語

　　人口的變動，是清代社會史的顯著特點之一，人口壓力就是清代中葉以來社會動亂的根源，但也應該注意到這種動亂的火焰在新開發的邊陲地帶更易點燃⑳。其中臺灣、廣西、雲貴都是屬於開發中的邊陲地帶，富於移墾社會的共同特徵，有利於秘密會

黨的生存與發展。排比清代臺灣、廣西、雲貴官方查辦結盟拜會案件後，可以發現秘密會黨的出現，實與國內移民及移墾社會的形成大致是齊頭並進的。明末清初，閩粵因地狹人稠，人口壓力日趨嚴重，沿海地方的漢人迫於生計，相繼渡海到一衣帶水的臺灣，披荊斬棘，墾殖荒陬，臺灣逐漸由草萊之區轉變爲閩粵沿海一帶的穀倉，提供了內地漢人避難和落地生根的海外樂土，由於人口的迅速成長，耕地面積日益擴充，臺灣從清初以來就已形成了早期的移墾社會，同時建立了複雜的經濟關係。臺灣結盟拜會案件，與拓墾方向的發展，大體是並行的。康熙年間的拓墾重心在臺灣南部，朱一貴結盟起事的地點就是在南部鳳山。雍正年間的拓墾重心在諸羅一帶，臺灣父母會就是出現於諸羅縣境內。乾隆年間的拓墾重心北移至彰化平原，在這一時期所破獲的結會樹黨案件共十六起，其中小刀會及天地會計十一起都發生在彰化，另外諸羅破獲添弟會、雷公會。而同一時期的廣西、雲貴地區，其形成移墾社會的時間較晚，順治、康熙年間，廣西、雲貴因南明抗清及吳三桂等反清運動，兵事方殷，地方殘破，人口銳減，土曠人稀，尚未形成移墾社會的形態。雍正初年以來，清廷積極推行墾荒政策，廣西、雲貴的外來人口與日俱增，耕地面積擴充益廣，乾隆年間，外省流入的人口更多，逐漸形成移墾社會的形態，嘉慶中葉以來，廣西開始查獲天地會、添弟會、良民會、忠義會、老人會等秘密會黨。雲貴地區形成移墾社會的時間又晚於廣西，從嘉慶末年起，雲貴地區始破獲添弟會、孝義會、邊錢會等秘密會黨。光緒年間，臺灣結盟拜會的風氣，並不盛行，秘密會黨已屬罕見，而廣西、雲貴地區的秘密會黨，卻方興未艾，日趨活躍，其中三合會、三點會、哥老會等秘密會黨的勢力尤其龐大。

　　天地會的起源時間及結會地點，中外史家異說紛紜，臺灣天地會是乾隆四十八年（1783）嚴烟從福建傳入的。後人曾依據天地會流傳的《西魯序》或《西魯敍事》等所述清帝負義焚燒少林寺劫餘五僧結拜天地會的故事，以討論天地會的起源。溫雄飛先生著《南洋華僑通史》一書認爲天地會起源於臺灣，是輔佐鄭成功的陳永華所創立的，天地會的香主就是影射陳永華，萬雲龍則影射鄭成功⑫。連橫先生著《臺灣通史》〈朱一貴列傳〉謂「延平郡王入臺之後，深慮部曲之忘宗國也，自倡天地會而爲之首，其義以光復爲歸。延平既沒，會章猶存。數傳之後，遍及南北，且橫渡大陸，浸淫於禹域人心，今之閩粤尤昌大焉。」⑬學者甚至根據《漢留史》一書所述鄭成功於順治十八年（1661）在臺灣開金臺山，命陳近南住四川雅州，於康熙九年（1670）開精忠山的故事，以斷言天地會起源於臺灣，再由臺灣而傳入廣東、四川⑭。就現存檔案而言，實難支持溫雄飛先生等人的說法，根據神話故事，使用影射索隱法，以推論天地會的起源，並不能反映天地會創立的眞實歷史。檢查現存檔案，排比各會黨的出現時間，可以發現康熙末年朱一貴等人雖有拜把結盟的事實，但尚未立有會名。學者已指出「至於鄭成功爲天地會創始人之說，則更難令人折服，無論檔案史料，還是天地會秘密文件內有關天地會創立的傳說中，皆無鄭成功創立天地會的內容，在有關鄭成功本人的大量文獻資料中，也無一處提到他曾創立天地會一事。」⑮探討秘密會黨的問題，不能忽視天地會系統以外的其他各種會黨。蕭一山先生撰〈天地會起源考〉一文認爲天地會的名稱不一，普通所稱三合會、三點會都是它的別名，後來的小刀會、哥老會、青紅幫等都是它的分派，其原來總名，對外則稱天地會，對內自稱洪門⑯。陶成章先生撰〈教會源流考〉一文認爲三合會、三點

會、哥老會以及種種諸會，無一非天地會的支派，因明太祖年號
洪武，所以叫做洪門，因指天爲父，指地爲母，故又名天地會⑰。後
世習稱的天地會，是各種秘密會黨的通稱，不能正確說明各種會
黨的眞實性質。臺灣秘密會黨名稱的正式出現是始於雍正年間的
父母會。在後世天地會祭五祖詩八拜儀式中的前二拜是「一拜天
爲父，二拜地爲母」，史家遂認爲父母會即因前二拜父天母地而
得名。其實臺灣父母會是因入會時，每人各出銀一兩，若遇會員
的父母年老身故，即資助喪葬費用，是一種民間的互助團體，並
非因天地會結拜儀式而得名。在嚴烟來臺傳授天地會以前，彰化
小刀會滋事案件，已層出不窮。乾隆五十九年（1794）五月，
鳳山縣鄭光彩結會樹黨，因「天地會名目易于招搖，必須改換會
名，掩人耳目」，所以變名小刀會，秦寶琦撰「乾嘉年間天地會
在臺灣的傳播與發展」一文遂推斷鄭光彩所倡立的小刀會是「迄
今爲止史料上所見天地會系統內最早的小刀會，應作爲小刀會創
立之始」⑱。天地會系統內外的臺灣小刀會，是從早期到後期的
發展，忽視乾隆初年的小刀會，而將鄭光彩所倡立的小刀會作爲
小刀會創立之始，實在很難認識整個小刀會的源流。在林爽文起
事以前，臺灣添弟會先已存在，並非天地會的支派，過去以添弟
會爲天地會的轉音，代以同音音字，以蔽官方耳目，並將添弟會
列入天地的系統內，尚待商榷。天地會系統內的添弟會是指廣
西、雲貴的添弟會而言，當林爽文起事以後，清高宗及大學士福
康安等人都將天地會與添弟會混爲一談，誤解臺灣添弟會就是天
地會，添弟會的名稱因而傳佈更廣，嘉慶初年，廣東添弟會曾釀
成巨案，廣東移民進入廣西、雲貴後，或倡立天地會，或倡立添
弟會，名異實同。

　　在早期的移墾社會裏，缺乏以血緣作爲人群組合的條件，通

常是同鄉的人遷到同鄉所居住的地方，共同組成地緣村落，其優點是視同鄉如骨肉，守望相助，而缺點則在於移墾不同人群之間，各分畛域，褊狹的地域觀念異常濃厚，各分氣類。秘密會黨的籍貫分佈，與地緣有密切的關係，臺灣秘密會黨多為漳州移民所倡立，渡海來臺傳授天地會的嚴烟是漳州府平和縣人，林爽文的原籍也是平和縣，林爽文所領導的天地會，其籍隸漳州府者約佔七三・〇七％。小刀會的成員也是漳州人，倡立添弟會的戴萬生，其原籍也是漳州。至於銅鑼灣巫巧三等人所倡立的兄弟會，則為廣東客家的異姓結拜組織。廣西天地會的主要成員，多屬廣東移民，其籍隸福建者極少，至於忠義會、棒棒會、靶子會等會黨則為湖南移民所倡立，其哥老會則由貴州、湖南流入，雲貴各種秘密會黨，則由川、楚、粵流入。由此可知，這些地區的秘密會黨，其倡立及傳佈，與國內移民有密切關係。各種會黨的名稱固然不同，其宗旨與性質亦不一致，有加以分類的必要。雍正年間的臺灣父母會、道光年間的貴州老人會，都是為了籌措喪葬費用而自由結合的會黨，是屬於民間互助團體，具有正面的社會功能。乾隆年間的彰化小刀會是為了抵制營兵欺侮而成立的會黨，三五成群，各結小刀會，是屬於民間的自衛組織。諸羅添弟會與雷公會是由於兄弟爭奪家產而成立的會黨，是屬於同籍同姓的械鬥組織，林爽文所領導的天地會，其初本是泉、漳分類械鬥的產物，嘉慶年間的貴州邊錢會是漢苗械鬥團體，道光年間的臺灣兄弟會是閩粵分類械鬥團體，晚清廣西天地會多為竊盜團體，良民會則為欺壓善良訛詐錢財的暴力集團，都無視於公權力，對廣西、雲貴社會進行嚴重的侵蝕作用。

　　秘密會黨的成員，其經濟地位都較低下，除了少數耕田種地的墾戶外，大部分為家無恒產的各行業的人，包括肩挑負販、傭

工度日、算命餬口等等。臺灣父母會的成員是移墾諸羅的流寓之
人，小刀會的成員多爲小本經濟之人，或開張小舖，或售賣檳榔，
或賣米生理。添弟會、雷公會的會首爲諸羅縣境的墾戶，來臺傳
授天地會的嚴煙，在彰化開設布舖，加入天地會的林爽文曾趕車
度日，做過縣衙捕役。廣西天地會的會首，或以堪輿爲業，或幫
工度日，或尋覓生理，或販馬爲生，或賣藥營生，多爲生計所迫
的一般民衆，由於生活陷於困境，同鄉在異域相逢，多互道出外
人的難於立足，每當閒談貧苦孤身無靠時，即起意邀人結拜弟兄，
遇事相助，患難與共，免受外人欺侮。離鄉背井的出外人，在新
環境裏，傳統社會的紐帶已被割斷，只有模倣血緣親屬結構的秘
密會黨給予互助及安全的保障，各會黨強調的是對內的互濟互助，
對外免受欺侮。各會黨人數，少則四五人，多不過數十人，稱會
首爲大哥，又有師傅名目，會員彼此以兄弟相稱。從各會黨彼此
不相統屬及其宗旨、人數、組織形態加以觀察，秘密會黨並未含
有濃厚的政治意識，不應過分強調反清復明的政治意味及狹隘的
種族意識。赫治清撰〈略論天地會的創立宗旨〉一文認爲「天地
會和它的創立宗旨『反清復明』，正是當時民族矛盾和階級矛盾
相互作用的產物。」⑨是值得商榷的說法，並不符合歷史事實。

　　人口的成長，大體上有一般趨勢，在地廣人稀的移墾社會，
人口成長迅速，一旦到達當時的農業技術所容許的人口密度時，
就呈現飽和狀態⑩。但因臺灣與廣西、雲貴的自然環境，不完全
相同，其呈現的社會現象，亦有差異。同光年間，臺灣中南部，
由於本身人口的自然增殖，以及內地移民的相繼湧進，戶口頻增，
人口達到飽和狀態，北部地區成爲後來的經濟重心，開放通商口
岸後，對外貿易緩和人口壓力，行政區劃重新調整，文教工作使
褊狹的地域觀念逐漸消失，社會治安亦漸改善，盜賊減少，又由

於臺灣的自然環境較特殊，孤懸海外，宛如海外孤舟，較易產生同舟共濟的共識，一方面由於內地化，一方面由於土著化，使臺灣社會漸趨整合，分類械鬥事件已漸減少，結盟拜會的風氣並不盛行。廣西、雲貴的自然環境，與臺灣不同，幅員遼闊，空間廣大，既與川楚粵毗連，又與越南、緬甸接壤，邊境延袤。外省流民爲生計所迫如浪潮般的湧進廣西、雲貴地區，有更多的荒地被開墾了出來，但在新墾的耕地上由於土地報酬遞減率的作用，農村生產率的低下，社會更加貧窮、農村的貧窮與社會犯罪行爲是互爲表裏的，廣西、雲貴社會，群盜如毛，秘密會黨多與盜匪掛鈎，建立了謀求財物的緊密聯繫，又與邊境散兵游勇互相結合。邊境游勇以內地盜匪爲巢穴，土匪以游勇爲護符，秘密會黨與土匪、游勇的合流，更擴大了廣西、雲貴地方的動亂。各會黨多成爲夥劫打單焚搶拉生擄人勒贖的竊盜集團或犯罪團體，此或許就是廣西、雲貴與臺灣秘密會黨的發展過程中，最顯著的差異。

【註　釋】

① 文崇一撰〈中國傳統價值的穩定與變遷〉，《中央研究院民族學研究所集刊》，，第三三三期（臺北，中央研究院民族學研究所，民國六十一年春），頁295。

② 王爾敏撰〈秘密宗教與秘密會社之生態環境及社會功能〉，《中央研究院近代史研究所集刊》，第一〇期（臺北，中央研究院近代史研究所，民國七十年七月），頁35。

③ 劉聯珂著《幫會三百年革命史》（臺北，古亭書屋，民國六十四年五月），頁1至216。

④ 李國祁著《中國現代化的區域研究：閩浙臺地區（1860—1916）》（臺北，中央研究院近代史研究所，民國七十一年五月），頁386。

⑤ 莊吉發撰〈清代紅幫源流考〉，《漢學研究》，第一卷，第一期（
　　民國七十二年六月），頁107。

⑥ 宮原民平撰〈支那の秘密結社〉，《東洋講座》，第四輯（日本，
　　東洋研究會，大正十三年四月），頁2至81。

⑦ 秦寶琦撰〈從檔案史料看天地會的起源〉，《歷史檔案》，第二期
　　（民國七十一年），頁93。

⑧ 黃玉齋撰〈洪門天地會發源於臺灣〉，《臺灣文獻》，第二一卷，
　　第四期，頁17。

⑨ 周宗賢著《臺灣民間結社的本質與機能》（臺北，河洛圖書出版社，
　　民國六十七年二月），頁67。

⑩ 《宮中檔乾隆朝奏摺》，第二二輯（臺北，國立故宮博物院，民國
　　七十三年二月），頁804。乾隆二十九年十月初八日，福建巡撫定
　　長奏摺。

⑪ 《欽定大清會典事例》（臺北，中文書局，民國五十二年一月），
　　卷七七九，頁14。

⑫ 梁啓超、馮鏡如編《清議報》（臺北，成文出版社，民國五十六年
　　五月），第六十三冊，頁7。光緒二十六年九月二十一日，惠州章
　　務。

⑬ 《清議報》，第六十四冊，頁7。光緒二十六年十月初一日，惠州
　　略紀。

⑭ 張鏡予撰〈社會變遷〉，收錄於謝徵孚主編《二十世紀之科學──
　　社會學》（臺北，正中書局，民國七十一年三月），頁338。

⑮ Denis Twitchett and John K. Fairbank: The Cambridge History of
　　China. Volume 10, Late Ch'ing, 1800-1911. Part Ⅰ, p.108.

⑯ 王崧興撰〈論地緣與血緣──濁水大肚兩溪流域漢人之墾殖與聚落〉，收
　　錄於李亦園、喬健合編《中國的民族、社會與文化》（臺北，食貨

出版社，民國七十年十月），頁27。

⑰ 黃樹民撰〈從早期大甲地區的開拓看臺灣漢人社會組織的發展〉，收錄於李亦園、喬健合編《中國的民族、社會與文化》，頁36。

⑱ 許倬雲撰〈傳統中國社會經濟史的若干特性〉，《食貨月刊》，復刊第十一卷，第五期，頁1。

⑲ 王業鍵撰〈清代經濟芻論〉（Some Reflections on the Economy of China under the Ch'ing, 1644-1911），《食貨月刊》，復刊第二卷，第十一期，頁6。

⑳ 文崇一講，樊亞香記〈社會文化變遷與歷史研究〉，《食貨月刊》，復刊第二卷，第十期，頁20。

㉑ 陳其南撰〈清代臺灣社會的結構變遷〉，《中央研究院民族學研究所集刊》，第四十九期（臺北，中央研究院民族學研究所，民國七十年一月），頁140。

㉒ 林衡道撰〈臺灣世居民的祖籍與神明〉，（臺北，聯合報文化基金會國學文獻館主辦臺灣地區開闢史料學術座談會，民國七十四年九月），頁8。

㉓ 劉興唐撰〈福建的血族組織〉，《食貨半月刊》，第四卷，第八期（上海，新生書局，民國二十五年九月），頁39。

㉔ 江日昇著《臺灣外記》（臺北，臺灣銀行經濟研究室，民國四十九年五月），第一冊，頁112。

㉕ 《宮中檔》（臺北，國立故宮博物院），第79箱，320包，6450號。雍正五年十一月十七日，福建總督高其倬奏摺。

㉖ 《宮中檔》，第76箱，30包，2268號。雍正七年十月十六日，福建觀風整俗使劉師恕奏摺。

㉗ 趙岡撰〈中國歷史上的城市人口〉，《食貨月刊》，復刊十三卷三、四合期（臺北，食貨月刊社，民國七十二年七月），頁30。

㉘　黃富三撰〈清代臺灣的土地問題〉，《食貨月刊》，復刊第四卷，第三期，頁77。

㉙　曹永和著《臺灣早期歷史研究》（臺北，聯經出版公司，民國七十年七月），頁285。

㉚　莊吉發著《清世宗與賦役制度的改革》（臺北，學生書局，民國七十四年十一月），頁14。

㉛　莊吉發撰〈清世宗禁止偷渡臺灣的原因〉，《食貨月刊》，復刊第十三卷，七、八合期，頁21。

㉜　《宮中檔》第76箱，132包，3435號。雍正十三年五月二十八日，南澳總兵言張天駿奏摺。

㉝　《軍機處檔・月摺包》（臺北，國立故宮博物院），第2772箱，19包，2735號。乾隆十三年七月初五日，閩浙總督喀爾吉善奏摺錄副。

㉞　《明清史料》（臺北，中央研究院歷史語言研究所，民國四十七年四月），戊編，第二本，頁107。

㉟　《宮中檔乾隆朝奏摺》，第二〇輯，頁63。乾隆二十八年十二月十五日，巡察臺灣給事中永慶奏摺。

㊱　《宮中檔乾隆朝奏摺》，第十九輯，頁488。乾隆二十八年十一月初三日，福建巡撫定長奏摺。

㊲　伊能嘉矩著《臺灣文化志》（日本東京，刀江書院，昭和四〇年八月），中卷，頁241。

㊳　陳紹馨著《臺灣的人口變遷與社會變遷》（臺北，聯經出版公司，民國七十年），頁380。

㊴　《宮中檔雍正朝奏摺》，第六輯（民國六十七年四月），頁73。雍正四年五月二十八日，兩廣總督孔毓珣奏摺。

㊵　《宮中檔雍正朝奏摺》，第六輯，頁347。雍正四年七月二十二日，兩廣總督孔毓珣奏摺。

㊶ 《宮中檔雍正朝奏摺》，第八輯（民國六十七年六月），頁25。雍正五年四月十三日，署廣東巡撫常賚奏摺。

㊷ 《宮中檔光緒朝奏摺》，第五輯（民國六十二年十月），頁537。光緒十六年八月二十日，廣西巡撫馬丕瑤奏摺。

㊸ 《宮中檔雍正朝奏摺》，第十一輯（民國六十七年九日），頁124。雍正六年八月十八日，巡臺御史赫碩色奏摺。

㊹ 林滿紅撰〈貿易與清末臺灣的經濟社會變遷〉，《食貨月刊》，復刊第九卷，第四期，頁20。

㊺ 《宮中檔雍正朝奏摺》，第二輯（民國六十六年十二月），頁582。雍正二年閏四月十七日，署理廣西巡撫韓良輔奏摺。

㊻ 《宮中檔雍正朝奏摺》，第九輯（民國六十七年七月），頁54。雍正五年九月二十六日，雲南巡撫朱綱奏摺。

㊼ 許嘉明撰〈彰化平原福老客的地域組織〉，《中央研究院民族學研究所集刊》，第三六期（臺北，中央研究院民族學研究所，民國六十四年二月），頁187。

㊽ 《宮中檔雍正朝奏摺》，第三輯（民國六十七年一月），頁645。雍正二年十二月二十二日，兩廣總督孔毓珣奏摺。

㊾ 《宮中檔雍正朝奏摺》，第三輯，頁623。雍正二年十二月十八日，貴州巡撫毛文銓奏摺。

㊿ 王爾敏撰〈秘密宗教與秘密會社之生態環境及社會功能〉，《中央研究院近代史研究所集刊》，第一〇期，頁35。

(51) 黃秀政撰〈清代臺灣的分類械鬥事件〉，《臺北文獻》，直字第四九、五〇期合刊（民國六十八年十二月），頁365。

(52) 《天地會》，第一冊（北京，第一歷史檔案館等合編，1980年11月），頁110。

(53) 《天地會》，第一冊，頁399。

(54) 《宮中檔》第2724箱，74包，12134號。嘉慶十三年十月初四日，廣西巡撫恩長奏摺。

(55) 《軍機處檔・月摺包》，第2729箱，40包，130223號。光緒十九年十二月十三日，廣西巡撫張聯桂奏摺錄副。

(56) 《軍機處檔・月摺包》，第2751箱，10包，49066號。嘉慶二十一年八月初六日，貴州巡撫文寧奏摺錄副。

(57) 《清宣宗皇帝實錄》，卷二一四，頁20。道光十二年六月丙申，據阮元奏。

(58) 《軍機處檔・月摺包》，第2735箱，9包，121135號。光緒八年一月二十一日，貴州巡撫林肇元奏摺。

(59) 周鍾瑄著《諸羅縣志》（臺北，國防研究院，民國五十七年十月），卷八，頁141。

(60) 《宮中檔雍正朝奏摺》，第十一輯（民國六十七年九月），頁67。雍正六年八月十日，福建總督高其倬奏摺。

(61) 《臺灣的人口變遷與社會變遷》，頁505。

(62) 高賢治、馮作民編譯《臺灣舊慣習俗信仰》（臺北，衆文圖書公司，民國七十三年一月），頁55。

(63) 《上諭檔》，方本，乾隆五十三年夏季上（臺北，國立故宮博物院），頁197。乾隆五十三年四月二十七日，上諭。

(64) 《宮中檔》第2719箱，24包，3729號。道光二十一年七月二十四日，貴州巡撫賀長齡奏摺。

(65) 《軍機處檔・月摺包》，第2776箱，140包，33206號。乾隆四十八年六月二十六日，福建水師提督黃仕簡等奏摺錄副。

(66) 《宮中檔》第2741箱，189包，46876號。乾隆四十八年十二月十八日，孫番供詞。

(67) 《宮中檔》第2741箱，181包，44722號。乾隆四十八年四月二十九

日，福建水師提督黃仕簡奏摺。

⑱　《軍機處檔・月摺包》，第2776箱，140包，33320號。乾隆四十八年七月一日，多羅質郡王永瑢奏摺錄副。

⑲　《宮中檔》第2774箱，198包，48881號。乾隆五十一年九月十八日，李永祺奏摺。

⑳　《明清史料》，戊編，第三本，頁228。

㉑　《天地會》，第一冊，頁111。乾隆五十三年六月十六日，審訊嚴烟供詞筆錄。

㉒　秦寶琦、劉美珍撰〈試論天地會〉，《清史研究集》（北京，1980年11月），第一輯，頁158。

㉓　秦寶琦撰〈從檔案史料看天地會的起源〉，《歷史檔案》，1982年第二期（北京，第一歷史檔案館，1982年5月），頁95。

㉔　《軍機處檔・月摺包》，第2751箱，15包，49970號。嘉慶二十一年十二月十三日，貴州巡撫文寧奏摺錄副。

㉕　陸寶千著《論晚清兩廣的天地會政權》（臺北，中央研究院近代史研究所，民國六十四年五月），頁149。

㉖　《宮中檔》第2724箱，66包，10004號。嘉慶十三年二月十八日，廣西巡撫恩長奏摺。

㉗　《軍機處檔・月摺包》，第2751箱，13包，49562號。嘉慶二十一年九月二十四日，廣西巡撫慶保奏摺錄副。

㉘　《宮中檔》第2726箱，1包，13號。道光元年二月二日，兩廣總督阮元奏摺。

㉙　《光緒朝東華錄》，第六冊，頁3084。光緒十八年三月丙申，據松椿等奏。

㉚　《軍機處檔・月摺包》，第2755箱，91包，148041號。光緒二十八年七月十五日，山東道監督御史關榕祚奏摺。

㉑ 《軍機處檔‧月摺包》，第2736箱，84包，144839號。光緒二十七年九月十五日，兩廣總督陶模奏摺。

㉒ 《光緒朝東華錄》，第十冊，頁5455。光緒三十二年一月己卯，據岑春煊奏。

㉓ 《光緒朝東華錄》，第九冊，頁5041。光緒二十九年四月十二日，寄信上諭。

㉔ 《軍機處檔‧月摺包》，第2729箱，46包，131935號。光緒二十年三月二十五日，貴州巡撫崧蕃奏摺錄副。

㉕ 《軍機處檔‧月摺包》，第2755箱，91包，147755號。光緒二十八年四月二十五日，貴州巡撫鄧華照奏摺錄副。

㉖ 《論晚清兩廣的天地會政權》，頁233。

㉗ 《清高宗純皇帝實錄》，卷一二九二，頁9。乾隆五十二年十一月丙寅，上諭。

㉘ 《上諭檔》，方本。乾隆五十二年十一月初二日，更定諸羅縣擬寫縣名清單。

㉙ 封祝唐著《容縣志》（光緒二十三年），卷二七，頁2。

㉚ 朱孫貽著《團練事宜》（同治二年），〈條規〉，頁16。

㉛ The Cambridge History of China, Volume 10, Part Ⅰ,p.132.

㉜ 溫雄飛撰〈南洋華僑通史〉，蕭一山輯，《近代祕密社會史料》（臺北，文海出版社，民國六十四年九月），卷首，頁10。

㉝ 連橫著《臺灣通史》（臺北，臺灣銀行經濟研究室，民國五十一年二月），卷三〇，頁784。

㉞ 胡球生撰〈天地會起源初探——兼評蔡少卿同志關於天地會的起源問題〉，《歷史學》♥Ab㉟ 秦寶琦撰〈從檔案史料看天地會的起源〉，《歷史檔案》，1982年，第二期，頁95。

㊱ 蕭一山撰〈天地會起源考〉，《近代秘密社會史料》，卷首，頁4。

⑨⑦　陶成章撰〈教會源流考〉，《近代秘密社會史料》，卷二，頁1至8。

⑨⑧　秦寶琦撰〈乾嘉年間天地會在臺灣的傳播與發展〉，《臺灣研究國際研討會論文》（美國芝加哥，1985年7月），頁23。

⑨⑨　赫治清撰〈略論天地會的創立宗旨——兼與秦寶琦同志商榷〉，《歷史檔案》，1986年，第二期，頁94。

⑩⑩　陳紹馨撰〈社會與人口學〉，《二十世紀之科學——社會學》，頁307。